# 1.5℃约束下中国电力行业碳达峰后情景及效应研究

The Research on the Scenarios and Effectiveness of
Post Carbon Peaking in China's Power Industry under 1.5 ℃ Constraints

卢 灿 著

中国社会科学出版社

## 图书在版编目（CIP）数据

1.5℃约束下中国电力行业碳达峰后情景及效应研究/卢灿著 . --北京：中国社会科学出版社，2023.12
ISBN 978-7-5227-3239-8

Ⅰ.①1… Ⅱ.①卢… Ⅲ.①电力工业—节能减排—研究—中国 Ⅳ.①F426.61

中国国家版本馆 CIP 数据核字（2024）第 050828 号

| | |
|---|---|
| 出 版 人 | 赵剑英 |
| 责任编辑 | 车文娇 |
| 责任校对 | 王纪慧 |
| 责任印制 | 郝美娜 |
| 出　　版 | 中国社会科学出版社 |
| 社　　址 | 北京鼓楼西大街甲 158 号 |
| 邮　　编 | 100720 |
| 网　　址 | http://www.csspw.cn |
| 发 行 部 | 010-84083685 |
| 门 市 部 | 010-84029450 |
| 经　　销 | 新华书店及其他书店 |
| 印刷装订 | 北京君升印刷有限公司 |
| 版　　次 | 2023 年 12 月第 1 版 |
| 印　　次 | 2023 年 12 月第 1 次印刷 |
| 开　　本 | 710×1000　1/16 |
| 印　　张 | 18.5 |
| 字　　数 | 258 千字 |
| 定　　价 | 98.00 元 |

凡购买中国社会科学出版社图书，如有质量问题请与本社营销中心联系调换
电话：010-84083683
版权所有　侵权必究

# 出 版 说 明

为进一步加大对哲学社会科学领域青年人才扶持力度，促进优秀青年学者更快更好成长，国家社科基金2019年起设立博士论文出版项目，重点资助学术基础扎实、具有创新意识和发展潜力的青年学者。每年评选一次。2022年经组织申报、专家评审、社会公示，评选出第四批博士论文项目。按照"统一标识、统一封面、统一版式、统一标准"的总体要求，现予出版，以飨读者。

全国哲学社会科学工作办公室

2023年

# 序　言

　　电力行业，既是中国经济社会发展的基础，也是带动其他行业低碳转型的重要载体。在当前经济发展新模式、电力市场化改革、全国统一碳排放交易市场建立、电力行业能源结构转型等一系列现实背景下，电力行业作为中国化石能源消耗和主要污染物排放的重点领域，面临着提高经济效益、加快能源转型、顺应市场潮流趋势等多重压力。卢灿老师及其所在的课题组是华北电力大学较早对电力行业碳达峰问题开展系统研究的团队，他们围绕电源结构调整与碳定价等政策要求，应用扎实规范的经济学和管理科学理论方法，长期耕耘探索，不断积累，形成了丰富的研究成果，为本书的出版奠定了深厚的前期基础。

　　本书是以全球变暖幅度在 21 世纪中叶前不超过 1.5℃ 这项重大的全球性战略协定（《巴黎协定》）为切入点和约束框架展开的。中国电力行业是碳排放量大的部门，肩负着艰巨的减排责任。本书采用规范的经济学和管理科学研究方法，基于大量的实证数据，在实证研究和模型分析的基础上，注重讨论电力行业碳达峰后趋势情景设计问题，将现实情景与未来情景分析结合起来，推导出综合效应强的政策选择。以实现碳达峰后的峰值变动趋势为研究主题，更加贴合中国电力行业中长期减排目标制定的需求，更能为净零排放目标实现的时间表和路线图的制定提供具有参考价值的研究结果。

　　科学预判不同情景下碳达峰后到碳中和阶段持续时间的长短、期间的碳排放趋势轨迹，既是倒逼碳达峰与制定碳中和长期减排规划应考虑的中间环节，也是深度重构经济能源社会系统的方向标。《1.5℃约束下中国电力行业碳达峰后情景及效应研究》选题新颖，具有前瞻性和挑战性，是一个应该持续研究的方向。我希望并深信这本著作的出版将为进一步推动中国电力行业碳达峰与碳中和研究领域的发展注入活力，推动中国电力行业碳达峰碳中和目标决策的科学化和国际化。希望卢灿老师团队和国际国内同行一道，在应对能源电力行业挑战的事业中不断做出新的贡献。

中国工程院院士
华北电力大学校长
2023 年 12 月于北京

# 前　言

2018年10月，联合国政府间气候变化专门委员会（Intergovernmental Panel on Climate Change，IPCC）在韩国仁川发布了《全球升温1.5℃》特别报告（以下简称特别报告），特别报告集合了来自全世界40多个国家的近百位科学家、90多位作者，在综合分析超过6000余份科学论文的基础上，以加强全球应对气候变化威胁、实现可持续发展和努力消除贫穷差距为背景，全面评估了全球温度较工业化前水平升高1.5℃产生的影响及其相关的温室气体减排路径，并将报告中的精华结论和要点以特殊总结的汇编方式提供给世界各国的政策制定者。本书所指的1.5℃约束是指这份报告中涵盖的与电力行业相关的约束条件。特别报告的特别之处在于其对全球升温1.5℃和2℃产生的气候风险和环境影响进行了量化比较，与其他温控目标相关研究不同的是，特别报告明确指出，全球升温2℃对人类造成的影响将是毁灭性的，会导致全球99%的珊瑚礁退化，强降水和森林火灾频繁发生，北极夏天完全无冰的情况每十年就会发生一次。因此，特别报告强烈呼吁各国采取空前规模的减排方案，尽最大努力将全球升温控制在1.5℃以内，因为在升温1.5℃情境下发生的各种极端气候现象的风险将会比升温2℃情境下大大降低，至少可以维持人类生存在一个安全、稳定的自然环境中。

该特别报告指出，人类活动导致的全球变暖已经在工业化前水平的基础上升高了1℃，可能的范围为0.8℃—1.2℃，如果按照现阶段的升温速度发展下去，全球将于2030—2052年实现升温1.5℃。

气候行动追踪研究机构是一个致力于追踪全球各国气候目标实现情况，并对那些未按照在气候变化大会上作出的既定气候承诺执行对应减排行动的国家进行监督与呼吁的一个独立科研机构，自2015年巴黎气候变化大会以来，该机构每年都会发布全球变暖最新预测及各国针对《巴黎协定》自主贡献文件的更新进展情况。2019年年底，该机构的气候行动追踪结果显示，根据目前各国气候承诺的执行情况，到21世纪末，全球变暖将达到2.8℃，这个数值接近各国2015年达成的《巴黎协定》目标的两倍，但就各国目前的实际行动而言，各国政府并未积极履行《巴黎协定》的各项承诺，这或许会导致温度升高到3℃。

综上所述，各项研究均表明，将温度升高幅度控制在1.5℃之内对全球范围内的减排行动提出了更高的要求，世界各国必须在各个行业和领域采取快速且深远的转型变革策略，才能将全球变暖目标控制在1.5℃的概率大大提高，这也从侧面说明实现全球变暖1.5℃的温控目标成为摆在世界各国面前的一项亟待解决的、史无前例的、别无选择的、异常复杂艰巨的任务。

习近平主席在联合国大会、二十国集团主题边会、金砖国家领导人会晤、气候雄心峰会、达沃斯论坛等多个重要国际场合公开表示，中国碳排放力争于2030年前达到峰值、2060年前实现碳中和。碳达峰与碳中和目标是中国践行气候行动的重要环节，将对实现全球升温目标产生关键作用。

全球大气研究排放数据库最新数据显示，2020年，中国电力行业碳排放量为47.94亿吨，分别占中国和全球碳排放总量的41.05%和13.33%，占全球电力行业碳排放总量的36.52%。中国电力行业碳排放不仅在中国碳排放总量中占比最高，占全球碳排放总量的比重也远高于其他国家的其他行业，比紧随其后的美国、印度、俄罗斯、日本的总和还多，肩负着艰巨的减排责任。

电力行业是支撑国民经济和社会发展的基础性产业和公用事业，是保障各行业发展的重要部门，其碳排放的产生、流动与系统中各要素间的相互作用密不可分。但现阶段研究主要以能源电力领域碳排放为考虑基点，缺乏对经济能源社会系统的通盘考量，出现了撇开发展全局而孤立地讨论电力行业碳排放的现象，导致很多决策者真正关心的系统平稳转型发展的实质性问题和风险并未被识别出来。此外，考虑到中国经济能源社会系统的多维性、复杂性以及强大的惯性，实现系统平稳转型不是短期内一蹴而就的，需要提前做好长期规划部署。

碳达峰是指某一年达到最大排放值，虽然只代表一个时间点的状态，但其实反映的是一个动态持续的过程。参照峰值预测结论，不管是高位达峰还是低位达峰，峰值在 2030 年前迟早会出现，达峰之前的碳排放或为平坦或为陡峭的增长趋势，但达峰后碳排放将呈现出何种演变趋势，根据已达峰国家经验，存在多种可能性路径，受碳达峰后的平台期时间跨度、排放下降速率水平、回弹波动范围等诸多不确定性因素的影响。已宣布碳中和时间并且已达峰的大部分发达国家，从碳达峰后到碳中和，尚且需要二三十年，对仍处于发展阶段的中国而言，碳达峰到碳中和也最多剩余 30 年，这种紧迫的局势将会引发一系列挑战。仅将目光聚焦于碳达峰显然不够，应立足现在，着眼长远，尽早识别碳达峰后趋势演变路径，设定相应政策方案，确保现有行动与未来规划协调一致。

包括欧盟在内的 15 个《巴黎协定》缔约方（德国、美国、墨西哥、加拿大、贝宁、法国、捷克、英国、乌克兰、马绍尔群岛、斐济、日本、葡萄牙、哥斯达黎加和欧盟）正式递交了到 21 世纪中叶的长期温室气体低排放发展战略，英国、法国已运用碳预算的方法设定了中长期减排路径，并提出了较为具体的各领域、各阶段温室气体排放管控目标。由此可见，对中国而言，考虑碳达峰后平台期趋势的、动态的、完整的电力行业碳排放水平、碳减排方案的研究，犹如一个尚未开锁却被忽略的黑箱，亟待解密。如果无法破解碳达峰后趋势，也就无法识别中长期减排过程中存在的挑战和威胁，最终导致近期减排方案与远期行动规划产生适得其反的扭曲现象。

2021年12月，中央经济工作会议将"正确认识和把握碳达峰碳中和"列为新发展阶段中国面临的新的重大理论和实践问题之一。中国实现2030年前碳达峰后还要实现2060年前碳中和，碳达峰的时间和峰值水平会对碳中和的难易程度产生直接影响：碳达峰时间提前会延长碳达峰到碳中和的时间，碳达峰时间推迟则会压缩碳达峰到碳中和的时间；对应地，峰值水平越低，碳达峰到碳中和时间区间内的减排压力越小，峰值水平越高，碳达峰到碳中和时间区间内的减排压力越大。换言之，碳达峰归根结底是保障碳中和实现的必经阶段和先决条件。尽管当前和短期内中国面临的首要问题是如何努力实现时间更早、峰值水平更低的碳达峰状态，但这不是中国应对气候变化的终极目标，碳中和、近零碳排放、零排放、负排放等均是实现碳达峰后更高阶的远景目标。科学预判不同情景下碳达峰到碳中和阶段持续时间的长短、期间的碳排放趋势轨迹，从已达峰国家的发展趋势总结出碳达峰后趋势，并结合当前中国高质量发展和绿色低碳转型的多层次要求分析碳达峰后的可行区间与趋势定位，既是倒逼碳达峰与制定碳中和长期减排规划应考虑的中间环节，也是深度重构经济能源社会系统的方向标。

鉴于此，以碳排放达峰为分水岭，研究中国电力行业碳排放达峰后的变动趋势情景，构建以中国电力行业碳达峰后趋势情景为核心的加长版时间序列轴评估模型体系，不仅能为中国电力行业碳排放达峰后至净零排放前的中长期减排路径提供决策支持，还能为全球其他国家电力行业碳减排方案的制定提供参考依据。同时，也为尽早开展深度脱碳发展路径的相关研究工作奠定实证基础，为进一步探究21世纪中叶前的温室气体减排方案提供模型技术支撑，为更广泛深远的经济、社会、能源系统转型提供中长期优化对策建议。

尽管在编写过程中笔者力求完善，但由于知识水平有限，书中难免存在疏漏与不足之处，恳请各位专家学者与各位读者批评指正。

# 摘　　要

本书分五篇共计十章内容，分别从1.5℃温控目标研究综述、中国电力行业发展现状及国际比较分析、1.5℃约束下中国电力行业碳达峰后情景及建模分析、1.5℃约束下中国电力行业碳达峰后综合效应分析、1.5℃约束下中国电力行业碳减排政策建议等方面对1.5℃约束下中国电力行业碳达峰后情景及其不同情景产生的综合效应进行了评估。主要内容及研究结论如下。

（1）对IPCC1.5℃特别报告涉及的电力行业评估结果进行了有针对性的分析，将该报告中与电力行业能源结构调整和碳减排相关的评估信息量化分解到中国电力行业，并根据官方权威数据资料对中国电力行业碳排放量等相关指标进行了计算和处理。为全面阐述中国电力行业现阶段综合发展水平，本书对其基本经济指标、投资建设指标、技术效率指标、能源消耗指标的发展轨迹进行了动态分析，筛选出未来电力行业具有节能减排潜力的发展领域。

（2）通过国际比较分析，结合已实现达峰国家峰值后碳排放的变动轨迹趋势特征，总结了其他国家达峰后出现的趋势类型，并根据中国碳排放特征，分析了符合中国电力行业达峰后趋势的情景。整理总结1990—2017年全球包括中国在内的31个国家的碳排放总量、电源结构类型及其不同类型发电方式对应的发电量、电力行业碳排放量等指标的历史变动特征，通过将中国与其他分布于五大洲的30个代表性国家同期电力行业碳排放量相关指标进行国际比较分析，以期为碳排放达峰后趋势情景的设定提供实证思路。

(3) 构建了基于马尔可夫链的中国电源结构预测模型，预测了截至 2050 年的中国电力行业电源结构，依据模型结果设定了电力行业峰值后趋势技术减排情景；通过碳定价机制设定了电力行业在达到峰值后的趋势经济减排情景。为全方位揭示中国电力行业达到峰值后的趋势情景对全球主要国家的综合影响，分别构建了以煤电技术进步为外生冲击和以碳定价机制为外生冲击的全球多部门动态可计算一般均衡模型。

(4) 结果分析表明：虽然电源结构技术进步比碳定价机制在中国电力行业产生的减排效果显著，但是也会抑制本书中分析的发展中国家经济的增长速度。反之，尽管在中国全行业执行碳定价机制对全球各国的影响较平缓，但是这种峰值后趋势情景达到的减排效果也完全满足全球升温目标的约束条件。因此，本书认为，极端的煤电下降方式纵然能以最快的速度和最显著的减排效果实现温控目标，但不利于全球可持续发展目标的实现，而碳定价机制导致的减排在短期内虽达不到立竿见影的效果，但从中长期来看，更符合全球经济—能源—环境协调统一发展的内在要求。

**关键词**：1.5℃温控目标；电力行业；碳达峰后趋势；电源结构；碳定价

# Abstract

This book covers five chapters and a total of ten chapters, including a review of research on temperature control objectives at 1.5℃, an analysis of the current development status and international comparison of China's power industry, scenarios and modeling analysis of carbon peaking in China's power industry under the constraint of 1.5℃, and an analysis of the comprehensive effects of carbon peaking in China's power industry under the constraint of 1.5℃ the carbon emission reduction policy recommendations for the Chinese power industry under the constraint of 1.5℃ are evaluated in terms of the post peak scenario of carbon emissions in the Chinese power industry under the constraint of 1.5℃ and the comprehensive effects of different scenarios. The main content and research conclusions are as follows:

(1) A targeted analysis is conducted on the evaluation results of the power industry involved in the IPCC 1.5℃ special report. The evaluation information related to energy structure adjustment and carbon reduction in the power industry in the report is quantified and decomposed into the Chinese power industry. Based on official authoritative data, relevant indicators such as carbon emissions in the Chinese power industry are calculated and processed. In order to comprehensively elaborate on the current comprehensive development level of China's power industry, a dynamic analysis is conducted on the development trajectory of its basic economic indica-

tors, investment and construction indicators, technical efficiency indicators, and energy consumption indicators, and selected development areas with potential for energy conservation and emission reduction in the future power industry.

(2) Through international comparative analysis, combined with the trend characteristics of carbon emissions after reaching peak levels in countries that have already achieved peak levels, the trend types that appear after reaching peak levels in other countries are summarized. Based on China's carbon emission characteristics, scenarios that are in line with the trend of China's power industry after reaching peak levels are analyzed. Summarize the historical changes in carbon emissions, power structure types, and corresponding power generation amounts for different types of power generation methods in 31 countries worldwide, including China, from 1990 to 2017. Compare and analyze the carbon emissions related indicators of the power industry between China and 30 representative countries on five continents during the same period, to provide empirical ideas for the setting of post peak trend scenarios for carbon emissions.

(3) A Markov chain based prediction model for China's power structure is constructed, predicting the power structure of the Chinese power industry until 2050. Based on the model results, the post peak trend technology emission reduction scenarios of the power industry are set; The post peak trend economic emission reduction scenario of the power industry has been set through a carbon pricing mechanism. To comprehensively reveal the comprehensive impact of the post peak trend scenario of China's power industry on major countries around the world, global multi-sector dynamic computable general equilibrium models are constructed with coal power technology progress as exogenous shocks and carbon pricing mechanism as exogenous shocks.

(4) The analysis of the results shows that although the technological

progress of power structure is more significant in reducing emissions than the carbon pricing mechanism in China's power industry; It also inhibits the growth rate of developing country economies analyzed in this book. On the contrary, although the implementation of carbon pricing mechanisms across the entire industry in China has a relatively mild impact on countries around the world, the emission reduction effect achieved in this post peak trend scenario fully meets the constraints of global temperature rise targets. Therefore, this book argues that although extreme coal electricity reduction methods can achieve temperature control goals with the fastest and most significant emission reduction effects, they are not conducive to achieving global sustainable development goals, and the emission reduction caused by carbon pricing mechanisms cannot be achieved in the short term.

**Key Words**: 1.5℃ Temperature Control Target; Electric Power Industry; Post Carbon Peak Trajectory; Power Structure; Carbon Pricing

# 目 录

## 第一篇 1.5℃温控目标研究综述

### 第一章 全球升温1.5℃的影响 (3)
第一节 《全球升温1.5℃》特别报告概述 (3)
第二节 实现1.5℃温控目标的中国政策与行动 (10)

### 第二章 1.5℃温控目标与电力行业碳减排研究动态 (18)
第一节 电力行业碳减排国内外研究综述 (18)
第二节 研究内容及创新之处 (25)

## 第二篇 中国电力行业发展现状及国际比较

### 第三章 中国电力行业发展现状分析 (37)
第一节 中国电力行业基本经济指标发展现状 (37)
第二节 中国电力行业投资建设指标发展现状 (46)
第三节 中国电力行业技术效率指标发展现状 (49)
第四节 中国电力行业燃料消耗指标发展现状 (52)

### 第四章 中国电力行业碳排放及电源结构的国际比较 (55)
第一节 碳排放总量现状 (57)
第二节 电力行业碳排放量现状 (68)

第三节 电力行业电源结构及对应碳排放现状……………(73)

## 第三篇 1.5℃约束下中国电力行业碳达峰后情景及建模分析

### 第五章 1.5℃约束下中国电力行业碳达峰后情景分析………(85)
第一节 1.5℃约束下中国电力行业技术减排情景………(85)
第二节 1.5℃约束下中国电力行业经济减排情景………(103)

### 第六章 中国电力行业碳达峰后情景综合效应评估模型构建………………………………………………(110)
第一节 可计算一般均衡模型的基本原理……………(110)
第二节 GTAP 模型的框架体系 ………………………(123)
第三节 GTAP-E 模型的构建 …………………………(128)

## 第四篇 1.5℃约束下中国电力行业碳达峰后综合效应分析

### 第七章 1.5℃约束下中国电力行业碳达峰后技术减排情景综合效应分析 ……………………………………(137)
第一节 技术减排情景对宏观经济的效应分析…………(138)
第二节 技术减排情景对进出口贸易的效应分析………(151)
第三节 技术减排情景对能源消费水平的效应分析……(156)
第四节 技术减排情景对碳排放水平的效应分析………(163)
第五节 技术减排情景对居民生活的效应分析…………(179)

### 第八章 1.5℃约束下中国电力行业碳达峰后经济减排情景综合效应分析 ……………………………………(184)
第一节 经济减排情景对宏观经济的效应分析…………(185)
第二节 经济减排情景对进出口贸易的效应分析………(202)

第三节　经济减排情景对能源消费水平的效应分析 ……… (207)
第四节　经济减排情景对碳排放水平的效应分析 ………… (213)
第五节　经济减排情景对居民生活的效应分析 …………… (229)

# 第五篇　1.5℃约束下中国电力行业碳减排政策建议

## 第九章　1.5℃约束下中国电力行业碳达峰后情景研究结论与展望 …………………………………………… (237)

第一节　研究结论 ………………………………………… (237)
第二节　展望 ……………………………………………… (239)

## 第十章　1.5℃约束下中国电力行业碳减排政策建议 ……… (241)

第一节　基于技术减排层面的政策建议 ………………… (241)
第二节　基于经济减排层面的政策建议 ………………… (243)

**参考文献** ……………………………………………………… (246)

**索　引** ………………………………………………………… (269)

# Contents

## Part 1  Overview of Research on 1.5℃ Temperature Control Objectives

**Chapter 1**  The Impact of Global Warming of 1.5℃ ············ (3)
   Section 1  Overview of the Special Report on Global Warming at 1.5℃ ·········································································· (3)
   Section 2  China's Policy and Action to Achieve The 1.5℃ Temperature Control Goal ······························································ (10)

**Chapter 2**  Research Trends on 1.5℃ Temperature Control Target and Carbon Emission Reduction in the Power Industry ············································· (18)
   Section 1  Summary of Domestic and International Research on Carbon Reduction in the Power Industry ··············· (18)
   Section 2  Research Content and Innovation ····················· (25)

## Part 2  The Development Status and International Comparison of China's Power Industry

**Chapter 3**  Analysis of the Current Development Status of China's Power Industry ·································· (37)
   Section 1  Development Status of Basic Economic Indicators in China's Power Industry ······································ (37)

Section 2  Development Status of Investment and Construction Indicators in China's Power Industry ………………… (46)
Section 3  Development Status of Technical Efficiency Indicators in China's Power Industry ……………………………… (49)
Section 4  Development Status of Fuel Consumption Indicators in China's Power Industry ……………………………… (52)

**Chapter 4  International Comparison of Carbon Emissions and Power Supply Structure in China's Power Industry** ……… (55)
Section 1  Current Status of Total Carbon Emissions ………… (57)
Section 2  Current Status of Carbon Emissions in the Power Industry ……………………………………………… (68)
Section 3  Power Supply Structure and Corresponding Carbon Emission Status in the Power Industry ……………… (73)

## Part 3  Scenario and Modeling Analysis of Carbon Peak in China's Power Industry under the Constraint of 1.5℃

**Chapter 5  Scenario Analysis of Carbon Peak in China's Power Industry under the Constraint of 1.5℃** ………… (85)
Section 1  Scenario of Technology Emission Reduction in China's Power Industry under the Constraint of 1.5℃ ……… (85)
Section 2  Scenario of Economic Emission Reduction in China's Power Industry under the Constraint of 1.5℃ …… (103)

**Chapter 6  Construction of a Comprehensive Effect Assessment Model for Carbon Peak Scenario in China's Power Industry** ……………………………………………… (110)
Section 1  The Basic Principles of Computable General Equilibrium Model ……………………………………… (110)

Section 2  Framework System of GTAP Model ················ (123)
Section 3  Construction of GTAP-E Model ···················· (128)

**Part 4  Comprehensive Effect Analysis of Carbon Peak in China's Power Industry under 1.5℃ Constraint**

**Chapter 7  Comprehensive Effect Analysis of Technology Emission Reduction Scenarios after Carbon Peak in China's Power Industry under 1.5℃ Constraints** ················ (137)

Section 1  Analysis of the Macroeconomic Effects of Technology Emission Reduction Scenarios ······················ (138)

Section 2  Analysis of the Effect of Technology Emission Reduction Scenarios on Import and Export Trade ············· (151)

Section 3  Analysis of The Effect of Technology Emission Reduction Scenarios on Energy Consumption Level ············ (156)

Section 4  Analysis of the Effect of Technology Emission Reduction Scenarios on Carbon Emission Levels ················ (163)

Section 5  Analysis of the Effect of Technology Emission Reduction Scenarios on Residents' Lives ························ (179)

**Chapter 8  Comprehensive Effect Analysis of Economic Emission Reduction Scenarios after Carbon Peak in China's Power Industry under 1.5℃ Constraints** ········ (184)

Section 1  Analysis of the Macroeconomic Effects of Economic Emission Reduction Scenarios ························ (185)

Section 2  Analysis of the Effect of Economic Emission Reduction Scenarios on Import and Export Trade ············· (202)

Section 3  Analysis of the Effect of Economic Emission Reduction Scenarios on Energy Consumption Level ············ (207)

Section 4　Analysis of the Effect of Economic Emission Reduction
　　　　　Scenarios on Carbon Emission Levels ············· (213)
Section 5　Analysis of the Effect of Economic Emission Reduction
　　　　　Scenarios on Residents' Lives ····················· (229)

## Part 5　Policy Recommendations for Carbon Emission Reduction Policies in China's Power Industry under the Constraint of 1.5 ℃

### Chapter 9　Conclusion and Prospect of Scenario Research on Carbon Peak in China's Power Industry under 1.5℃ Constraints ······························· (237)

Section 1　Research Conclusions ······························ (237)
Section 2　Expectation Prospects ······························ (239)

### Chapter 10　Policy Recommendations for Carbon Emission Reduction Policies in China's Power Industry under the Constraint of 1.5℃ ···················· (241)

Section 1　Policy Recommendations Based on Technological
　　　　　Emission Reduction ······························· (241)
Section 2　Policy Recommendations Based on Economic
　　　　　Emission Reduction ······························· (243)

**References** ·································································· (246)

**Index** ········································································ (269)

# 第一篇
# 1.5℃温控目标研究综述

  本书中的"1.5℃约束"指的是联合国政府间气候变化专门委员会（IPCC）发布的 *Global Warming of 1.5℃*（《全球升温1.5℃》特别报告）中所指的为实现全球升温1.5℃所需完成的目标约束条件。本篇包含两章内容：第一章主要从全球升温1.5℃产生的影响、为实现全球升温1.5℃目标需要付出的变革努力以及中国在实现全球升温1.5℃目标进程中的贡献等方面进行详细阐述；第二章对1.5℃温控目标以及电力行业碳减排两方面的国内外研究现状进行梳理，提出本书的研究思路及逻辑框架体系，为后续内容指明方向。

# 第 一 章

# 全球升温 1.5℃ 的影响

## 第一节 《全球升温 1.5℃》特别报告概述

**一 《全球升温 1.5℃》特别报告提出的背景及意义**

（一）应对气候变化与 IPCC 六次综合评估报告

1. IPCC 简介

对于人类社会和地球而言，气候变化是一项紧迫的威胁，并且具有潜在的不可逆转性。1988 年，IPCC 由联合国环境规划署（UNEP）和世界气象组织（WMO）建立，附属于联合国，向联合国及世界气象组织的全体成员开放。其旨在定期为各国提供关于气候变化的科学评估。IPCC 下设三个工作组，分别对气候系统与气候变化的科学问题、气候变化的影响与适应气候变化的方法以及减缓气候变化的可能性三个方面进行评估。作为联合国所属的气候科学机构，IPCC 所发布的报告是由政府委托并授权的，每一份评估报告都需要经历五年左右的起草、编纂与审议周期，来自全球各地的数以千计的顶级科学家及其他领域的专家共同编撰。无论是报告的大纲、草稿还是最终发布的《决策者摘要》，都需要由 IPCC 的国家和地区代表进行逐字审议，最终获得通过的报告内容意味着得到了所有参与国家的认同和承认，这也使得IPCC报告具有很强的权威性。由此，便可为全球范围内的政策制定者及其他各相关领域的科研工作者提供与气候变化相关的科学依据和具体数据，有助于帮助民众了解气候变化的科学技术和社会经济认知状况，原因、潜在影响和应对策略。

2. IPCC六次综合评估报告及其意义

迄今为止，IPCC共发布了六次综合评估报告，分别为：1990年IPCC第一次评估报告（*Climate Change: The 1990 and 1992 IPCC Assessments*）、1996年IPCC第二次评估报告（*IPCC Second Assessment Climate Change 1995*）、2001年IPCC第三次评估报告（*Climate Change 2001 Synthesis Report*）、2007年IPCC第四次评估报告（*Climate Change 2007 Sythesis Report*）、2014年IPCC第五次评估报告（*Climate Change 2014 Synthesis Report*）、2023年IPCC第六次评估报告（*Climate Change 2023 Synthesis Report*）。每份综合评估报告都具有重要意义：第一次评估报告发现过去一个世纪内全球平均地表温度上升了0.3℃—0.6℃，推动了《联合国气候变化框架公约》（UNFCCC）的制定与通过，确认了气候变化的科学依据，开启了全球应对气候变化的国际治理进程。第二次评估报告指出二氧化碳排放是导致气候变化的最重要人为因素，提出制定气候变化政策及落实可持续发展过程中应重点兼顾公平原则。第三次评估报告称人类活动引起气候变化的可能性为66%，预测了未来全球平均气温将继续上升，全球各地将遭到更多不利影响，而发展中国家及贫困人口更易遭受气候变化的不利影响。第四次评估报告观测到全球平均地面温度升高90%是人为排放的温室气体浓度增加导致的，而太阳辐射变化和城市热岛效应并非气候变化的主要原因。第五次评估报告首次提出了"全球碳排放预算"的概念，以更全面的数据来凸显应对气候变化的紧迫性，其主要结论为《巴黎协定》的签署提供了依据。第六次评估报告指出2011—2020年全球地表温度比1850—1900年高出1.1℃，2020—2030年是决定未来变暖趋势的关键时间，已存在多种可行且有效的技术和选项能够减缓并适应气候变化，一切取决于如何选择和行动。

(二)《全球升温 1.5℃》特别报告的发起背景

在《联合国气候变化框架公约》(UNFCCC) 第 21 次缔约方大会上，194 个缔约方 (193 个国家与欧盟) 签署了《巴黎协定》，该协定旨在通过全球行动以加强应对气候变化的威胁。协定第二条阐述了温控目标，即把全球平均气温升幅控制在工业化前水平以上但低于 2℃，努力将气温升幅限制在工业化前水平以上 1.5℃ 之内，同时认识到这将大大减少气候变化的风险和影响。

尽管《巴黎协定》提供了一个持久的框架，指明了未来几十年全球努力的方向，标志着一个向净零排放世界转变的开始，具有关键的里程碑意义，但是许多国家都仅意识到若全球升温接近 2℃ 将会对人类生存造成严重的威胁，而当时对升温 1.5℃ 对气候相关风险的影响、减缓的雄心力度及其可行性等方面的了解都十分有限。基于此，《巴黎协定》缔约方邀请 IPCC 评估全球升温比工业化前水平提高 1.5℃ 的影响以及实现这一温控目标的全球相关排放路径。

根据要求，该报告不仅要评估全球温度升高 1.5℃ 时的情况，还要评估将全球升温限制在 1.5℃ 以内的不同路径，且这两方面的评估应基于强化全球应对气候变化威胁、可持续发展与努力消除贫困的背景。在此背景下，IPCC 集合了来自全世界 40 多个国家的近百位科学家、91 位作者，在综合分析超过 6000 份科学论文的基础上，全面评估了全球温度较工业化前水平升高 1.5℃ 产生的影响及相关的温室气体减排路径，将报告中的精华结论和要点以特殊总结的汇编方式提供给世界各国的政策制定者。

(三)《全球升温 1.5℃》特别报告的构成及简介

《全球升温 1.5℃》特别报告共包括五大部分，分别为：决策者摘要、技术摘要、五个篇章内容、附录以及在线的章节补充材料。

决策者摘要根据对涉及全球升温 1.5℃ 的现有科学、技术及社会经济文献的评估分别从五个方面介绍了特别报告的关键发现，包括了解全球升温1.5℃、预估的气候变化、潜在影响及相关风险、符合全球升温1.5℃的排放路径和系统转型、在可持续发展和努力消除贫困背景下加强全球响应。

技术摘要以IPCC第五次评估报告为基础，构建了用于理解全球变暖高于工业化前水平1.5℃和相关全球温室气体排放路径的影响背景、知识库与评估方法，介绍了可持续发展背景下的符合1.5℃的减缓路径、1.5℃全球升温对自然和人类系统的影响、强化和落实全球响应的方案措施以及可持续发展、消除贫困和减少不平等的发展路径。

五个篇章内容分别涵盖以下方面：第一章提供了气候系统当前状态的最新情况，包括当前的升温程度；第二章评估了关于可以将全球平均升温限制或恢复到1.5℃的减缓路径文献，并重点介绍了地球物理方面的可行性以及技术和经济上的有利条件；第三章探讨了一系列自然和人类系统的影响和风险与适应方案，比较分析了升温1.5℃和2℃的全球风险变化情况；第四章评估了在能源、土地、城市和工业系统实现系统性转型背景下的适应和减缓方案，包括二氧化碳清除措施，以及有助于实施快速和影响深远的全球响应的有利条件；第五章探讨了适应及减缓方案与可持续发展目标之间的协同作用和权衡取舍，并深入解析了面向升温1.5℃世界的气候复原型发展路径。

## 二 全球变暖趋势进程

### （一）全球升温现状

《全球升温1.5℃》特别报告指出，全球变暖可定义为全球和30年期间全球平均地表和海表温度的增加，对于不到30年周期的，升温是指围绕该周期的30年估算平均温度。2006—2015年与工业化前时期（1850—1900年）相比，人类活动造成的全球变暖已经使得整个世界温度升高了0.87℃，上下浮动0.12℃，升温的可能区间为0.8℃—1.2℃。导致温度升高的原因是人类活动使得大气中温室气体的含量增加，在这种趋势下，全球平均温度每十年的上升幅度为0.1℃—0.3℃。

上述全球升温趋势指的是全球平均温度上升趋势，但需要特殊说明的是，很多陆地地区和特定季节都已经出现升温大于全球平均温度的情况：陆地地区升温高于海洋地区，北极地区升温比全球平均值高出2—3倍。自20世纪70年代以来，已有20%—40%的全球人口居住的地区，至少在2006—2015年的一个季节内已经经历了比工业化前高出至少1.5℃的升温。截至目前，全球温度比工业化前时期（1850—1900年）已经升高0.5℃，在此时间跨度内，已经检测到某些气候变化与天气极端事件的发生强度和频率提高，这种因人类活动产生的温室气体排放量导致的温度升高将持续数百年至数千年，并将继续对气候系统产生进一步的长期影响，包括海平面的进一步上升等相关影响。

尽管如此，仅仅是迄今为止人类活动造成的温室气体排放量不可能在今后20—30年甚至百年时间尺度上造成全球0.5℃以上的进一步升温。实现全球人为活动二氧化碳净零排放并维持在一定的水平上，将会在高置信度区间内在多年代际时间尺度上停止人为全球升温，而届时全球达到的最高温度取决于实现二氧化碳净零排放时的累计全球人为二氧化碳净排放量以及达到最高温度前几十年的非二氧化碳排放水平。

（二）全球升温1.5℃可能的时间点

从地球物理角度来看，超过1.5℃的升温不是不可避免的，其是否会发生取决于未来的减排速率。尽管全球范围内一些国家、地区、城市、企业和社区正朝着低温室气体排放的模式转型过渡，但仅以目前的政策行动措施很难将升温限制在1.5℃以内。如果继续以当前的这种每十年上升0.2℃的水平变暖，则全球平均温度将于2040年左右达到1.5℃。尽管特别报告可以从全球平均温度的变化观测到地球作为一个整体未来将如何发生变化，但是已有证据显示温度超过1.5℃的现象已经在某些地区发生过。因此，若要在未来实现将升温控制在1.5℃以内的目标，需要在特别报告发布起的未来十年内迅速减少温室气体排放并实现深远快速的转型以及加强国际合作，因为各国当前的国家自主贡献承诺尚不足以将全球变暖限制在比工业化前水平高1.5℃的范围内。与之相反，如果世界各国延迟行动，开展的国际合作有限，仍未强化国家自主贡献承诺，仅制定薄弱或分散的政策致使温室气体减排停滞甚至增加，就无法将全球升温控制在比工业化前水平高出1.5℃的范围内。

### 三 全球升温1.5℃的相关风险

（一）对气候系统产生的风险

全球升温达到1.5℃会引发一些气候变化，包括以下四个方面：第一，在高置信度水平下许多地区的极端温度上升，强降水频率、强度或降水量增加，以及有些地区干旱的强度或频率加大等。第二，中纬度地区极端热日会升温约3℃，高纬度地区极端冷夜会升温约4.5℃，大部分陆地地区的热日天数会增加，以热带地区增加最多。第三，全球海平面相对于1986—2005年上升，预估到2100年达到0.26—0.77米，这比全球升温2℃时低0.1米，而全球海平面少上升0.1米意味着暴露于相关风险的人口减少1000万，即使在21世纪可将全球升温限制在1.5℃，2100年以后，海平面也将继续上升，南极海洋冰盖不稳定和格陵兰冰盖不可逆的损失会导致海平面在数百年至数千年上升数米，并会引发不稳定性。第四，不断升温会放大小岛屿、低洼沿海地区以及三角洲许多人类系统和生态系统对海平面上升相关风险的暴露度，例如，海水进一步入侵、洪水加剧以及对基础设施的损害加重。

（二）对生态系统产生的风险

全球升温1.5℃与升温2℃相比，预估全球升温1.5℃对生物多样性和生态系统的影响更低，包括对陆地、淡水及沿海生物系统的影响会更低，并能在更高置信水平上保留生态系统对人类更多的服务。具体风险包括以下五个方面：第一，会损失6%的昆虫、8%的植物、4%的脊椎动物。第二，预估4%的全球陆地面积会出现生态系统从某种类型转为另一种类型。第三，高纬度苔原和北方森林将尤其处于气候变化引起的退化和损失的风险之中，而木本灌木已经侵入苔原，并导致进一步升温。第四，可预估减轻对海洋生物多样性、渔业、生态系统及其功能以及人类服务等方面的风险，包括北极海冰及暖水珊瑚礁生态系统的近期变化。第五，预估每百年会出现一次北极夏季无海冰，会使许多海洋物种的分布转移到较高纬度地区并加大许多生态系统的损害数量，还会促使沿海资源的损失并降低渔业和水产养殖业的生产率。

（三）对社会系统产生的风险

全球升温1.5℃预估会加大对健康、生计、粮食安全、水供应、人类安全和经济增长的气候相关风险。具体风险包括以下几个方面：第一，面临全球升温1.5℃及以上不利后果的特别高风险的群体包括弱势群体和脆弱群体、一些原住民以及务农和靠海为生的地方社区居民。面临异常偏高风险的地区包括北极生态系统区域、干旱地区、小岛屿发展中国家和最不发达国家。随着全球升温的增加，预估某些群体中的贫困和弱势群体会增加，而与全球升温2℃相比，全球升温1.5℃到2050年可将暴露于气候相关风险以及易陷于贫困的人口减少数亿人。第二，与全球升温2℃相比，全球升温1.5℃对高温相关发病率和死亡率的风险影响更低，对臭氧相关死亡率的风险也更低，对因城市热浪的影响而引发的疟疾和登革热等一些病媒疾病带来的风险也更低。第三，与全球升温2℃相比，全球升温1.5℃预估使玉米、水稻、小麦以及可能的其他谷类作物的净减产幅度更小，尤其是在撒哈拉以南非洲、东南亚以及中美洲和南美洲；粮食供应的减少量也会更少，随着温度的上升，预估牲畜会受到不利影响，这取决于饲料质量的变化程度、疾病的扩散以及水资源的可用率。第四，与全球升温2℃相比，全球升温1.5℃可将暴露于气候变化引起的缺水加剧的世界人口减少50%，许多小岛屿发展中国家面临的预估干旱变化造成的缺水压力更小。

## 第二节　实现1.5℃温控目标的中国政策与行动

### 一　全球升温1.5℃排放路径及变革目标

（一）全球升温1.5℃排放路径

根据特别报告目前对气候响应的了解，全球升温1.5℃排放路径被定义为在1/2—2/3的概率区间内使得全球升温低于1.5℃或者在超过1.5℃之后于2100年左右重回1.5℃的路径。实现这一目的有两条路径，具体为：第一条路径是将全球温度稳定在比工业化前水平高出1.5℃或低于1.5℃的水平。第二条路径是大约在21世纪中叶升温超过1.5℃，持续最长几十年时间，并在2100年前回到1.5℃以下，这也被称作"过冲"路径。这两条路径对温室气体排放以及气候变化与实现可持续发展都将产生不同的影响。对第二条"过冲"路径而言，"过冲"过程的尺度越大、时间越长，对减少排放源以及大气中的碳移除实践或技术的依赖性就越大，而关于碳移除的实践或技术尚未经过大规模验证，其实用性、有效性、经济性尚存在一定程度的风险，并且应用碳移除技术还可能会加剧对土地和水资源的竞争，若不能恰到好处地进行权衡取舍，就会对可持续发展产生不利影响。尺度更大、时间更长的"过冲"会增加造成不可逆转气候影响的风险，包括极地冰架开始坍塌、海平面加速上升等。

世界各地不同的研究人员分析了所有国家自主贡献汇总起来产生的综合效应，分析结果表明：目前各国的承诺尚不足以将全球变暖限制在比工业化前水平高1.5℃的范围内，如果现有的到2030年的承诺能够实现，则2030年后很少有足够快速的减排措施能够将升温限制在1.5℃，这进一步说明，依靠现有的国家承诺，升温将至少在一段时间内超过1.5℃，在之后的某个时期，就需要在全球范围内开展应用大气中碳移除实践或技术，才能使升温重回1.5℃。

## （二）将全球升温控制在1.5℃的目标要求

### 1. 总量目标

在全球升温1.5℃排放路径（第一条和第二条）的模式中，到2030年全球净人为碳排放量在四分位区间内在2010年的水平上约减少45%，到2050年达到净零。要限制全球升温就需要限制自工业化前时期以来的全球人为碳累计排放量，即保持在碳预算总量内。目前，全球正在以每年42±3Gt的碳排放量消耗着剩余的碳预算总量。全球温度计量方法的选择会影响估算的剩余碳预算：若使用全球平均地表气温方法估算，可得出，50%的概率水平将升温限制在1.5℃的情况下有580Gt的剩余碳预算，66%的概率水平下为420Gt的剩余碳预算；若使用全球平均地表温度方法估算，可得出在50%和66%的概率下分别为770Gt和570Gt的剩余碳预算。在21世纪及之后，未来多年冻土融化带来的潜在额外碳释放以及湿地的甲烷释放会减少100Gt的剩余碳预算，未来非二氧化碳的减缓水平可增加或减少250Gt的剩余碳预算。保持在580Gt的剩余碳预算以内意味着碳排放量在大约30年内达到碳中和，而保持在420Gt的剩余碳预算以内意味着碳中和的时间将由30年减少到20年。

### 2. 部门及基础设施目标

在全球升温1.5℃排放路径（第一条和第二条）的模式中，对电力部门而言，可再生能源预计将在四分位区间内于2050年提供70%—85%的电力，发电方面能够进行二氧化碳捕获和封存的核燃料和化石燃料的模拟份额将有所增加，使用二氧化碳捕获与封存能够让使用天然气发电的份额在2050年达到约8%，而使用煤炭发电的份额将急剧减少，并将减少至几乎为0。对工业部门而言，到2050年工业产生的碳排放量预计将比2010年减少65%—90%。对建筑部门而言，到2050年建筑物所需能源的电力份额为55%—75%。对交通运输部门而言，低排放最终能源的比例将从2020年的不到5%上升到2050年的35%—65%。在农用地方面，预测非牧场产粮和饲料作物农业用地可转换为增加 0—600 万的能源作物用地，到 2050 年，与 2010 年相比，森林面积将由减少 200 万平方千米转换为增长 950 万平方千米。在投资方面，预计 2016—2050 年的年平均能源供应投资总额为 1.46 万亿—3.51 万亿美元，年度平均能源需求投资总额为 6400 亿—9100 亿美元，年平均能源相关额外投资约为 8300 亿美元。

3. 碳移除目标

在全球升温 1.5℃ 排放路径（第一条和第二条）的模式中，预测在 21 世纪使用二氧化碳移除的级别为 100—1000 千兆吨二氧化碳，到 2030 年、2050 年和 2100 年，生物能结合碳捕获与封存的部署范围预计分别为每年 0—1 千兆吨、0—8 千兆吨、0—16 千兆吨二氧化碳，这些年份与农业、森林和土地利用相关的碳移除措施预计将每年移除 0—5 千兆吨、1—11 千兆吨、1—5 千兆吨二氧化碳。碳移除部署的规模和类型在 1.5℃ 排放路径中的差异很大，对实现可持续发展目标的影响也不同，一些路径更多地依赖生物能结合碳捕获与封存技术，而其他路径则更多依赖植树造林，这是两种最主要的碳捕获与封存技术。

## 二 中国国家自主贡献目标及实施情况

（一）中国国家自主贡献目标

2015 年 6 月，为了积极推动《巴黎协定》成功签署，中国首次向联合国气候变化框架公约秘书处正式提交了到 2030 年的国家自主贡献目标。中国首次提交的国家自主贡献目标包括 2030 年前实现碳达峰、碳排放强度下降幅度、非化石能源消费比重、森林蓄积量增加四个具体目标：二氧化碳排放于 2030 年左右达到峰值并争取尽早达峰；单位国内生产总值二氧化碳排放比 2005 年下降 60%—65%；非化石能源占一次能源消费比重达到 20% 左右；森林蓄积量比 2005 年增加 45 亿立方米左右。

2021 年 10 月，英国格拉斯哥气候大会召开前夕，根据《巴黎协定》要求五年更新一次国家自主贡献目标的规定，中国正式提交了更新版的国家自主贡献目标。格拉斯哥气候大会受疫情影响延期了一年，更新版国家自主贡献目标的提交时间也因此顺延。中国更新版国家自主贡献目标为：二氧化碳排放力争于2030年前达到峰值，努力争取2060年前实现碳中和；到2030年，中国单位国内生产总值二氧化碳排放将比2005年下降65%以上；非化石能源占一次能源消费比重将达到25%左右；森林蓄积量将比2005年增加60亿立方米；风电、太阳能发电总装机容量将达到12亿千瓦以上。

可以看出，中国2021年更新版国家自主贡献目标在2015年国家自主贡献目标的基础上进行了大幅度改进，具体表现在目标数量的增加与目标强度的提高两个方面：一是增加了目标数量。在原有四个目标的基础上，新增碳中和时间、风电和太阳能发电总装机容量两个目标。特别是碳中和目标的提出，不仅极大鼓舞了国际社会应对气候变化的信心，也更加坚定了国内经济社会绿色低碳发展的信心。二是提高了目标强度。碳排放强度下降幅度目标，由原来的60%—65%提高至65%以上；非化石能源消费比重目标，由原来的20%提高至25%；森林蓄积量增加目标，由原来的45亿立方米提高至60亿立方米。中国国家自主贡献目标的更新，既体现出了中国积极参与全球气候治理的立场，又彰显了负责任大国的形象。

（二）中国国家自主贡献目标的进展

2022年11月，中国《联合国气候变化框架公约》（以下简称《公约》）国家联络人向《公约》秘书处正式提交《中国落实国家自主贡献目标进展报告（2022）》（以下简称《进展报告》）。《进展报告》反映了中国自提出新的国家自主贡献目标以来，落实国家自主贡献目标的进展，体现了中国推动绿色低碳发展、积极应对全球气候变化的决心和努力。

《进展报告》总结了中国自更新国家自主贡献目标以来的新部署新举措，重点讲述应对气候变化的顶层设计，以及在工业、城乡建设、交通、农业、全民行动等重点领域控制温室气体排放取得的新进展，总结能源绿色低碳转型、生态系统碳汇巩固提升、碳市场建设、适应气候变化等方面的成效。

1. 目标完成情况

2021 年，中国碳排放强度比 2020 年降低 3.8%，比 2005 年累计下降 50.8%；非化石能源占能源消费的比重达到 16.6%；风电、太阳能发电总装机容量达到 6.35 亿千瓦；单位 GDP 煤炭消耗显著降低；可再生能源新增装机容量 1.34 亿千瓦，占全国新增发电装机的 76.1%；全国森林覆盖率达到 24.02%，森林蓄积量达到 194.93 亿立方米。

2. 各领域新部署进展

《进展报告》分别从以下层面总结了中国推动国家自主贡献目标的工作部署及进展情况：第一，以碳达峰碳中和目标引领经济社会全面绿色转型，包括实施减污降碳协同治理、加快形成绿色发展的空间格局、加强生态环境准入管理、加快形成绿色生产生活方式等。第二，加强碳达峰碳中和顶层设计和战略布局，健全政策体系，构建"1+N"政策体系，完善绿色低碳政策。第三，把系统观念贯穿碳达峰碳中和工作全过程，加强战略谋划和制度建设，分别在国家层面与省域层面成立碳达峰碳中和工作领导小组，将绿色低碳发展作为国民经济社会发展规划的重要组成部分，制定中长期温室气体排放控制战略，编制实施适应气候变化的国家战略。第四，在重点领域控制温室气体排放方面取得了新成效，能源绿色低碳转型提速，生态系统碳汇巩固提升，全国碳市场启动运行，适应气候变化能力不断提升。

### 三 中国碳达峰碳中和目标及系列政策措施

(一) 中国碳达峰碳中和目标

1. 目标提出的背景

中国提出"碳达峰、碳中和"目标基于国际和国内双重背景。

（1）国际背景：全球变暖已经成为人类发展最大的挑战之一，国际社会在应对气候变化议题上已经达成了共识，各国陆续作出承诺。全球已有几十个国家早于中国提出实现碳中和的目标愿景，美国、英国、德国、法国、日本、意大利、加拿大等发达国家陆续承诺，在2050年实现碳中和。应对气候变化将成为大国竞争、博弈和合作的重要领域。在全球应对气候变化的一致目标下，各国将在可再生能源、电动汽车等低碳领域展开激烈竞争，能源和经济低碳转型将重塑世界竞争格局，成为加剧世界百年大变局的助燃剂。随着新冠疫情的逐步缓解以及美国重返《巴黎协定》，国际社会在气候变化领域的博弈日益加剧，世界各国对疫情后中国引领世界绿色复苏也充满期待。因此，从国际背景来看，全球各国在气候变化领域形成了"有挑战、有共识、有承诺、有竞争"的格局，为中国提出碳达峰碳中和目标营造了外部条件。

（2）国内背景：一方面，碳达峰碳中和是中国生态文明建设整体布局的重要环节。生态文明建设是关系中华民族永续发展的千年大计。中国积极实施应对气候变化战略，有效扭转二氧化碳排放快速增长局面，将为全球生态文明建设作出示范引领和重要贡献。另一方面，中国是全球碳排放总量最大的国家，并且作为发展中国家，现阶段经济增长并未实现与碳排放的完全脱钩。基于此，从国内背景来看，推进碳达峰碳中和已是势在必行。

2014年11月，中美两国元首宣布了两国各自2020年后应对气候变化的行动，并发表了《中美气候变化联合声明》，习近平主席提出，中国计划2030年左右二氧化碳排放达到峰值且将努力早日达峰，并计划到2030年非化石能源占一次能源消费比重提高到20%左右。2015年11月，习近平主席在气候变化巴黎大会开幕式上的讲话中指出，中国在"国家自主贡献"中提出将于2030年左右使二氧化碳排放达到峰值并争取尽早实现。2020年9月，习近平主席在第七十五届联合国大会一般性辩论上的讲话中指出，中国将提高国家自主贡献力度，采取更加有力的政策和措施，二氧化碳排放力争于

2030年前达到峰值，努力争取2060年前实现碳中和。至此，中国碳达峰碳中和目标明确提出。随后，习近平主席在联合国生物多样性峰会，第三届巴黎和平论坛，金砖国家领导人第十二次会晤，二十国集团领导人利雅得峰会"守护地球"主题边会，气候雄心峰会，中央经济工作会议，世界经济论坛"达沃斯议程"对话会，中央全面深化改革委员会第十八次会议，中央财经委员会第九次会议，在福建、广西、青海等地考察调研等国际国内重要场合的讲话中均强调了中国实现碳达峰碳中和目标的重要性。

2. 目标提出的意义

实现碳达峰碳中和，是贯彻新发展理念、构建新发展格局、推动高质量发展的内在要求，是党中央统筹国内国际两个大局作出的重大战略决策，是一场广泛而深刻的经济社会系统性变革，具有重大的现实意义和深远的历史意义。中国已进入新发展阶段，推进碳达峰碳中和工作是破解资源环境约束突出问题、实现可持续发展的迫切需要，是顺应技术进步趋势、推动经济结构转型升级的迫切需要，是满足人民群众日益增长的优美生态环境需求、促进人与自然和谐共生的迫切需要，中国作为世界上最大的发展中国家，提出力争2030年前实现碳达峰、2060年前实现碳中和的自主贡献目标，将完成碳排放强度全球最大降幅，用历史上最短的时间从碳排放峰值实现碳中和，体现了最大的雄心力度，需要付出艰苦卓绝的努力，体现了中国为进一步构建人类命运共同体、共建清洁美丽世界作出巨大贡献的坚强决心。

（二）中国实现碳达峰碳中和目标的系列政策措施

中国碳达峰碳中和目标提出后，为加强碳达峰碳中和顶层设计和战略布局与统筹协调，已经建立起碳达峰碳中和"1+N"政策体系。"1"是指中国实现碳达峰碳中和的指导思想和顶层设计，由2021年发布的《关于完整准确全面贯彻新发展理念做好碳达峰碳中和工作的意见》和《2030年前碳达峰行动方案》两个文件共同构成，明确了碳达峰碳中和工作的时间表、路线图、施工图。"N"是重点领域、重点行业实施方案及相关支撑保障方案，包括能源、工业、交通运输、城乡建设、农业农村、减污降碳等重点领域实施方案，煤炭、石油天然气、钢铁、有色金属、石化化工、建材等重点行业实施方案，以及科技支撑、财政支持、统计核算等支撑保障方案。同时，各省区市均已制定了本地区碳达峰实施方案。碳达峰十大行动分别从能源绿色低碳转型行动、节能降碳增效行动、工业领域碳达峰行动、城乡建设碳达峰行动、交通运输绿色低碳行动、循环经济助力降碳行动、绿色低碳科技创新行动、碳汇能力巩固提升行动、绿色低碳全民行动、各地区梯次有序碳达峰行动十个方面提出了行动方案，并在有关财税金融政策支持方面发布了相对应措施。总体来看，系列文件已构建起目标明确、分工合理、措施有力、衔接有序的碳达峰碳中和政策体系，形成各方面共同推进的良好格局，将为实现碳达峰碳中和目标提供源源不断的工作动能。

# 第二章

# 1.5℃温控目标与电力行业碳减排研究动态

## 第一节 电力行业碳减排国内外研究综述

### 一 1.5℃温控目标相关研究

国内外有关温控目标的研究相对较少,大部分文献将分析实现2℃和1.5℃合在一起进行比较,或是与国家自主贡献文件目标进行比较,单独分析1.5℃温控目标的文献较少。较为典型的研究如,郝志新等(2020)分析了中国国家自主贡献文件目标与升温2℃目标之间的差异性;孙振清等(2019)从产业结构升级、技术创新和对外开放三个角度对促进碳脱钩的现实和困境进行了总结和分析;孔锋(2019)对比分析了气候工程实施前后中国平均气温变化及与实现1.5℃升温目标的关系,此外,该学者(2019)还分析了1.5℃和2.0℃温控目标对全球不同区域的气候变化潜在影响;段宏波和汪寿阳(2019)利用中国能源—经济—环境系统集成模型对比分析了全球温控目标从2℃到1.5℃的变化需要中国在排放路径、能源重构和经济发展方面做出的战略调整;李新创和李冰(2019)分别分析了

1.5℃和2.0℃温控目标对中国钢铁行业低碳转型路径的影响及减排潜力；Li 等（2020）分别分析了中亚地区的农业降水需求受到1.5℃和2.0℃温度升高现象的影响；Sawadogo 等（2020）阐述了非洲西部地区太阳能光伏发电需要在全球温控目标约束下达到的发电储备水平；Liu 等（2020）分别讨论了1.5℃和2.0℃温控目标对中国水稻产量的影响；Lawal 等（2019）评估了非洲南部地区在应对全球变暖1.5℃和2.0℃温控目标方面需要作出的气候政策变革；Sferra 等（2019）以芬兰为案例分析了全球各个独立国家在实现1.5℃和2.0℃温控目标条件下的最佳排放路径。相关温控目标的研究还包括对森林系统、气候脆弱性与季节变化造成的影响评估。

## 二 电力行业碳排放相关研究

### （一）电力行业碳排放量核算方法及原理

对电力行业碳排放量核算的目的是为决策者分配碳减排目标责任提供参考依据。因此，这类文献多以不同类型区域（全球、跨国级、省级）为研究对象，涵盖生产侧直接碳排放和供给侧间接隐含碳排放。核算生产侧电力碳排放的主流方法为 IPCC 清单方法，如国际能源署数据库中碳排放数据的测算。但该方法只能计算发电端直接碳排放，无法量化区域间因电力流动产生的间接碳排放。为弥补这一缺陷，以投入产出表（IO）为数据基础的生态网络分析法被广泛运用，无论是全球供应链数据库（Eora）中的多区域 IO 表，还是单一区域 IO 表，因编制时间的局限性，凡采用此方法的文献均体现出一定的滞后性。

马翠梅和葛全胜（2014）提出了一种基于中国各省域级别的消费端电力行业碳排放测算方法；王常凯和谢宏佐（2015）利用 LMDI 方法将中国 1990—2012 年电力行业碳排放的影响因素分解为包括产业结构和电力强度在内的 10 个因素，侯建朝和史丹（2014）也进行了相似分解，De Oliveira-De Jesus（2019）也采用经过指数分解方法改进的 LMDI 模型分析了拉丁美洲和加勒比海地区电力行业碳排放的影响因素；运用 LMDI 方法进行分解的研究还包括很多文献；师华定等（2010）根据 IPCC 清单编制方法对中国电力行业温室气体核算体系进行了研究，类似对电力行业进行温室气体核算的研究还包括苏燊燊等（2015）的研究；张宁等（2018）计算了碳交易背景下天津市碳排放强度的基准线水平；郭婷（2019）结合生命周期成本理论分析了发电机组碳排放的核算方法；周申蓓和钱晨（2019）测算了中国 30 个省份电力行业碳排放配额的分配量；Marrasso 等（2019）分析了化石能源和可再生能源每小时发电的能效指标对电力行业能源碳排放的影响；朱磊等（2019）在选取全国 478 家电厂数据的基础上，分析了碳排放交易对火电企业的影响。碳交易市场对电力行业减排影响相关的研究还包括较多文献。

（二）电力行业碳排放量影响因素分析

部分文献通过探究电力行业碳排放的驱动因素，设定低碳仿真情景，为减排路径规划提供参考。陈景东和赵沛（2021）利用中国 2006—2018 年 30 个省份的 390 个平衡面板数据，研究了碳交易制度对电力行业碳排放的影响。王丽娟等（2022）统筹考虑社会经济发展、各部门用电需求、电源结构调整、发电标准煤耗变化等因素，采用基于情景分析的方法，在对各种能源供需预测的基础上，对电力行业 2021—2035 年的碳排放趋势进行了预测，并提出了达峰时间和峰值量。张运洲等（2021）针对电力近期、中期和远期低碳发展形势，构建了考虑碳排放外部成本的规划模型与适用于新能源多元化利用方式的全链条技术经济评价模型，提出了电—氢协同路径和电—氢—碳协同路径。佟新华等（2020）通过 34 个不同工业化阶段的典型碳排放国家的实证数据，建立了 VAR 模型，并利用脉冲响应和方差分解分析了各个国家碳排放强度、能源强度、可再生能源占比及工业化率对碳排放变动的驱动效应。潘伟和熊建武（2018）利用基于 VAR 模型的 Johansen 协整检验和格兰杰因果关系检验法，探索了中国 1990—2013 年电力消耗、经济增长与碳排放量之间的长期均衡关系和各变量之间的短期相互影响等。

### （三）电力行业碳排放峰值预测研究

以预测碳峰值为主的文献分两种：一种是通过情景模拟只进行峰值预测。另一种除预测峰值外还分析减排潜力。峰值预测领域的主流模型包括 STIRPAT 模型、计量回归类模型、系统动力学模型等。现有研究得出的达峰时间为 2025 年、2030 年、2025—2030 年的居多，峰值在 37 亿吨和 55 亿吨之间波动。该类文献的不足之处在于，以历史数据为基础预测得出某一年的最大值即认定为达峰状态，并未深入辨析该峰值是否是受短期暂时的可逆因素导致排放下降而出现的不稳定伪峰值，如 2020 年新冠疫情影响经济下滑进而导致排放下降，类似这种现象，一旦可逆因素消失或减弱，排放仍会继续增长。

程路和邢璐（2016）分析了 2030 年达峰对电力行业发展的要求；刘铠诚等（2018）通过构建电力需求情景分析模型，探究了中国电力行业不同情景下的发电装机容量、碳排放及经济效益；傅京燕等（2016）通过情景分析法预测了广东省火电行业碳排放达峰情况；丁甜甜和李玮（2019）根据 STIRPAT 模型的建模原理预测了中国电力行业碳排放达峰情况及其影响因素；赵亚涛等（2019）利用系统动力学方法预测了中国火电行业碳排放达峰情况；Tang 等（2018）利用研发的国家能源电力技术模型预测了中国电力行业碳排放达峰情景；Jenkins 等（2018）分析了全球电力行业近零排放的路径；Ma 等（2017）基于国际比较对中国火电行业碳排放预测和低碳路径等方面进行了回顾、分析与总结；Patrick 等（2019）分析了扩大无轨电车市场对欧洲电力系统碳排放量的影响；Kevin 和 Zampelli（2019）研究了在实行欧盟碳交易市场和扩大风电比例的情景下，爱尔兰电力行业碳排放的未来变动轨迹。

### 三　电力行业碳减排路径及影响相关研究

#### （一）目标约束下电力行业碳减排路径分析

减排路径按照属性不同可分为政策导向型路径与技术导向型路

径。政策导向型路径将涉及经济增长、能源结构、产业结构、人口总量、城镇化率等子系统糅合为一个整体系统，电力行业作为系统中的一个组成部分，通过对指标参数未来趋势调整达到控制减排的作用效果。此类研究尽管较为全面地考察了不同领域的宏观政策对减排的贡献度，但由于宏观导向型政策对任何行业都具有普适性，缺乏对电力行业的针对性指导。技术导向型路径偏向于从技术经济及管理的层面评价某种特定的技术对减排的影响，对电力行业而言，较为推崇的技术减排路径包括清洁燃煤技术、电—氢协同技术、电—氢—碳协同技术等。相较于政策导向型路径，该类研究虽然更加细腻具体，但技术发展创新本就存在很大的不确定性和风险性，单从技术层面指导实际减排工作，在一定程度上缺乏可操作性。

如何以较低成本、高质量发展转型路径提前实现碳达峰，并迅速跨过达峰后的平台期，进入深度脱碳期，进而缓解实现碳中和的减排压力，是学者讨论较多的问题。王深等（2021）构建成本最小、碳排放量最少以及大气污染物排放量最少的多目标低成本路径规划模型，并且以约束设定的形式来量化碳达峰、碳中和目标的倒逼效果，提出未来中国碳减排工作将重点聚焦于电力系统。

部分学者认为分析该问题的基础是制定一套统一的电力系统碳排放核算框架体系，以保障数据统计口径的一致性。魏文栋等（2020）结合 IPCC 清单编制法、网络法和多区域环境投入产出模型建立了涵盖生产侧、供给侧和消费侧的电力碳排放核算框架，编制了 2012 年中国 30 个省份不同视角下的电力碳排放清单。Aapo Huovila 等（2022）认为碳排放核算方法和排放范围的一致性不够，使得城市碳中和目标无法比拟，因此需要对常用的评价方法进行协调和指导。Xiaoli Zhang 等（2022）开发了一个工厂级就业核算模型，并将其与电力行业优化模型相结合，以评估煤炭行业的就业损失，以及在中国新兴的可再生能源行业创造就业机会。Radpour 等（2021）制定了评估电力部门长期采用可再生能源技术的框架，并构建了电力行业可再生能源技术的市场渗透模型，用于分析加拿大西部一个以化石燃料占主导地位的省份。蔡博峰等利用中国高空间分辨率排放网格数据库，基于中国中长期排放和强度目标并参考 IPCC-SSPs 排放情景和基于 CHRED 50 千米网格分部门排放，利用空间公平趋同模型，建立了中国碳中和目标下的 2020—2060 年碳排放路径。

另有部分学者认为先进的技术对减排具有关键性的推动作用。刘惠等（2021）筛选了 13 种电力行业的关键减排技术，评估并比较了各减排技术在碳达峰年前后的减排潜力及减排成本的变化趋势，以每 5 年为 1 个时间节点，对边际碳减排成本曲线进行了分析，最终从技术选择的角度确定了电力行业的最优减排成本方案。Patrícia Fortes 等（2022）探究了葡萄牙水电、风电、光伏技术之间的相互作用，以揭示电力部门碳中和对气候变化的敏感性。Adhurim Haxhimusa 和 Mario Liebensteiner（2021）通过评估 2020 年 1—3 月欧洲 16 个主要经济体电力部门的电力需求冲击和异构发电技术之间的复杂关系，阐明新冠疫情冲击导致的电力需求减少对碳排放的影响。Franziska Holz 等（2021）认为碳捕获与封存技术可能是欧洲电力市场中能源转型脱碳的核心手段，并构建了由电力部门到行业的长期整体模型框架。

（二）电力行业节能减排对经济能源的系统性影响分析

电力行业碳达峰与碳中和不仅与中国整体"双碳"目标的实现紧密相关，还事关经济能源社会系统的转型发展。构建涵盖经济能源系统的综合评估模型，结合政策发展趋势设计情景方案，量化评估不同情景方案下电力行业减排行为对系统产生的影响，是分析系统性影响研究的基本逻辑思路。但也有少数学者从理论层面分析系统转型发展的制约因素。例如，庄贵阳等（2022）从碳达峰碳中和的学理基础出发，探讨了基于"环境—社会—经济"包容关系的可持续发展框架下的经济社会转型路径。聂冀与张国兴（2021）利用融合演化熵权法和政策变权函数构建了一套电力系统低碳演化综合评价框架，从宏观环境层、中观体制层和微观利基层的视角分析了 2005—2017 年中国电力系统低碳演化指标的变化特征。王灿等

(2021)认为碳中和的实现需要深刻的技术体系和社会经济系统变革,也依赖于各个部门的路径选择,特别是碳排放量大且脱碳难度高的电力、工业、交通、建筑四大部门,未来面向碳中和的政策体系需要充分考虑环境、技术、经济和社会影响,明确碳达峰与碳中和的关系。

## (三)电力行业碳减排效应方法学研究

国内外学者分析碳减排效应常用的研究方法包括:基于投入产出原理构建多部门动态可计算一般均衡(CGE)模型、自行研发的包含能源和行业数据软件包的综合评价模型。其中,CGE 模型的应用范围最广。Pradhan 和 Ghosh(2022)通过构建 CGE 模型,评估了印度 2030 年前进一步提高可再生能源能力实现的绿色能源转型中的技术进步和碳定价水平。Tao Zhang 等(2021)基于《巴黎协定》,构建了 CGE 模型,对中国核电政策进行情景分析与效应评估。Ting Liu 等(2020)以京津冀地区为实证分析对象,构建改进的 CGE 模型,分析了产业转移对环境经济的影响效应。鲁传一和陈文颖(2021)采用动态 CGE 模型,设定了包括 2030 年、2027 年、2025 年和 2023 年碳达峰的四个情景,定量分析了强化碳达峰承诺对中国未来宏观经济的影响。汪鹏等(2021)通过构建混合动态 CGE 模型分析了粤港澳大湾区电力低碳转型路径演变及政策选择,设置了不同的电力技术发展局限情景,建立了动态电力系统转型筛选机制,并在此基础上量化评估不同电力转型路径在 2017—2035 年的动态期间内投资回报率、度电能耗、度电碳排放、电力供应安全性等变量的变化情况。武晓利(2017)通过构建包含节能减排因素的三部门动态随机一般均衡模型,分析了 1979—2014 年环保技术、节能减排补贴、政府治污支出及厂商节能减排努力程度等措施对宏观经济的动态影响,对实际碳排放量、节能减排量和生态环境质量的影响,并在此基础上分析了各项措施的传导机制。马忠玉等(2019)利用 SICGE 模型,评估了 2018—2020 年不同电价管制情景下中国碳市场的经济影响和减排效果。

近年来，自行研发的包含能源和行业数据软件包的综合评价模型也不断涌现。舒印彪等（2021）以中国电力行业2020—2060年承担的碳减排实物量为主约束，根据经济发展、能源电力需求、资源环境等关键边界条件，构建了深度低碳、零碳、负碳三类电力低碳转型情景，并对比分析不同情景下电源结构布局、电力碳减排、电力供应成本等优化结果。张希良等（2022）利用中国—全球能源模型（C-GEM）等模型工具，研究了碳中和愿景下中国能源经济转型的路径，定量评价了主要减排措施在不同时期的减排贡献度和所需的政策干预力度，对能源经济转型路径的关键特征指标进行了不确定性分析。刘俊伶等（2019）通过构建包含工业模块的以LEAP为基础的能源系统模型，设计了400多种技术，以2013年为基准年，预测到2050年，在碳排放、技术、成本、投资四个层面上的工业部门低碳转型的可能性与必要性。

## 第二节 研究内容及创新之处

### 一 国内外研究动态梳理

上述文献对本书或是给出了价值所在，或是提供了理论借鉴，或是形成了逻辑起点，无疑，是重要和必需的。但从总体上看，这些研究所用的基础数据大多仍停留在"十三五"时期，表现出了与新形势下现实背景的巨大差异；鉴于研究内容的局限，大部分文献的动态区间定位于2030年左右，尽管较少研究以2050年为时间节点，但并未针对电力行业展开具体论述，更未将研究重点聚焦于实现达峰后的趋势演化过程；无论从理论还是实证的视角进行分析，仅以碳排放量最大值为峰值标志，对于如何分辨其是否为真正的峰值，如何稳定住峰值，如何促进达峰后排放由平台期快速过渡到下降阶段，如何实现净零排放等一系列碳达峰后问题，缺少可校验证实的理论模型框架体系和基于大样本数据的实证研究。

综上所述，有必要开展更加深入系统的实证研究，揭示和探寻碳达峰后趋势演变路径的承前启后作用，特别是聚焦于被寄予减排厚望的全球最大碳排放部门——中国电力行业，在合理假设条件下，从多个视角、多个维度、多个层面，进行协同性与整合性研究，既可避免以高碳锁定效应实现碳达峰，又能确保高效平稳地实现碳中和转型目标。这方面的研究不仅有助于填补碳达峰后研究领域的不足，还会为国际社会深化理解碳达峰后减排战略管理的重要性提供实证方案。

## 二 研究内容

### （一）研究总体思路

本书在广泛而深入地分析与电力行业减排相关研究的基础上，将研究切入点定位于电力行业在全球温控目标实现进程中应该扮演何种角色、发挥何种作用的国际战略视野层面，以电源结构优化调整的技术型减排和执行碳定价机制控制碳排放的经济型减排为两个重要抓手，模拟生成一套相对完整的中国电力行业从碳排放达峰到21世纪中叶的峰值后趋势情景，旨在探究不同的峰值后趋势情景对中国及其他主要国家的宏观经济、部门产出、服务贸易、能源消费、碳排放水平、居民生活等方面的综合效应，通过比较分析得出适用于中国电力行业的中长期减排的相关结论及针对性政策建议。本书的技术路线图如图2-1所示。主要研究内容包括以下五个方面。

第一，分析回顾中国电力行业的基本经济发展、投资建设情况、技术进步程度、燃料消耗水平等方面的发展现状，筛选出未来电力行业具有节能减排潜力的发展领域。

第二，整理总结1990—2017年全球包括中国在内的31个国家的碳排放总量、电源结构类型及其不同类型发电方式对应的发电量、电力行业碳排放量等指标的历史变动特征，并将中国与其他分布于五大洲的30个代表性国家同期电力行业碳排放量相关指标进行国际比较分析，以期为碳排放达峰后趋势情景的设定提供实证思路。

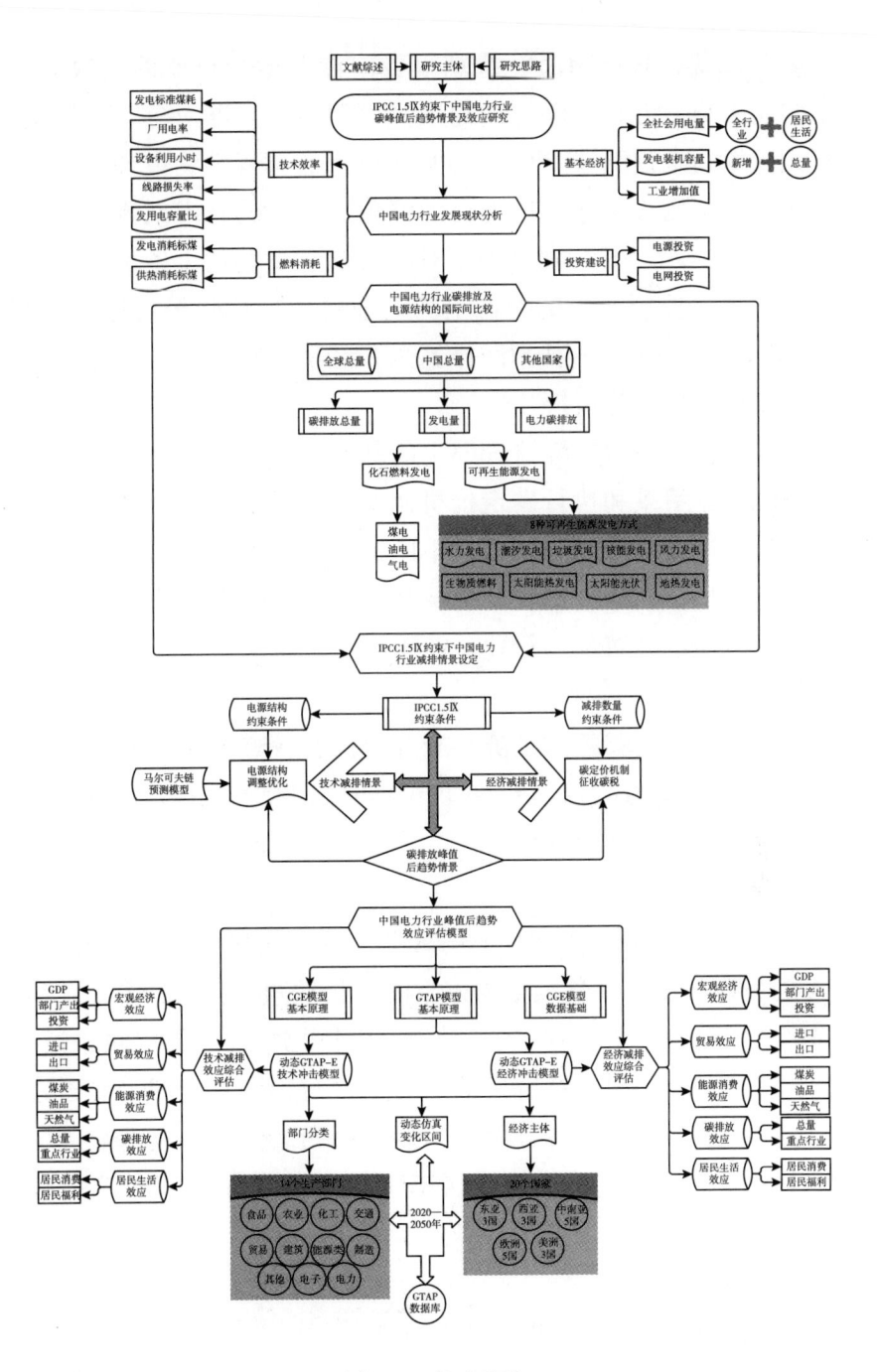

图 2-1 技术路线

第三，盘点 IPCC 1.5℃ 特别报告中涉及电力行业的约束条件，运用构建的马尔可夫链电源结构预测模型对中国电力行业电源结构进行无规划约束预测和 IPCC 1.5℃ 约束下的有规划约束预测，得出以优化电源结构控制中国电力行业峰值后趋势的技术减排情景；同时，根据 IPCC 1.5℃ 特别报告中对碳排放预算的约束条件，设定以碳定价机制为控制手段的中国电力行业峰值后趋势经济减排情景，将 IPCC 1.5℃ 约束下的技术减排情景和经济减排情景合并称为中国电力行业峰值后趋势情景。

第四，在峰值后趋势情景设定的基础上，以电源结构优化调整下的技术减排情景和执行碳定价机制刺激下的经济减排情景为峰值后情景外生冲击变量，分别构建不同冲击模式下的全球动态可计算一般均衡模型，并分别比较分析在技术减排冲击和经济减排冲击制约下的全球经济、贸易、行业、能源碳排放、居民生活等方面的效应变化程度。

第五，综合比较各国经济、能源、社会各方面指标的受冲击效果，提出从全局考虑最有利于实现全球升温 1.5℃ 减排目标的中国电力行业减排方案以及相应的政策建议。

(二) 研究目标

本书的研究目标包括四个：第一，分析中国电力行业在 IPCC 1.5℃ 特别报告相关评估结果约束下的中长期减排目标；第二，预测并确定中国电力行业从碳排放达峰到 21 世纪中叶的排放轨迹情景；第三，评估实现不同达峰后排放趋势情景对中国及全球主要国家经济、能源、社会居民等各方面的影响；第四，分别从技术减排层面和经济减排层面探究最优的中国电力行业碳排放峰值后趋势减排方案。

(三) 研究重点

本书的研究重点包括以下四个方面。

第一，对 IPCC 1.5℃ 特别报告涉及的内容进行全面深入的分析，将该报告中提出的与电力行业减排目标的相关评估信息明确量化并分解到中国电力行业，根据官方权威数据资料计算出1990—2017年中国历史碳排放量、电力行业碳排放量、电力行业不同燃料碳排放量、不同类型发电量在全球总量中所占的比例，将得出的碳排放量相关数据进行科学处理，使之能全面反映现阶段中国电力行业电源结构状态以及碳排放水平。

第二，通过国际比较分析，结合已经实现达峰的发达国家达峰后碳排放的变动轨迹趋势及其电源结构变化特征，总结发达国家达峰后出现的排放类型，并将这些所有的类型运用到中国碳排放峰值后的趋势情景中，一方面设定符合中国电力行业电源结构中长期演变特征的技术减排型碳排放峰值后趋势情景，另一方面根据可能出现的其他达峰后趋势情景设定另外的经济减排型碳排放峰值后趋势情景。

第三，构建基于马尔可夫链的中国电源结构预测模型，科学分析截至21世纪中叶前基准情景下中国电源结构变动规律，以基准情景为参照情景，通过对马尔可夫链预测模型进行改进和优化配置，使之能够预测出中国电力行业电源结构在各阶段逐步优化调整后通过技术进步的方式实现减排的未来变动轨迹。

第四，将碳排放与能源消费模块纳入全球多部门动态可计算一般均衡模型，分别对全球经济—能源—碳排放系统施加碳排放峰值后趋势技术减排情景冲击和经济减排情景冲击，全面揭示中国电力行业实现碳排放峰值及以后的排放轨迹对全球主要国家涵盖经济、能源、社会、居民等一系列指标在内的综合系统的影响程度。盘点和总结中国电力行业碳排放峰值后趋势不同情景状态的变动区间，确定各阶段中国电力行业碳排放的减排路径，并提出相应的政策建议。

(四) 研究难点

本书的难点包括以下两个方面：

第一，构建合理的马尔可夫链预测模型，使其预测的无规划约束条件下中国电源结构基准情景与IPCC1.5℃特别报告有规划约束条件下的优化型技术减排情景不仅在模型结果层面符合要求,还要尽可能地反映当前及未来政策的导向,特别是基准情景的设定,不能脱离中国电力行业实际发展情况。

第二,根据技术减排型峰值后趋势情景和经济减排型峰值后趋势情景的轨迹特征,分别设定科学的外生冲击变量施加于全球动态可计算一般均衡模型,其中,技术减排情景的外生冲击设定要体现出电力部门因电源结构调整而导致的技术进步变化产生的冲击作用;经济减排情景的外生冲击设定要通过碳定价机制的经济手段实现。此外,构建包含不同模块的科学合理的动态递归可计算一般均衡模型,并将该模型涉及的经济体及部门根据本书的需求进行重新划分,明确各模块的经济意义,根据弹性替代系数准确校调估算生产模块、贸易模块、储蓄—投资模块等各个模块的效率参数和份额参数。

### 三 研究意义

电力行业既是中国经济社会发展的基础,也是带动其他行业低碳转型的重要载体。在当前经济发展新常态模式、电力市场化改革、电力需求相对过剩、全国统一碳排放交易市场的建立、电力行业能源结构转型等一系列现实背景下,电力行业作为中国能源消耗和主要污染物排放的重点领域,面临着提高经济效益、加快能源转型、顺应市场潮流趋势等多重压力。同时,电力行业作为中国碳排放量最多的部门,不仅因此成了被纳入首批全国碳交易市场的行业,也毫无疑问地成了扛起中国减排大旗的领军行业,其中,以电源结构优化调整和技术创新为手段的减排方式,成了电力行业减排的主要途径。

基于电力行业碳排放占据中国碳排放总量半壁江山的形势,电力行业节能减排工作近年来受重视程度越来越高。中国承诺将于2030年左右实现碳排放达峰,故电力行业实现碳排放达峰已成为必然趋势,并且电力行业碳排放达峰的时间肯定需要早于2030年,才能推动中国碳排放总量于2030年达峰。从这个层面考虑,再继续研究中国电力行业将于什么时间、以何种水平、在何种经济发展速率下实现达峰，只会对研究中国碳排放达峰有意义，并且分析的结果只能延续到2030年左右，这不仅不利于建立中长期的碳减排研究机制，从实质上讲，也难以摆脱用传统方法仅停留在研究碳排放峰值预测方面的桎梏，缺乏创新性、可持续性和国际性研究价值。鉴于此，本书摆脱以往仅研究碳排放峰值的束缚，以IPCC 1.5℃特别报告中的约束条件为切入点，试图建立中国电力行业碳排放峰值后趋势情景，不仅仅局限于研究达峰之前碳排放的变动趋势，还致力于进一步分析中国电力行业碳排放达峰后截至21世纪中叶之前的碳排放变化轨迹情景，并尝试系统性地评估中国电力行业碳排放的中长期变动趋势对全球主要国家和地区不同行业部门经济产出、能源消费、居民生活、服务贸易、碳排放等方面的综合效应。这不仅对中国制定中长期节能减排方案具有重要意义，还为其他国家电力行业的碳减排规划设计提供决策依据，主要体现在以下四个方面。

第一，由于本书着重从调整电源结构和执行碳定价机制方面对电力行业的用能需求以及碳排放进行优化和控制，因此，本书为制定以可再生能源发电和碳定价约束机制下的中国电力行业中长期碳减排路线图提供了参考依据。

第二，通过比较分析中国电力行业从碳排放达峰到2050年各阶段的峰值后趋势情景产生的综合效应，为推动中国绿色低碳转型发展目标分阶段分步骤实施的规划路线提供了模拟仿真数据基础。

第三，本书在充分结合中国减排政策规划并合理借鉴达峰国家碳排放峰值后趋势的基础上，创建了中国电力行业碳排放峰值及其实现峰值后的排放趋势控制模式。因此，本书分析的达峰后趋势情景不仅对已经达到峰值的发达国家更新完善达峰后深度减排方案具有适用价值，也可为尚未实现达峰并处在经济社会转型关键时期的发展中国家提供了一整套中长期碳减排理论与配套模型相结合的实证案例分析体系。

第四，将IPCC 1.5℃特别报告期望各国都能采用的严苛约束条件在中国电力行业进行模型仿真模拟分析，从理论方法层面首先探究这些温控目标约束条件若在电力行业严格执行将会产生的综合影响，这不仅为如何公平合理地将全球温控目标分解到各国提出了可供选择的思路方法，更为量化评估各国不同行业部门从碳达峰到净零排放这一期间的排放控制策略将会产生何种综合效应提供了建模依据，有益于协助政策制定者制定行之有效的减排方案。

### 四 创新之处

本书的主要研究成果体现在以下两个方面。第一，通过构建马尔可夫链电源结构预测模型以及全球可计算一般均衡模型，比较分析并最终得出了以实现全球变暖 1.5℃温控目标为约束条件下的中国电力行业 2050 年之前的电源结构动态变化趋势的最佳情景方案。第二，综合比较分析经济减排情景下的全球主要经济、能源、社会、居民生活指标的变化情况，得出了中国在遵循不同的峰值后趋势经济减排模式下需要在各阶段执行的碳定价机制方案。

本书的创新之处包括以下三个方面：第一，在研究主题方面具有一定的创新性，通过上述文献述评可以发现，尽管与碳排放相关的研究近年来层出不穷，但以往的研究大多局限于碳排放量测算、分解、预测等方面，并且以碳排放为主题的研究绝大部分基于国家、省份、城市、行业部门等单一主体视角，即使有基于国际视角的研究，也大多只针对某一个特定区域，比如"一带一路"沿线国家、欧盟等，虽然研究范围有所扩大，但是研究的内容仍停留在以如何实现碳排放达峰为主题的研究视角，鉴于此，本书抛开传统的研究视角，以实现达峰后的峰值变动趋势为研究主题，更加贴合中长期减排目标制定的需求，并更能为净零排放目标实现的时间表和路线图的制定提供具有参考价值的研究结果。

第二，在研究层次方面具有一定的创新性，本书以全球变暖幅度在 21 世纪中叶前不超过 1.5℃这项重大的、所有国家和所有行业都必须进行深远而快速变革的全球性战略为切入点和约束框架展开分析，而不仅仅局限于某一个国家或某一个特定行业的某项特殊政策约束，从该角度出发，本书与上述文献综述中的研究相比，在研究层次上体现出一定的创新性。

第三，在研究方法选用及改进方面具有创新之处：一方面，为提高预测的精准度，本书选取大量的一步状态转移矩阵作为基础样本，同时对有规划约束条件下的情景设定进行了校准，力求构建的马尔可夫链预测模型更能反映未来电源结构优化调整的演变趋势，而以电源结构预测为研究对象的马尔可夫链预测模型相对较少，因此选用该模型并对其进行改进后重新构建与中长期电源结构相匹配的预测模型，具有一定的创新之处；另一方面，在全球动态可计算一般均衡模型的构建方面，本书改进了原有生产模块中各生产厂商的生产行为和在生产环节的原料投入使用比例，在模型中引入表征发电水平技术进步的变量方程和表征碳定价机制的碳排放模块，绝大部分全球多部门可计算一般均衡模型仅以贸易和经济政策为冲击，对能源碳排放领域的政策为外生冲击的研究因需考虑经济—能源—碳排放三者之间的系统关联，考虑到构建系统关系时的复杂性本就相对较少，而单独以某一行业的能源碳排放政策为外生冲击的研究就更少见，基于此，本书构建的嵌套型电源结构和碳定价模块的动态可计算一般均衡模型具有一定的创新之处。此外，本书将动态递归仿真区间扩张至2050年，大多数的动态模型仿真区间仅截至2030年，更早的截至2020年，因此，动态仿真区间的大规模扩张是以往研究中较少在仿真区间内模拟采用的。

# 第二篇
# 中国电力行业发展现状及国际比较

  中国碳排放量在世界碳排放量中居于首位,而中国电力行业碳排放量在中国碳排放量中占据将近一半的比重,那么中国电力行业碳排放量在历史发展的进程中又在全球碳排放量及其电力行业碳排放量中扮演何种角色?究竟因何原因中国电力行业碳排放占据如此高的比重?迄今为止,较少有学者从历史发展的进程中探寻这两个问题的答案。因此,为探究中国电力行业碳排放量在全球碳排放量中长期以来占据的地位,同时揭示中国电力行业碳排放的来源,本篇第三章分别从四个方面梳理中国电力行业发展现状;第四章旨在通过比较分析全球、中国、其他主要国家碳排放量、电力行业碳排放量、电力行业电源结构及其碳排放量的历史数据,以"不同发电类型产生的碳排放在电力行业碳排放量中的比重—中国电力行业碳排放量在中国碳排放量中的比重—中国碳排放量在世界碳排放量的比重"这种逐层递进的研究思路为突破口,以相对较长的历史发展进程数据为主要依据,明确中国电力行业减排对全球减排所发挥的重要作用。

# 第 三 章

# 中国电力行业发展现状分析

若分析中国电力行业未来节能减排的突破点,首先要全面了解中国现阶段电力行业的发展情况,只有在对该行业各方面发展现状彻底盘查的基础上,才能根据其重点领域和具备发展潜力的领域制定针对性的规划方案,进而促进电力行业节能减排工作发挥最大效用。基于此,本章将全面分析中国电力行业相关指标的发展现状,主要从基本经济指标、投资建设指标、技术效率指标、燃料消耗指标四大方面展开说明,其中,每个方面的指标均包含多个细分指标,力求全方位、多角度地描述该指标的基本情况。此外,鉴于中国在历史发展进程中各阶段的国情和经济发展模式及侧重点均不同,为了反映现阶段中国电力行业的发展情况,同时保证各数据指标来源的统计口径的一致性和科学性,本章分析的各个指标的现阶段动态发展区间均限定在2008—2018年,以下所有数据指标均来源于中国电力企业联合会(以下简称中电联)官方网站发布的电力统计数据资源。

## 第一节 中国电力行业基本经济指标发展现状

本节分析的中国电力行业基本经济指标主要包括三大类:第一类为全社会用电量;第二类为发电装机容量;第三类为电力行业工

业增加值及其占比。本节旨在以发电、用电、工业增加值即电力行业创造的经济效益三方面为切入点，从经济发展的角度立体展示中国电力行业的发展现状。

## 一 全社会用电量

全社会用电量主要从全行业用电和居民生活用电两个方面进行阐述。全行业用电指的是第一产业、第二产业、第三产业的用电情况；居民生活用电则主要从城镇居民生活用电和农村居民生活用电的角度描述。

（一）三大产业用电量

根据中电联的统计数据，中国全社会用电量从2008年的34379.69亿千瓦时增长至2018年的69002亿千瓦时，累计增长了34622.31亿千瓦时，年均增长速度为3462.231亿千瓦时。其中，2010年的增长率最高，达到14.766%，2014—2016年的增长幅度有所放缓，这与中国经济发展步入新常态的中低型经济增速相关。

2008—2018年，全行业用电量总和占全社会用电量的比重均在85%以上，从2008年的88.126%下降到2018年的85.954%，占比变动幅度不大。三大产业用电量总和从2008年的30297亿千瓦时增长到2018年的59310亿千瓦时，累计增长了29012亿千瓦时，年均增长幅度为2637亿千瓦时，其变动趋势呈现出逐年递增的态势。其中，第一产业用电量在全行业用电量中所占的比重最小，从2008年的2.902%下降至2018年的1.258%，占比下降了1.644个百分点。第一产业用电量从2008年的879亿千瓦时下降到2018年的746亿千瓦时，累计下降了133亿千瓦时，年均下降幅度为13.3亿千瓦时。第二产业用电量虽然整体来看在全行业用电量中占据绝对的比重，但从历史动态的时间变化角度观察，第二产业用电量在全行业用电量中所占的比重呈现出逐年下降的趋势，由2008年的85.552%下降至2018年的80.481%，约下降了5个百分点。第二产业用电量从2008年的25920亿千瓦时增长至47733亿千瓦时，累计增长了21813

亿千瓦时，年均增幅为 2181.3 亿千瓦时。第二产业用电量虽然在全行业用电量中的比重有所下降，但其用电量总体上表现出逐年增长的趋势。第三产业用电量在全行业用电量中的比重从 2008 年的 11.546% 增长至 2018 年的 18.262%，增长了近 7 个百分点。在三大产业中，只有第三产业的用电量占全行业用电量的比重呈现出逐年增长的趋势，这也体现了中国大力发展第三产业的政策实施效果。第三产业的用电量从 2008 年的 3498 亿千瓦时增长至 2018 年的 10831 亿千瓦时，累计增长 7333 亿千瓦时，年均增长幅度达到 733.3 亿千瓦时，呈现出较快的增长趋势。三大产业的用电变动趋势如图 3-1 所示。

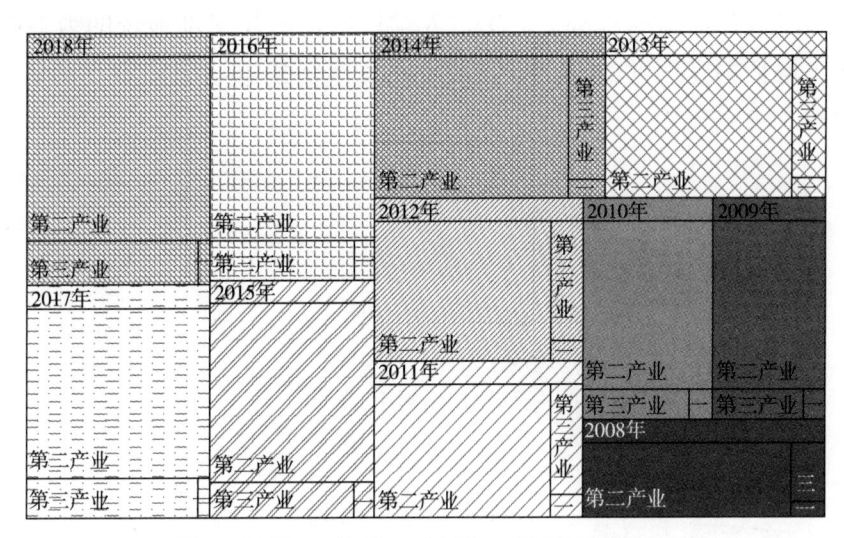

**图 3-1　2008—2018 年中国三大产业用电变动趋势**

注：图中小方框中的一、二、三分别代表第一产业、第二产业、第三产业。因图中面积有限，故用一、二、三代替。

资料来源：绘制本图所用数据来源于中国电力企业联合会官方网站（https://www.cec.org.cn）。下同。

## （二）居民生活用电量

居民生活用电量从 2008 年的 4082 亿千瓦时增长至 2018 年的

9692亿千瓦时，累计增长5610亿千瓦时，年均增长幅度为561亿千瓦时。居民生活用电量占全社会用电量的比重从2008年的11.874%增长至2018年的14.046%，表现为小幅增长趋势。其中，城镇居民生活用电量和乡村居民生活用电量在居民生活用电量中的比重分别约为60%和40%，城镇居民生活用电量由2008年的2407亿千瓦时增长至2018年的5531亿千瓦时，累计增长3124亿千瓦时，年均增长312.4亿千瓦时；乡村居民生活用电量从2008年的1675亿千瓦时增长至4162亿千瓦时，累计增长2487亿千瓦时，年均增长248.7亿千瓦时。此外，中国人均用电量从2008年的2595千瓦时/人增长至2018年的4945千瓦时/人，人均用电量呈现出翻倍的增长结果，始终保持逐年递增的态势，其中，人均用电量增长速度最快的为2010年，增长幅度达到14.223%。城乡居民生活用电历年比重变动情况如图3-2所示。

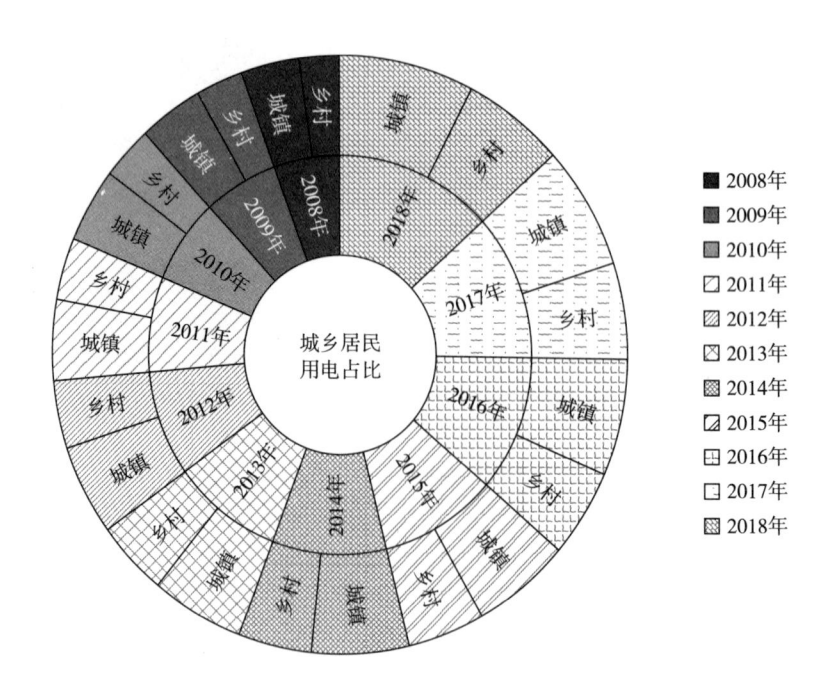

图3-2　2008—2018年中国城乡居民生活用电比重变化趋势

## 二 发电装机容量

本节的发电装机容量主要从不同发电类型的发电装机容量以及不同发电类型的新增发电装机容量两个方面进行分析。

### (一) 发电装机容量类型及比重

中国发电装机容量从 2008 年的 79273 万千瓦增加到 2018 年的 190012 万千瓦，累计增长了 110739 万千瓦，年均增速为 11073.9 万千瓦，发电装机容量在此期间始终呈现出逐年增长的趋势，其中，2015 年中国发电装机容量的增长率最高，为 11.319%。截至 2018 年，中国共有五种类型的发电装机容量，分别为水电、火电、核电、风电、太阳能发电。其中，水电装机容量从 2008 年的 17260 万千瓦增长至 2018 年的 35259 万千瓦，累计增长 17999 万千瓦，年均增长幅度达到 1799.9 万千瓦，表现出逐年增长的趋势。水电装机容量占总装机容量的比重由 2008 年的 21.773% 下降至 2018 年的 18.556%，表现为平缓的下降趋势。虽然火电装机容量占总装机容量的比重是五种发电方式中最大的，但其占比却表现出逐年下降的趋势，由 2008 年的 76.048% 下降至 2018 年的 60.211%，下降了近 16 个百分点，其中 6000 千瓦及以上火电装机容量占总装机容量的比重也出现了显著的下降趋势，由 2008 年的 75.278% 下降至 2018 年的 60.049%。火电装机容量由 2008 年的 60286 万千瓦增长至 2018 年的 114408 万千瓦，累计增长 54122 万千瓦，年均增长幅度为 5412.2 万千瓦。核电装机容量在总装机容量中的比重较小，由 2008 年的 1.145% 增长至 2018 年的 2.350%，仅增长了约 1 个百分点。风电和太阳能发电虽然在 2008 年的占比较小，但此后呈现出较快的发展态势，截至 2018 年，风电装机容量和太阳能发电装机容量占总装机容量的比重分别达到 9.698% 和 9.175%，这与中国近年来大力倡导并推行可再生能源发电的清洁发电方式是密不可分的。不同发电类型的装机容量变动趋势如图 3-3 所示。

## 发电装机容量 (万千瓦)

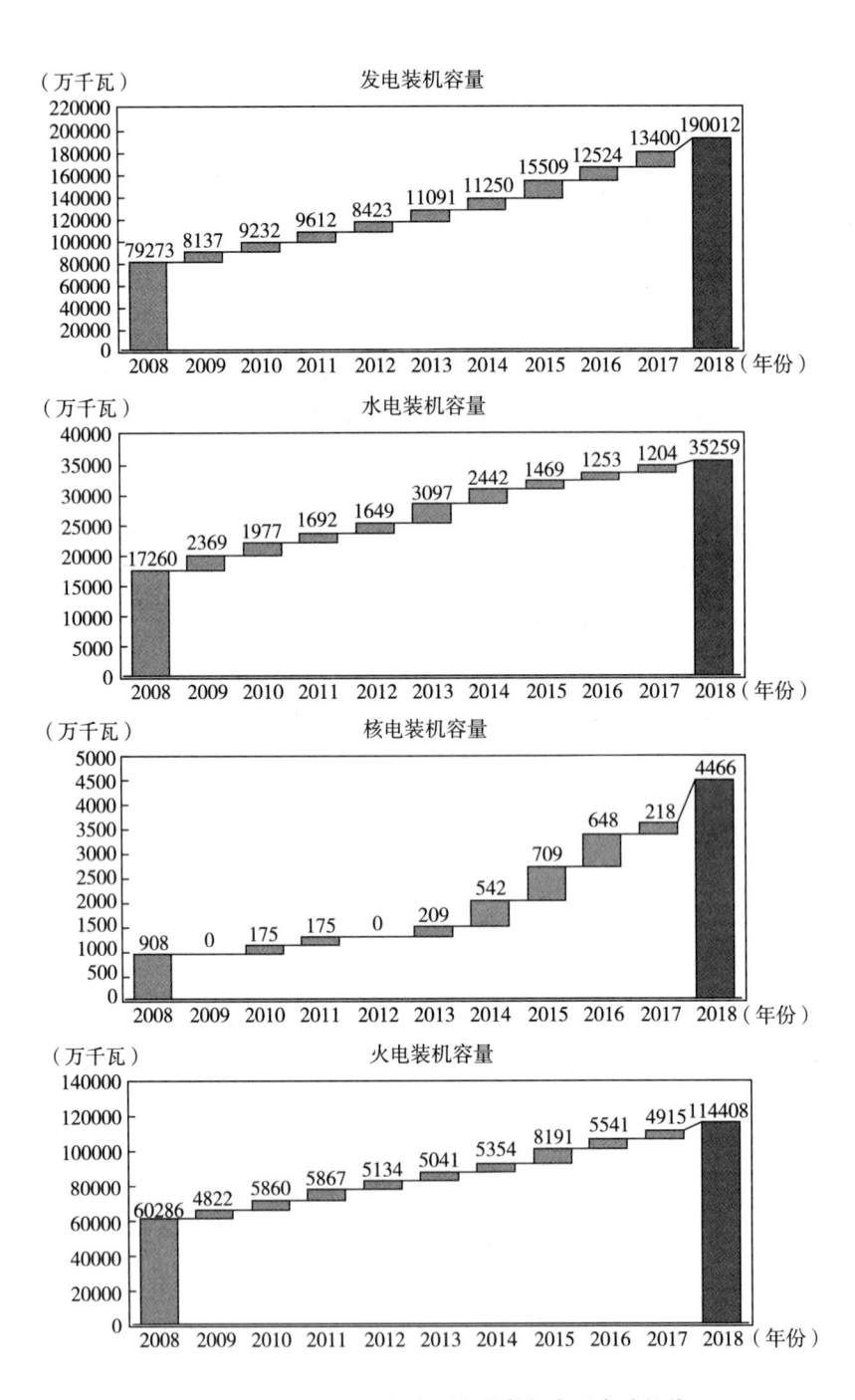

| 年份 | 2008 | 2009 | 2010 | 2011 | 2012 | 2013 | 2014 | 2015 | 2016 | 2017 | 2018 |
|---|---|---|---|---|---|---|---|---|---|---|---|
| 发电装机容量 | 79273 | 8137 | 9232 | 9612 | 8423 | 11091 | 11250 | 15509 | 12524 | 13400 | 190012 |
| 水电装机容量 | 17260 | 2369 | 1977 | 1692 | 1649 | 3097 | 2442 | 1469 | 1253 | 1204 | 35259 |
| 核电装机容量 | 908 | 0 | 175 | 175 | 0 | 209 | 542 | 709 | 648 | 218 | 4466 |
| 火电装机容量 | 60286 | 4822 | 5860 | 5867 | 5134 | 5041 | 5354 | 8191 | 5541 | 4915 | 114408 |

图 3-3 2008—2018 年中国发电装机容量变动趋势

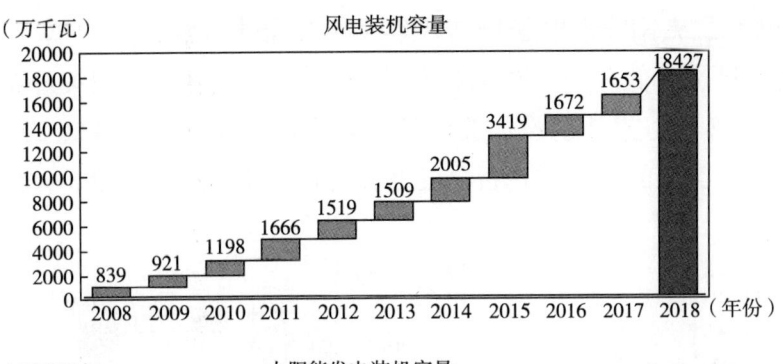

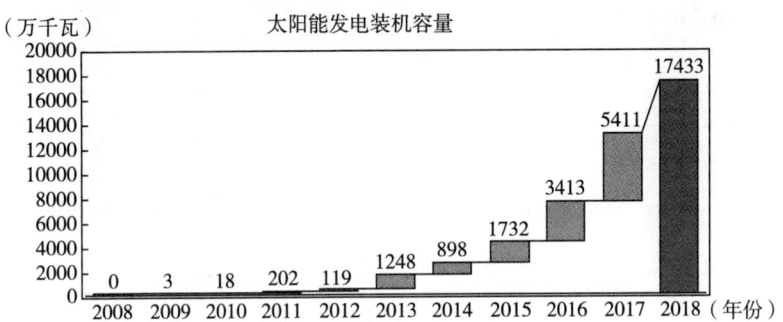

**图 3-3　2008—2018 年中国发电装机容量变动趋势（续）**

**（二）新增发电装机容量**

新增发电装机容量由 2008 年的 9202 万千瓦增加至 2018 年的 12785 万千瓦，累计增加 3583 万千瓦，年均增长速度为 358.3 万千瓦，但新增装机容量在此期间并未呈现出逐年增长的趋势，而是表现出增长和下降反复波动的不稳定型态势，其中，2012 年达到此期间的最高下降幅度，相应的下降率达到 11.877%，2015 年的增加幅度最大，达到 26.248%。在新增装机容量中，新增水电和火电装机容量在新增装机容量中的比重呈现出逐年下降的趋势，分别由 2008 年的 23.346% 和 71.230% 下降至 2018 年的 6.719% 和 34.259%，新增火电装机容量累计下降幅度为 2175 万千瓦，下降幅度在五种发电类型中最大。核电、风电、太阳能发电新增装机容量占比均表现出逐年增长的趋势，截至 2018 年的占比分别达到 6.914%、16.637%、

35.393%，太阳能发电新增装机容量占比最大。此外，中国为推动节能减排、降低环境污染，近年来推行火电机组退役和关停措施，截至2018年，累计退役和关停的火电机组容量达到12423.29万千瓦。不同类型的发电方式新增发电装机容量变动趋势如图3-4所示。

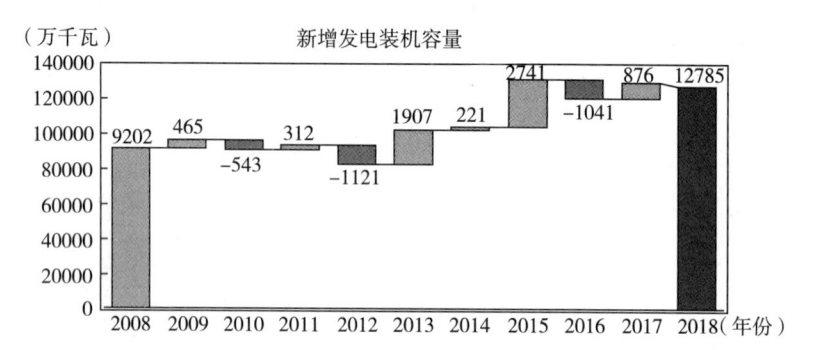

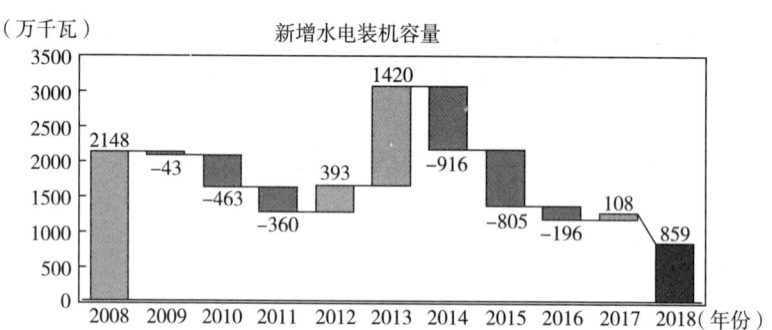

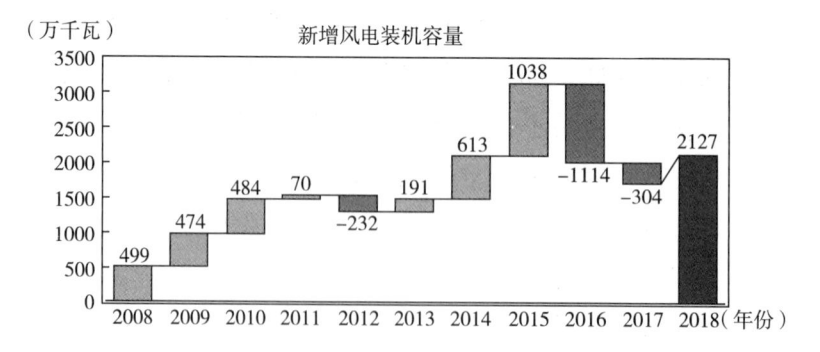

图 3-4 2008—2018 年中国新增发电装机容量变动趋势

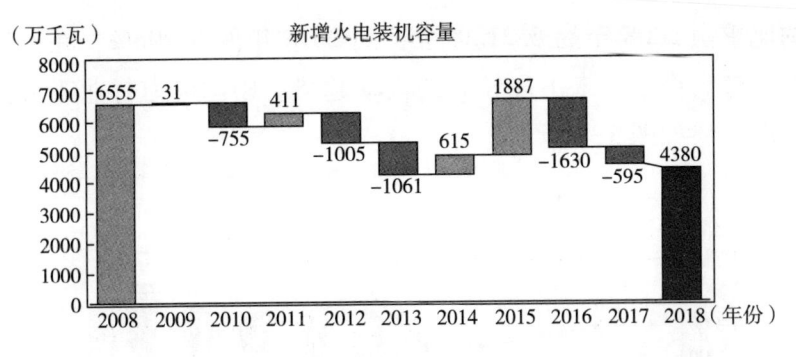

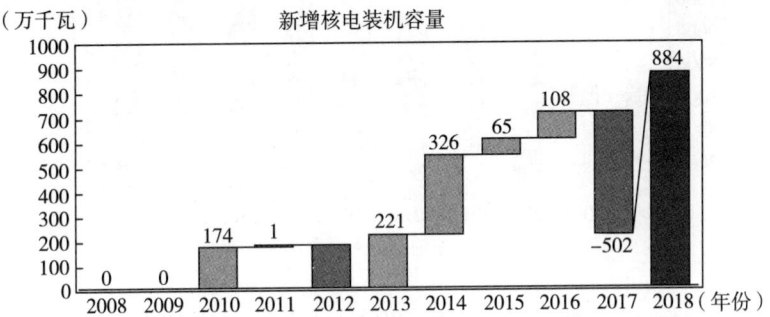

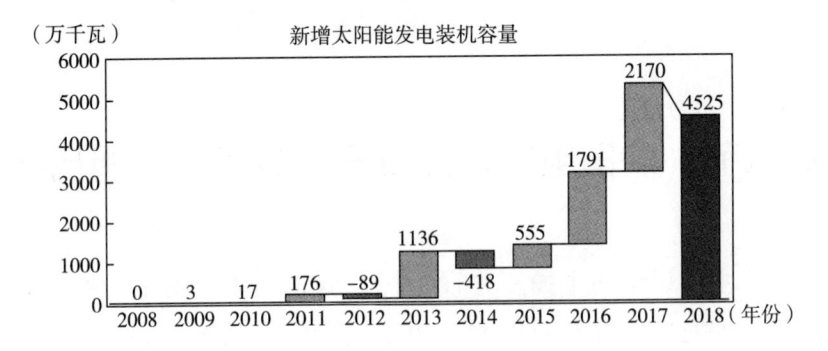

图 3-4　2008—2018 年中国新增发电装机容量变动趋势（续）

## 三　电力行业工业增加值及其占比

中国电力行业工业增加值由 2008 年的 8091 亿元增加至 2017 年的 16797 亿元，除 2014 年有小幅下降外，在 2008—2017 年则表现为逐年增长的趋势，电力行业工业增加值增幅最大的年份为 2013 年，增长率高达 32.846%。此外，电力行业工业增加值占中国工业增加值的比重由 2008 年的 6.212% 增长到 2018 年的 6.296%，在此期间的占比较为稳定，未出现较大的波动趋势。中国电力行业工业增加值变动趋势如图 3-5 所示。

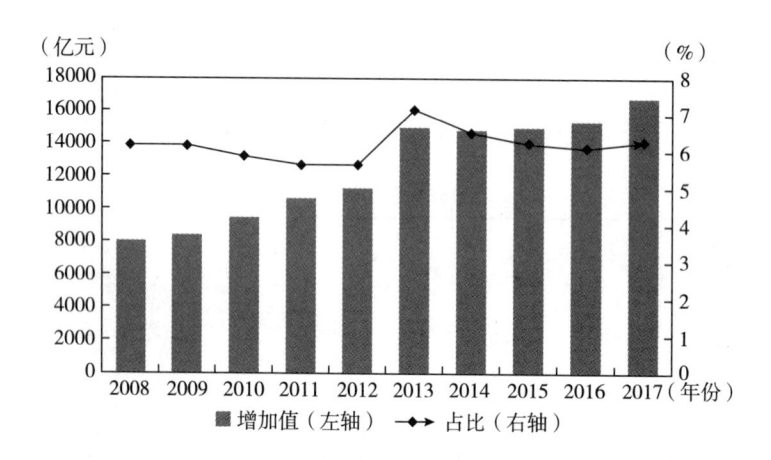

图 3-5　2008—2017 年中国电力行业工业增加值变动趋势

## 第二节　中国电力行业投资建设指标发展现状

本节主要讨论两个投资建设指标，分别为中国对电力行业历年电源投资的完成情况和对电网的历年投资完成情况。2008—2018 年电源电网投资比重如图 3-6 所示。

### 一　历年电源投资完成情况

中国对电力行业的投资由 2008 年的 6302 亿元增加至 2018 年的 8161 亿元，累计增长了 1859 亿元，年均增幅为 185.9 亿元。中国对电力行业的投资在 2008—2018 年并未始终呈现出增长的趋势，其中，2010 年、2012 年、2017 年、2018 年出现下降的情况，2017 年的下降率最高，达到 6.797%，2009 年的增长率最高，为 22.201%。

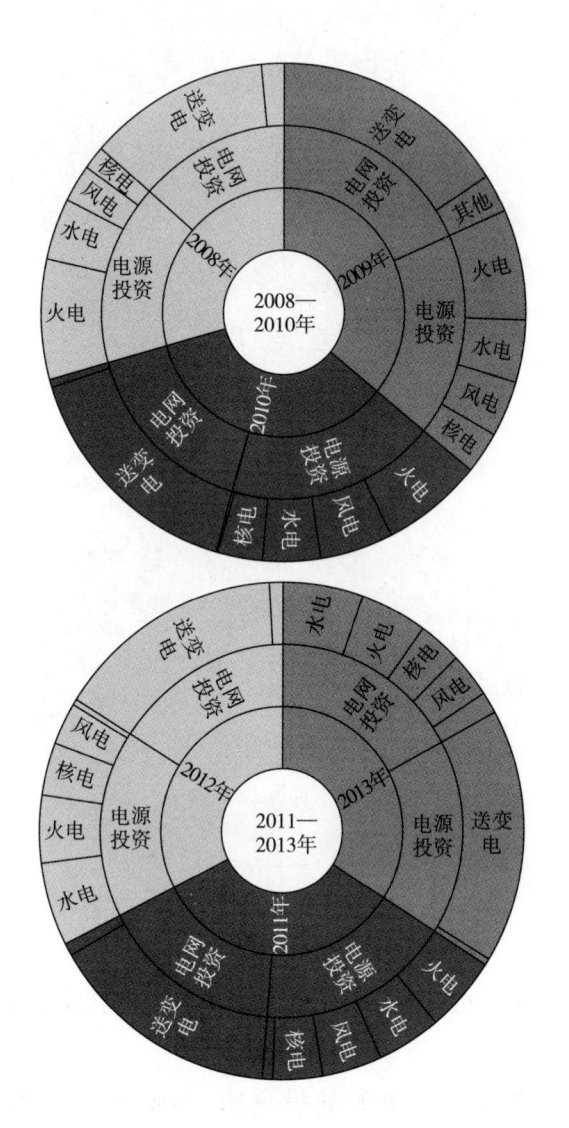

图 3-6 中国电源投资和电网投资占总投资比重的变动趋势

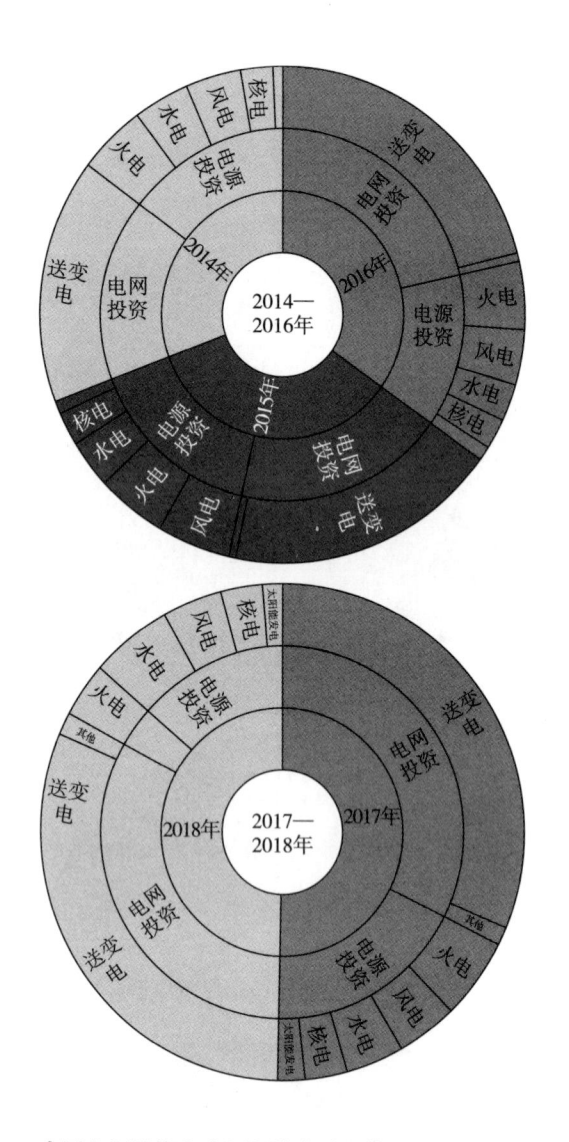

**图 3-6　中国电源投资和电网投资占总投资比重的变动趋势（续）**

在电力投资中，对电源的投资由 2008 年的 3407 亿元下降至 2018 年的 2787 亿元，累计下降 620 亿元，年均下降幅度达到 62 亿元。其中，电源投资占电力总投资的比重由 2008 年的 54.065%下降至 2018 年的 34.150%。电源投资分别包括对水电、火电、核电、风电、太阳能发电五种发电类型的投资，其中，对水电和火电的投资呈现出减少的趋势，分别由 2008 年的 848 亿元、1678 亿元减少至 2018 年的 700 亿元、786 亿元，导致对水电和火电的投资占电源投资的比重分别由 2008 年的 24.912%、49.260% 下降至 2018 年的 25.117%、28.202%。此外，对核电、风电、太阳能发电的投资则分别由 2008 年的 329 亿元、527 亿元、0 亿元增长至 2018 年的 504 亿元、926 亿元、241 亿元，导致对核电、风电、太阳能发电的投资占对电源投资的比重分别由 2008 年的 9.670%、15.474%、0 增加至 2018 年的 16.039%、23.179%、7.427%。从对电源的投资建设可以看出，中国近年来正积极推进新型可再生能源发电的建设。

### 二 历年电网投资完成情况

对电网的投资在 2008—2018 年总体上表现为逐年增加的态势，由 2008 年的 2895 亿元增加至 2018 年的 5431 亿元，累计增加 2536 亿元，年均增长幅度为 253.6 亿元。对电网的投资占对电力总投资的比重由 2008 年的 45.935% 增加至 2018 年的 65.850%，增加了近 20 个百分点。其中，对送变电的投资由 2008 年的 2584 亿元增加至 2018 年的 5281 亿元，累计增加 2697 亿元，年均增长幅度为 269.7 亿元。此外，对送变电的投资占对电网投资的比重由 2008 年的 89.266% 增加至 2018 年的 95.515%，对送变电的投资包括对直流电和交流电的投资，对交流电的投资占对送变电投资的比重高达 90% 左右。

## 第三节 中国电力行业技术效率指标发展现状

技术效率指标代表电力行业技术发展的程度。本节试图通过分析 2008—2018 年电厂发电和供电标准煤耗、发电厂厂用电率、发电设备平均利用小时数、供售电量及线路损失率、历年发用电设备容量比五个方面的指标说明中国电力行业的技术发展现状。各技术效率指标的变动情况如表3-1所示。

表3-1 技术效率指标变动趋势

| 年份 | 效率指标 | | | 标准煤耗（克/千瓦时） | | 发用电设备容量比 |
|---|---|---|---|---|---|---|
| | 发电设备平均利用小时数 | 发电厂厂用电率（%） | 线路损失率（%） | 发电 | 供电 | 发电：用电 |
| 2008 | 4648 | 5.90 | 6.79 | 322.00 | 345.00 | 1:3.12 |
| 2009 | 4546 | 5.76 | 6.72 | 320.00 | 340.00 | 1:3.16 |
| 2010 | 4650 | 5.43 | 6.53 | 311.80 | 333.30 | 1:3.18 |
| 2011 | 4730 | 5.39 | 6.52 | 308.40 | 329.10 | 1:3.38 |
| 2012 | 4579 | 5.10 | 6.74 | 304.80 | 324.60 | 1:3.47 |
| 2013 | 4521 | 5.05 | 6.69 | 301.60 | 321.00 | 1:3.51 |
| 2014 | 4348 | 4.85 | 6.64 | 299.90 | 319.00 | 1:3.68 |
| 2015 | 3988 | 5.09 | 6.64 | 296.90 | 315.40 | 1:3.77 |
| 2016 | 3797 | 4.77 | 6.49 | 293.90 | 312.10 | 1:3.84 |
| 2017 | 3790 | 4.80 | 6.48 | 291.30 | 309.40 | 1:4.05 |
| 2018 | 3880 | 4.69 | 6.27 | 289.90 | 307.60 | 1:3.96 |

资料来源：绘制本表所用数据来源于中国电力企业联合会官方网站（https://www.cec.org.cn/）。

### 一 电厂发电和供电标准煤耗

随着电力行业技术水平的提高，发电标准煤耗和供电标准煤耗均表现出逐年下降的趋势。其中，发电标准煤耗由2008年的322.00克/千瓦时下降至2018年的289.90克/千瓦时，年均下降率为1.043%。供电标准煤耗由2008年的345.00克/千瓦时下降至2018年的307.60克/千瓦时，年均下降率为1.140%。

### 二 发电厂厂用电率

发电厂厂用电率由2008年的5.90%下降到2018年的4.69%，由此可见，随着发电量的增加，发电厂厂用电率出现了下降的趋势，除 2017 年出现轻微的增长外，其余年份均表现为逐年下降的趋势，2012 年的下降幅度最大，达到 5.380%。

### 三 发电设备平均利用小时数

发电设备平均利用小时数是代表中国发电设备利用程度的重要指标。尽管发电设备平均利用小时数高代表相关的发电设备利用程度较高，但并不是该指标越高越好，若该指标过高则表示发电设备缺乏必备的发电容量，会对突发事件的应急处理产生影响。虽然自 2008 年以来，中国发电设备平均利用小时数由 4648 小时下降至 2018 年的 3880 小时，呈现出逐年下降的趋势，但与国际发电设备平均利用小时数相比，中国电力行业发电设备平均利用小时数仍相对较高，同一时期高出 500 个小时左右。

### 四 供售电量及线路损失率

中国供电量和售电量分别由 2008 年的 30617 亿千瓦时、28537 亿千瓦时增加至 2018 年的 59508 亿千瓦时、55777 亿千瓦时，供电量和售电量除 2015 年分别出现 0.213% 和 0.210% 的小幅下降外，在 2008—2018 年始终保持逐年增加的趋势。由此导致的线路损失量除 2015 年外，也表现出逐年增长的趋势，由 2008 年的 2079 亿千瓦时增加至 2018 年的 3731 亿千瓦时，但相应的线路损失率由 6.79% 下降至 6.27%，由此可见，中国电力系统运行的经济性越来越强。

### 五 历年发用电设备容量比

中国发电设备容量和用电设备容量分别由 2008 年的 79273 万千瓦和 247379 万千瓦增长至 2018 年的 190012 万千瓦和 752770 万千瓦，由此可见，发电设备容量和用电设备容量在此期间均表现出逐年增长的趋势，但发电设备容量和用电设备容量的比值从 2008 年的 1∶3.12 下降至 1∶3.96，该比值的下降说明电力系统的运行效率得到了提高。

# 第四节　中国电力行业燃料消耗指标发展现状

对电力行业而言，火力发电和供热均会产生化石燃料的消耗。本节将分别讨论发电所消耗的标准煤量和供热所消耗的标准煤量，同时，为进一步分析电力行业的能源生产与消费情况，还将说明中国电力生产弹性系数和电力消费弹性系数的变动趋势。发电和供热的煤耗情况如图 3-7 所示。本节所用数据来源于中国电力企业联合会官方网站。

## 一　发电消耗标准煤量

发电消耗的标准煤量由 2008 年的 86858 万吨增加至 2018 年的 130805 万吨，累计增长 43947 万吨，年均增长幅度为 4394.7 万吨。除 2014—2016 年发电消耗标准煤量出现小幅下降趋势外，在其余年份均表现出增长的趋势，需要特殊说明的是，2017 年和 2018 年发电消耗标准煤量以年均 7% 的增幅出现了较高幅度的增长。此外，发电消耗原煤量在此期间也呈现出与发电消耗标准煤量一致的变动趋势，而 2017 年和 2018 年发电消耗原煤量的增长率分别高达 7.537% 和 10.207%。这与近年来政府大力控制煤电行业发展导致煤炭价格降低，进而出现对煤炭需求的增加有一定的关系。

## 二　供热消耗标准煤量

供热消耗标准煤量和供热消耗原煤量分别由 2008 年的 10023 万吨、14732 万吨增加至 2018 年的 18104 万吨、27523 万吨，分别累计增长 8081 万吨、12791 万吨，年均增长幅度分别达到 808.1 万吨、1279.1 万吨。其中，2014 年供热消耗的标准煤量和原煤量均有下降，下降率分别为 4.083% 和 2.804%。除此之外，其余年份均呈现出逐年增长的趋势，并且 2017 年和 2018 年的增长率与发电消耗标准煤量和原煤量的增长率类似,均表现出较高的增长幅度,截至2018年分别达到9.595%和13.506%。

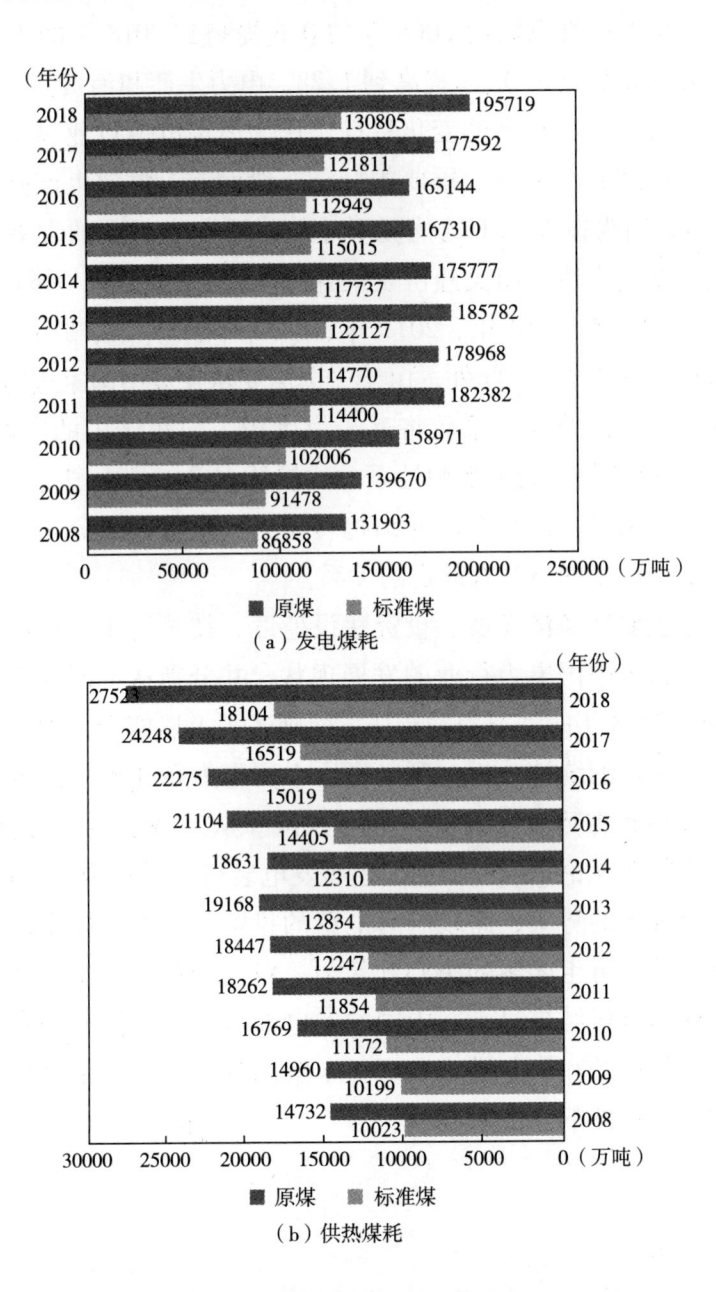

（a）发电煤耗

| 年份 | 原煤 | 标准煤 |
|---|---|---|
| 2018 | 195719 | 130805 |
| 2017 | 177592 | 121811 |
| 2016 | 165144 | 112949 |
| 2015 | 167310 | 115015 |
| 2014 | 175777 | 117737 |
| 2013 | 185782 | 122127 |
| 2012 | 178968 | 114770 |
| 2011 | 182382 | 114400 |
| 2010 | 158971 | 102006 |
| 2009 | 139670 | 91478 |
| 2008 | 131903 | 86858 |

（b）供热煤耗

| 年份 | 原煤 | 标准煤 |
|---|---|---|
| 2018 | 27523 | 18104 |
| 2017 | 24248 | 16519 |
| 2016 | 22275 | 15019 |
| 2015 | 21104 | 14405 |
| 2014 | 18631 | 12310 |
| 2013 | 19168 | 12834 |
| 2012 | 18447 | 12247 |
| 2011 | 18262 | 11854 |
| 2010 | 16769 | 11172 |
| 2009 | 14960 | 10199 |
| 2008 | 14732 | 10023 |

图3-7　2008—2018年中国发电和供热煤耗变动趋势

### 三 电力生产与消费弹性系数

电力生产弹性系数由 2008 年的 0.6 提高到 2018 年的 1.27，电力消费弹性系数则由 0.57 提高到 1.28，电力生产和消费弹性系数在此期间均表现出波动型的变化特征。作为体现电力行业供给能力与经济增长速度之间关系的重要指标，一般而言，电力生产弹性系数应大于 1，因为在大于 1 的情况下才能说明电力行业的发展是超前的，其发展速度快于国民经济发展速度，但数据显示，中国电力生产弹性系数仅在 2010 年、2011 年、2013 年、2018 年是大于 1 的，其他情况下均小于 1。此外，由于中国需要从发展中国家迈向发达国家，故其电力消费弹性系数将逐步由大于 1 向小于 1 的阶段发展，而 2013—2015 年电力消费弹性系数的较低水平，是中国经济发展结构的调整导致的，这与在产业结构转型升级过程中部分工业用电大户电力消费水平的下降有一定的关系。

本章主要从经济发展、投资建设速度、技术进步、能源消耗四个方面分析了中国电力行业的发展现状，并分别从不同的细分指标在 2008—2018 年的动态变动特征方面阐述了上述四个方面的发展情况。通过数据的统计分析，可以得出中国电力行业现阶段发展存在的一些优势和劣势以及发展机遇与挑战。从经济发展的方面来看，中国电力行业无论是工业增加值还是发电装机容量和全社会用电量，均表现出强劲的势头；而政府对电源的投资建设可以体现出中国大力发展清洁可再生能源的决心和努力；但代表技术进步和能源消耗方面的数据分析结果显示，中国的发电技术水平和能源消费结构仍存在较大的调整和优化进步空间。本章的分析为后续情景设定部分的研究切入点埋下了伏笔。

# 第四章

# 中国电力行业碳排放及电源结构的国际比较

本章将以1990—2017年的时间轴为主线,分析在此时间表上每一年对应的相关碳排放情况,从历史发展的动态角度详细阐述中国电力行业的碳排放演进过程,并同时与其他主要国家作进一步的国际比较,找出中国电力行业碳排放与其他国家间的差距,为减排提供实践案例经验。此外,以较为全面而有针对性地开展国际比较为研究动机,本章包含的其他主要国家和地区覆盖了全世界五大洲(非洲、亚洲、大洋洲、欧洲、美洲)的典型代表性国家共计30个,分别为:亚洲11国(日本、韩国、新加坡、印度、伊朗、哈萨克斯坦、以色列、沙特阿拉伯、印度尼西亚、马来西亚、泰国);非洲3国(埃及、南非、阿尔及利亚);欧洲9国(英国、意大利、西班牙、比利时、法国、德国、丹麦、俄罗斯、瑞典);美洲5国(美国、加拿大、墨西哥、巴西、阿根廷);大洋洲2国(澳大利亚、新西兰)。

特别报告指出,在1.5℃约束下,预计到2050年,全球可再生能源供电比重应达到70%—85%,同时,煤炭在全球电力供应中的比重需要下降至接近为零。国际能源署的统计数据显示,2017年,全球电力行业碳排放量为134.51亿吨,占全球碳排放总量的比重高达 40.959%。中国作为全球碳排放量最大的国家，2017 年的碳排放量为 92.58 亿吨，占全球碳排放总量的比重达到 28.191%，其中，中国电力行业碳排放量为 45.58 亿吨，占中国碳排放量的比重达到 49.233%，占全球电力行业碳排放量的比重为 33.886%，占全球碳排放总量的比重为 13.879%。此外，气候行动追踪研究显示，世界各国并没有朝着与《巴黎协定》兼容的逐步淘汰煤炭的方向发展，2015—2019 年，全球运营燃煤发电量净增长 63 吉瓦，这也说明目前可再生能源发电成本比煤炭高，各国特别是亚洲的中国、日本、韩国，仍在较大程度上倾向于煤炭消费。2017 年，中国煤炭发电量占中国发电总量的比重为 67.603%，相关碳排放占比如表 4-1 所示。由此可见，中国电力行业相关碳排放量无论从占中国总量的比重还是从占全球总量的比重来看，均远超其他国家同期指标的占比水平，排在全球首位。由此可见，中国电力行业的减排进程对于全球升温 1.5℃目标实现的时间表和路线图的贡献度将远大于其他任何国家、任何行业。

表 4-1　　2017 年中国发电量与碳排放量相关指标占比

| 指标级别 | 指标类别 | 序号 | 指标名称 | 比例数值（%） |
| --- | --- | --- | --- | --- |
| 中国/中国 | 碳排放类 | 1 | 煤炭排放/电力排放 | 97.499 |
| | | 2 | 煤炭排放/总排放 | 48.002 |
| | | 3 | 电力排放/总排放 | 49.233 |
| | 发电量类 | 4 | 煤炭发电/总发电 | 67.603 |
| 全球/全球 | 碳排放类 | 5 | 煤炭排放/电力排放 | 72.567 |
| | | 6 | 煤炭排放/总排放 | 29.723 |
| | | 7 | 电力排放/总排放 | 40.959 |
| | 发电量类 | 8 | 煤炭发电/总发电 | 38.401 |
| 中国/全球 | 碳排放类 | 9 | 煤炭排放/煤炭排放 | 45.528 |
| | | 10 | 煤炭排放/电力排放 | 33.038 |
| | | 11 | 煤炭排放/总排放 | 13.532 |
| | | 12 | 电力排放/电力排放 | 33.886 |

续表

| 指标级别 | 指标类别 | 序号 | 指标名称 | 比例数值（%） |
|---|---|---|---|---|
| 中国/全球 | 碳排放类 | 13 | 电力排放/总排放 | 13.879 |
| | | 14 | 总排放/总排放 | 28.191 |
| | 发电量类 | 15 | 煤炭发电/煤炭发电 | 45.475 |
| | | 16 | 煤炭发电/总发电 | 17.463 |
| | | 17 | 总发电/总发电 | 25.832 |

资料来源：绘制本表所用数据来源于国际能源署（IEA）官方网站（https://www.iea.org）。

## 第一节 碳排放总量现状

本节分析的碳排放总量现状将分别以全球总量、中国总量、五大洲代表性国家总量为研究对象，分析其1990—2017年的历史动态变动趋势。

### 一 全球碳排放总量

为避免单一数据来源的不完整性，同时又体现数据间的可比性，本章所分析的全球碳排放总量数据出自国际能源署（International Energy Agency，IEA）官方网站平台、欧盟委员会（European Commission，EUC）旗下的全球大气研究排放数据库、荷兰环境评估署（NEA）发布的2019年全球温室气体与二氧化碳排放趋势报告三个权威国际性数据机构公开发布的数据资料，足以认证数据的科学准确性。

IEA、EUC、NEA三大权威数据机构的数据显示，1990年全球碳排放总量分别为205.21亿吨、226.37亿吨、226.40亿吨，截至2017年，全球碳排放总量分别达到328.40亿吨、371.80亿吨、367.90亿吨，28年全球碳排放总量分别累计增长了123.19亿吨、145.43亿吨、141.50亿吨，年均增长幅度分别为4.56亿吨、5.38

亿吨、5.24 亿吨。需要特殊说明的是，三大数据平台都显示，在整个历史动态发展时期，有几个特殊年份的碳排放并未呈现出增长的趋势，而是出现了轻微的下降，这三个特殊时间节点分别为 1992 年、2009 年、2015 年，三大平台的平均下降率分别为 0.298%、1.245%、0.042%。总体上看，1990—1999 年，全球碳排放总量的增长趋势较为平缓，年均增速仅为 1.014%。2000—2010 年为全球碳排放总量的飞速增长阶段，除 2008 年出现较小的增幅，2009 年下降了一个百分点以外，其余年份的增长速度均较为显著，之所以 2008 年的增速较为缓和与国际金融危机有直接关系，其导致全球经济不景气，对商品的需求下降，进而导致生产商品过程中产生的碳排放也相对其他年份较低。2000—2010 年的碳排放年均增速为 2.89%。2011—2017 年，随着全球经济一体化的逐渐加强与全球范围内对低碳经济和全球气候变暖认知的加强，全球碳排放总量虽然仍呈现出增长的趋势，但其增速相对 2000—2010 年已逐渐放缓，但总体增速仍然快于 20 世纪 90 年代，这七年碳排放年均增速为 1.20%。

## 二 中国碳排放总量

IEA、EUC、NEA 三大权威数据机构的数据显示，中国 1990 年碳排放总量分别为 20.89 亿吨、23.98 亿吨、24.30 亿吨，截至 2017 年的碳排放总量分别达到 92.58 亿吨、110.87 亿吨、109.80 亿吨。28 年中国碳排放总量增长了 71.69 亿吨、86.89 亿吨、85.50 亿吨，年均增幅分别达到 2.65 亿吨、3.21 亿吨、3.16 亿吨。除 1996 年、1999 年、2015 年外，中国碳排放总量在整个历史动态区间内始终保持逐年增长的趋势，其中，1996 年、1999 年、2015 年的三大机构的年均下降率分别为 0.675%、2.413%、0.204%。中国在进入经济发展新常态之前，即 2012 年之前，碳排放总量呈现出较快的增长趋势，比全球碳排放总量的增速高出几倍的水平，其中，三大平台的年均数据显示，1990—1999 年中国碳排放总量的年均增速达到 4.057%，在此十年中，1995 年的碳排放增长率达到该阶段的最高水平，为 10.554%。2000—2011 年的年均增长率达到 9.397% 的高水平，比同一时期全球碳排放总量的增速高出将近 4 倍，这主要是由于中国经济在此时期处于飞速发展阶段，不同部门的产品需求及进出口贸易量的持续增长，导致其碳排放总量的增长达到历史最高水平，增速最快的年份为 2003 年和 2004 年，相应的年均增长率分别达到 15.96% 和 15.74%。而 2012—2017 年，当中国经济发展进入新常态模式，经济由原来的高速发展转向中低速发展，产业结构不断升级、能源结构逐渐优化调整、居民生活消费模式转变，导致碳排放总量增速下降到了近 30 年来的最低水平，这六年的年均增速仅为 1.492%，与全球碳排放总量的增长幅度相差无几。

此外，将三大数据平台碳排放总量的数据进行平均化，可以发现中国碳排放总量占世界碳排放总量的比重从 1990 年的 10.50% 增长到 2017 年的 29.29%，即迄今为止，中国碳排放总量占世界碳排放总量的比重将近 30%，28 年增长了近 20 个百分点，并且中国碳排放总量占全球碳排放总量的比重在 1990—2012 年始终以逐年递增的趋势增长，从未有任何一年的占比出现下降的特征；但自 2013 年开始，中国碳排放总量占全球碳排放总量的比重开始出现轻微的下降趋势，由 2013 年的 29.38% 下降到 2017 年的 29.29%，尽管这种下降的趋势极为缓和，但说明中国新常态的发展模式正促使中国经济朝着低碳化的方向发展。2017 年全球碳排放总量流动情况如图 4-1 所示。

### 三 五大洲代表性国家碳排放总量

在对五大洲的代表性国家进行分析时，鉴于数据间的可比性和统一性，本节及之后各节的数据分析结果仅参照 IEA 平台的数据资料。

#### （一）亚洲 11 国

对日本而言，其碳排放总量由 1990 年的 10.42 亿吨增长到 2017 年

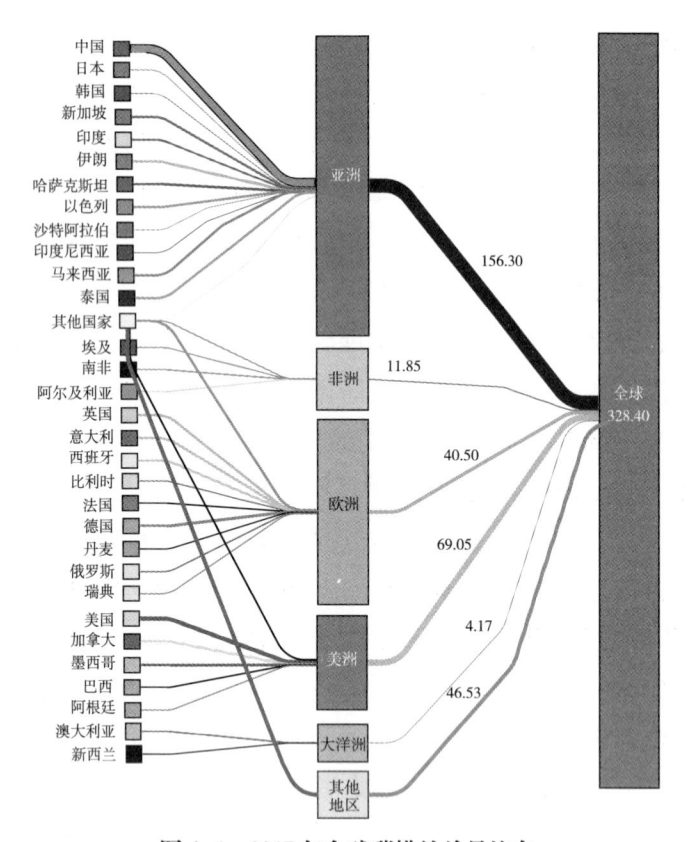

**图 4-1　2017 年全球碳排放总量流向**

注：单位为亿吨。

的 11.32 亿吨，28 年累计增长了 0.9 亿吨，年均增幅为 0.03 亿吨。其占全球碳排放总量的比重由 1990 年的 5.078%下降到 2017 年的 3.447%，占中国碳排放总量的比重由 49.880%下降到 12.227%。1990—2017 年，其变动趋势不稳定，不同年份对应不同的增长或下降趋势，其中，增长幅度最高的是 2010 年，相应的增长率为 5.327%，下降率最高的是 2008 年，降幅达到 5.396%。

对韩国而言，其碳排放总量由 1990 年的 2.32 亿吨增长到 2017 年的 6 亿吨，28 年累计增长了 3.68 亿吨，年均增幅为 0.13 亿吨。其占全球碳排放总量的比重由 1990 年的 1.131%增长到 2017 年的 1.827%，占中国碳排放总量的比重由 11.106%下降到 6.481%。

1990—2000 年，该国碳排放总量处于快速增长的阶段，年均增速高达 6.702%，其中 1998 年出现 14.428% 的增长幅度，2001—2009 年，增速较为缓和，年均增速仅为 1.703%，2010 年出现了较高幅度的再次反弹，增速达到 9.761%，之后以较为缓和的速度增长。整体来看，韩国碳排放总量仍未达到峰值，处于平缓增长的阶段。

对新加坡而言，其碳排放总量由 1990 年的 0.29 亿吨增长到 2017 年的 0.47 亿吨，28 年累计增长了 0.18 亿吨，年均增幅为 0.0066 亿吨。其占全球碳排放总量的比重由 1990 年的 0.141% 增长到 2017 年的 0.143%，占中国碳排放总量的比重由 1.388% 下降到 0.508%。整体来看，该国碳排放总量在 1990—2017 年的变动趋势也极为不稳定，增长率最高的年份为 1993 年、2000 年、2010 年，对应的增长幅度分别为 16.129%、10.526%、7.692%，下降率最高的年份为 2003 年，相应的下降幅度为 7.317%，2013 年和 2014 年增长率为 0，2015—2017 年再次小幅反弹，三年的年均增速为 2.223%。

对印度而言，其碳排放总量由 1990 年的 5.29 亿吨增长到 2017 年的 21.62 亿吨，28 年累计增长了 16.33 亿吨，年均增幅为 0.604 亿吨。其占全球碳排放总量的比重由 1990 年的 2.578% 增长到 2017 年的 6.583%，占中国碳排放总量的比重由 25.323% 下降到 23.353%。印度碳排放总量在 1990—2017 年始终保持逐年增长的趋势，只是递增的幅度在不断变化，其中，增长率最高的年份为 2009 年，相应的增长幅度达到 12.173%。

对伊朗而言，其碳排放总量由 1990 年的 1.71 亿吨增长到 2017 年的 5.67 亿吨，28 年累计增长了 3.96 亿吨，年均增幅为 0.146 亿吨。其占全球碳排放总量的比重由 1990 年的 0.833% 增长到 2017 年的 1.727%，占中国碳排放总量的比重由 8.186% 下降到 6.124%。除 2010 年和 2015 年该国碳排放总量表现出下降的趋势外，其余年份的碳排放总量均保持增长的趋势，其中，2010 年和 2015 年的下降幅度也较为平缓，分别为 0.992% 和 0.718%，增长率最高的年份为 1999 年，为 12.406%。

对哈萨克斯坦而言，其碳排放总量由 1990 年的 2.37 亿吨增长到 2017 年的 2.56 亿吨，28 年累计增长 0.19 亿吨，年均增幅为 0.007 亿吨。其占全球碳排放总量的比重由 1990 年的 1.155% 下降到 2017 年的 0.780%，占中国碳排放总量的比重由 11.345% 下降到 2.765%。整体来看，该国碳排放总量在 1990—2017 年的下降趋势和增长趋势大体持平，并且下降的年份要多于增长的年份，1993—2001 年几乎都处于下降态势，最高的下降幅度在 1994—1997 年，这几年的年均下降率高达 12.928%；而 2002—2008 年恢复反弹的增长趋势，于 2008 年达到最高增长率 22.995%，2009 年又开始以 11.739% 的速率下降，截至 2017 年的变动趋势均不稳定。

对以色列而言，其碳排放总量由 1990 年的 0.33 亿吨增长到 2017 年的 0.64 亿吨，28 年累计增长 0.31 亿吨，年均增幅为 0.01 亿吨。其占全球碳排放总量的比重由 1990 年的 0.161% 增长到 2017 年的 0.195%，占中国碳排放总量的比重由 1.580% 下降到 0.691%。1990—2004 年，以色列的碳排放总量始终表现为增长的趋势，直至 2004 年的增速为 0；2005—2012 年，出现了偶尔以较高速率增长、偶尔不增长的情况，其中，与上年保持不变的年份为 2008 年、2009 年、2011 年，2012 年出现该阶段最高增速 8.824%；2013—2017 年，又表现出较显著的下降趋势。整体的碳排放水平变动属于波动型。

对沙特阿拉伯而言，其碳排放总量由 1990 年的 1.51 亿吨增长到 2017 年的 5.32 亿吨，28 年累计增长 3.81 亿吨，年均增幅为 0.141 亿吨。其占全球碳排放总量的比重由 1990 年的 0.736% 增长到 2017 年的 1.620%，占中国碳排放总量的比重由 7.228% 下降到 5.746%。除 1995 年和 2016 年外，该国碳排放总量始终表现为增长的趋势，并且这种增长趋势也相对平稳。其中，1995 年和 2016 年的下降率分别为 0.518% 和 0.948%，下降的幅度较小。

对印度尼西亚而言，其碳排放总量由 1990 年的 1.34 亿吨增长到 2017 年的 4.96 亿吨，累计增长 3.62 亿吨，年均增幅为 0.134 亿吨。其占全球碳排放总量的比重由 1990 年的 0.653% 增长到 2017 年的1.510%，占中国碳排放总量的比重由6.415%下降到5.358%。1990—1999年，该国碳排放总量始终表现为逐年增长的趋势，并且增速较快，1995年的增长幅度最大，为13.966%，之后的年份开始出现波动型变动趋势，忽而高速增长，忽而平缓下降。

对马来西亚而言，其碳排放总量由1990年的0.5亿吨增长到2017年的2.11亿吨，累计增长1.61亿吨，年均增幅为0.059亿吨。其占全球碳排放总量的比重由1990年的0.244%增长到2017年的0.643%，占中国碳排放总量的比重由2.393%下降到2.279%。2008年之前，该国碳排放总量均表现出逐年增长的趋势，2009年出现了较高的下降幅度，下降率高达10.526%，2010—2014年，又开始恢复小幅反弹的增长趋势，2015—2017年出现小幅下降趋势。

对泰国而言，其碳排放总量由1990年的0.81亿吨增长到2017年的2.44亿吨，累计增长1.63亿吨，年均增幅为0.060亿吨。其占全球碳排放总量的比重由1990年的0.395%增长到2017年的0.743%，占中国碳排放总量的比重由3.877%下降到2.636%。1990—2008年，该国碳排放总量除1997年出现9.317%的下降幅度外，其余年份均保持增长趋势，自2009年开始截至2017年，其碳排放总量处在增长与下降的反复变动中。

（二）非洲3国

对埃及而言，其碳排放总量由1990年的0.78亿吨增长到2017年的2.09亿吨，累计增长1.31亿吨，年均增幅为0.048亿吨。其占全球碳排放总量的比重由1990年的0.380%增长到2017年的0.636%，占中国碳排放总量的比重由3.734%下降到2.258%。除1991年、1994年、2000年以外，其他年份该国碳排放总量始终保持逐年增长的趋势。其中，上述三年对应的下降率分别为1.282%、6.098%、1.961%，增长幅度最大的年份为2005年，为12.403%。

对南非而言，其碳排放总量由1990年的2.44亿吨增长到2017年的4.22亿吨，累计增长1.78亿吨，年均增幅为0.065亿吨。其占全球碳排放总量的比重由1990年的1.189%下降到2017年的

1.285%，占中国碳排放总量的比重由 11.680% 下降到 4.558%。1990—2017 年，该国碳排放总量表现出不稳定的波动趋势，其中，增长率最高的年份为 2001 年，相应的增长率为 12.456%，下降率最高的年份为 1999 年，下降幅度达到 6.164%。

对阿尔及利亚而言，其碳排放总量由 1990 年的 0.51 亿吨增长到 2017 年的 4.22 亿吨，累计增长 3.71 亿吨，年均增幅为 0.137 亿吨。其占全球碳排放总量的比重由 1990 年的 0.249% 下降到 2017 年的 1.285%，占中国碳排放总量的比重由 2.441% 上升到 4.558%。除 1994 年和 2016 年出现两次下降以外，该国碳排放总量在 1990—2017 年均表现出增长的趋势，并且这种增长趋势在 2015 年之前都较为平稳，但值得注意的是，2017 年该国碳排放总量出现了急剧增长，增长率高达 229.688%，增长了两倍多。

(三) 欧洲 9 国

对英国而言，其碳排放总量由 1990 年的 5.49 亿吨下降到 2017 年的 3.59 亿吨，累计下降 1.90 亿吨，年均降幅为 0.007 亿吨。其占全球碳排放总量的比重由 1990 年的 2.675% 下降到 2017 年的 1.093%，占中国碳排放总量的比重由 26.281% 下降到 3.878%。英国属于在 1990 年之前就已经达到碳排放峰值的发达国家，因此，其碳排放总量在 1990—2017 年始终保持逐年下降的趋势，虽有个别年份碳排放有所反弹，但其反弹幅度较一直延续的下降幅度是十分轻微的。

对意大利而言，其碳排放总量由 1990 年的 3.89 亿吨下降到 2017 年的 3.21 亿吨，累计下降 0.68 亿吨，年均降幅为 0.002 亿吨。其占全球碳排放总量的比重由 1990 年的 1.896% 下降到 2017 年的 0.977%，占中国碳排放总量的比重由 18.621% 下降到 3.467%。1990—2005 年，意大利碳排放总量呈现出较为平缓的增长趋势，达到峰值 4.56 亿吨后，开始表现出较快的下降趋势，下降幅度最大的年份为 2009 年，相应的下降率为 10.49%。

对西班牙而言，其碳排放总量由 1990 年的 2.03 亿吨增长到

2017年的2.53亿吨,累计增长0.50亿吨,年均增幅为0.001亿吨。其占全球碳排放总量的比重由1990年的0.989%下降到2017年的0.770%,占中国碳排放总量的比重由9.718%下降到2.733%。该国碳排放在1990—2017年的变动趋势较为波动,忽而高速增长,忽而高速下降,也有阶段性缓慢增长和下降的趋势,最终达到的效果呈现出波动性增长趋势。

对比利时而言,其碳排放总量由1990年的1.06亿吨下降到2017年的0.9亿吨,累计下降0.16亿吨,年均降幅为0.005亿吨。其占全球碳排放总量的比重由1990年的0.517%下降到2017年的0.274%,占中国碳排放总量的比重由5.074%下降到0.972%。除几个特殊年份表现出缓慢的增长趋势外,其他年份均表现为下降趋势。可以断定,比利时碳排放总量基本达到峰值,达峰时间为1998年,相应的峰值水平为1.16亿吨。

对法国而言,其碳排放总量由1990年的3.46亿吨下降到2017年的3.06亿吨,累计下降0.40亿吨,年均降幅为0.001亿吨。其占全球碳排放总量的比重由1990年的1.686%下降到2017年的0.932%,占中国碳排放总量的比重由16.563%下降到3.305%。该国碳排放总量于1998年达到峰值,1999—2005年碳排放水平一直维持在1998年的峰值水平,由此可见,当碳排放达峰后未必立刻出现逐年递减的趋势。法国碳排放的发展轨迹很好地证实了一种极端性的峰值后趋势变动特征。

对德国而言,其碳排放总量由1990年的9.40亿吨下降到2017年的7.19亿吨,累计下降2.21亿吨,年均降幅为0.008亿吨。其占全球碳排放总量的比重由1990年的4.581%下降到2017年的2.189%,占中国碳排放总量的比重由44.998%下降到7.766%。除2001年、2003年、2008年、2015年、2016年德国碳排放总量出现极为缓慢的增长外,在1990—2017年其碳排放总量均呈现出逐年下降的趋势,可见其在1990年之前已经达峰。

对丹麦而言,其碳排放总量由1990年的0.51亿吨下降到2017

年的 0.31 亿吨，累计下降 0.20 亿吨，年均降幅为 0.007 亿吨。其占全球碳排放总量的比重由 1990 年的 0.249% 下降到 2017 年的 0.094%，占中国碳排放总量的比重由 2.441% 下降到 0.335%。1996 年丹麦碳排放总量出现急剧增长，增长幅度高达 24.138%，至此达到碳排放峰值，此后呈现出下降的趋势，但 2006 年其碳排放再次出现反弹，相应的增长率达到 16.667%，但此次的反弹并未超过 1996 年的峰值水平，之后开始以较稳定的下降趋势变动。

对俄罗斯而言，其碳排放总量由 1990 年的 21.64 亿吨下降到 2017 年的 15.37 亿吨，累计下降 6.27 亿吨，年均降幅为 0.232 亿吨。其占全球碳排放总量的比重由 1990 年的 10.545% 下降到 2017 年的 4.680%，占中国碳排放总量的比重由 103.590% 下降到 16.602%。由此可见，俄罗斯在 20 世纪 90 年代作为碳排放大国，其碳排放总量在 1990—2017 年表现出较快的下降趋势，即使在此过程中出现短暂的反弹，但反弹的水平相对较低。

对瑞典而言，其碳排放总量由 1990 年的 0.52 亿吨下降到 2017 年的 0.38 亿吨，累计下降 0.14 亿吨，年均降幅为 0.005 亿吨。其占全球碳排放总量的比重由 1990 年的 0.253% 下降到 2017 年的 0.116%，占中国碳排放总量的比重由 2.489% 下降到 0.410%。1996 年该国碳排放总量达到峰值 0.62 亿吨，之后出现较为稳定的下降趋势，即使在此区间内碳排放有所回弹，但其回弹后的碳排放水平仍低于达峰时的水平。

（四）美洲 5 国

对于美国而言，其碳排放总量由 1990 年的 48.03 亿吨下降到 2017 年的 47.61 亿吨，累计下降 0.42 亿吨，年均降幅为 0.001 亿吨。其占全球碳排放总量的比重由 1990 年的 23.405% 下降到 2017 年的 14.498%，占中国碳排放总量的比重由 229.919% 下降到 51.426%。在 2006 年之前，美国是世界上第一大碳排放国，其碳排放总量约占世界碳排放总量的 1/4，从 2006 年开始，中国超越美国成为全球第一大碳排放国。历史数据显示，美国于 2000 年达到碳排放峰值，相应的峰值水平为57.3亿吨，之后碳排放开始以极为平缓的速度下降，并且还会间断性地出现小幅反弹的趋势。

对加拿大而言，其碳排放总量由1990年的4.20亿吨增长到2017年的5.48亿吨，累计增长1.28亿吨，年均增幅为0.004亿吨。其占全球碳排放总量的比重由1990年的2.047%下降到2017年的1.669%，占中国碳排放总量的比重由20.105%下降到5.919%。该国碳排放总量在1990—2017年表现为不稳定型的波动趋势。

对墨西哥而言，其碳排放总量由1990年的2.57亿吨增长到2017年的4.46亿吨，累计增长1.89亿吨，年均增幅为0.007亿吨。其占全球碳排放总量的比重由1990年的1.252%增长到2017年的1.358%，占中国碳排放总量的比重由12.303%下降到4.817%。除1995年、1999年、2009年、2014年该国碳排放总量表现出下降趋势外，其余年份的碳排放均处于不断增长的变动趋势。

对巴西而言，其碳排放总量由1990年的1.84亿吨增长到2017年的4.28亿吨，累计增长2.44亿吨，年均增幅为0.009亿吨。其占全球碳排放总量的比重由1990年的0.897%增长到2017年的1.303%，占中国碳排放总量的比重由8.808%下降到4.623%。除2002年、2009年、2015年、2016年外，该国碳排放总量始终保持稳定的增长趋势。

对阿根廷而言，其碳排放总量由1990年的0.99亿吨增长到2017年的1.83亿吨，累计增长0.84亿吨，年均增幅为0.003亿吨。其占全球碳排放总量的比重由1990年的0.482%增长到2017年的0.557%，占中国碳排放总量的比重由4.739%下降到1.977%。该国碳排放在1990—2017年表现为不稳定的变动趋势。

（五）大洋洲2国

对澳大利亚而言，其碳排放总量由1990年的2.60亿吨增长到2017年的3.85亿吨，累计增长1.25亿吨，年均增幅为0.004亿吨。其占全球碳排放总量的比重由1990年的1.267%下降到2017年的1.172%，占中国碳排放总量的比重由12.446%下降到4.159%。澳大利亚碳排放总量在1990—2017年除少数几个下降年份外，其他年份均呈现出持续增长的变动趋势。

对新西兰而言，其碳排放总量由1990年的0.22亿吨增长到2017年的0.32亿吨，累计增长0.10亿吨，年均增幅为0.0003亿吨。其占全球碳排放总量的比重由1990年的0.107%下降到2017年的0.097%，占中国碳排放总量的比重由1.053%下降到0.346%。该国碳排放总量整体上处于平缓增长的变动趋势，并且因其碳排放总量较小，自2013年开始表现出轻微下降的趋势，但2017年出现了小幅回弹。

## 第二节　电力行业碳排放量现状

电力行业碳排放量的研究对象与上节一致，本节将分别讨论全球、中国、五大洲代表性国家的电力行业碳排放变动趋势。

### 一　全球电力行业碳排放量

IEA、EUC数据平台对电力行业碳排放核算的界定存在一定的差距，而NEA数据平台并未统计关于电力行业碳排放量。因此，自本节开始，本书对电力行业及电源结构相关的碳排放数据分析将主要基于IEA碳排放数据平台提供的数据。2017年全球电力行业碳排放量流向如图4-2所示。

全球电力行业碳排放量自1990年的75.92亿吨增长到2017年的134.51亿吨，累计增长58.59亿吨，年均增长幅度达到2.17亿吨。全球电力行业碳排放量占全球碳排放总量的比重由1990年的36.996%增长到2017年的40.959%，由此可见，电力行业碳排放量是碳排放总量的重要组成部分，而电力行业的节能减排也对推动全球碳排放总量的绝对量下降发挥着不可替代的作用。但从1990—2017年的整个动态演变历程来看，全球电力行业碳排放量的变动趋

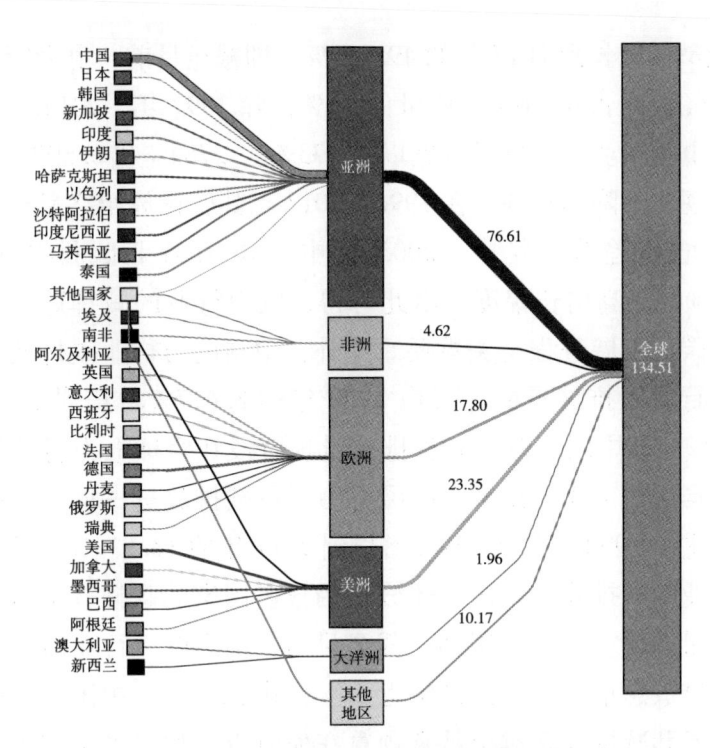

**图 4-2　2017 年全球电力行业碳排放量流向示意**

注：单位为亿吨。

势十分平缓，其中，1990—2007 年为平缓增长的阶段，在此期间的年均增长率仅为 0.027%；2008 年和 2009 年出现持续两年的下降趋势，这与国际金融危机的影响有关；2010—2013 年又恢复增长的趋势，年均增速为 0.037%，与第一增长阶段的年均增长速度相比，较快；2014—2016 年再次出现小幅度的下降趋势，2017 年再次反弹。基于全球电力行业碳排放的变动趋势可知，自 2014 年开始，随着全球经济格局的不断调整，电力行业的发展处于不稳定型的波动状态。

## 二　中国电力行业碳排放量

对中国而言，其电力行业碳排放量由 1990 年的 6.39 亿吨增长到 2017 年的 45.58 亿吨，累计增长 39.19 亿吨，年均增长幅度为 1.45 亿吨。中国电力行业碳排放量占中国碳排放量的比重由 1990 年的 30.589%增长到 2017 年的 49.233%，即截至目前，电力行业碳排放量已经大约占中国碳排放量的 50%，除 1997 年、2014 年、2015 年中国电力行业碳排放量分别以 1.573%、1.784%和 0.590%的下降幅度呈现出下降趋势外，在 1990—2017 年其碳排放始终呈现出较高水平的增长趋势，其中，2003 年中国电力行业碳排放量达到 18.317%的最高增长幅度，由此可得，电力行业的减排进度对整个中国低碳化发展进程至关重要。此外，中国电力行业碳排放量占全球电力行业碳排放量的比重由 1990 年的 8.417%增长到 2017 年的 33.886%，即中国电力行业碳排放量现阶段在全球电力行业碳排放量中占据超过 1/3 的比重。中国电力行业碳排放量占世界碳排放总量的比重由 1990 年的 3.114%增长到 2017 年的 13.879%，即中国仅电力行业的碳排放量就比上述分析的很多国家的碳排放量占世界碳排放总量的比重还高出很多，截至目前，中国电力行业碳排放量占全球碳排放总量的比重已经将近 15%。由此可见，中国电力行业的减排技术和减排效率对全球碳预算在何时以何种水平达到预算约束值发挥着重要作用。

### 三 五大洲代表性国家电力行业碳排放量

鉴于本书所选的 30 个国家均为各大洲中发展模式较为典型的国家，因此，自本节开始，本书将重点分析各大洲的各个国家与中国碳排放相比较的情况，不再重点讨论各大洲各个国家的具体碳排放情况。

（一）亚洲 11 国

通过比较分析各国电力行业与中国电力行业之间的排放差距可知，印度、日本、韩国、沙特阿拉伯四国电力行业碳排放量占全球电力行业碳排放量的比重较高，其他国家所占的比重相对较低。其中，印度电力行业碳排放量占全球电力行业碳排放量的比重由 1990 年的 33.803%下降到 2017 年的 24.111%，同理，日本、韩国、沙特阿拉伯的占比分别由 1990 年的 61.346%、9.077%、9.077%下降到 2017 年的 11.65%、6.955%、5.419%，日本在 1990 年左右电力行业碳排放量占全球电力行业碳排放量的比重是亚洲这 11 个国家中最高的，但在 1990—2017 年其电力行业碳排放量表现出不断下降的趋势，导致其电力行业碳排放水平逐年降低。截至 2017 年，新加坡、伊朗、哈萨克斯坦、以色列、印度尼西亚、马来西亚、泰国电力行业碳排放量占全球电力行业碳排放量的比重分别达到 0.439%、3.598%、2.238%、0.834%、4.278%、2.326%、1.931%。根据数据分析结果可知，以色列和新加坡电力行业碳排放量最低。此外，尽管亚洲这 11 个国家电力行业碳排放量与中国电力行业碳排放量相比较小，但各国电力行业碳排放量在本国碳排放总量中所占的比重都很大，接近 50%。截至 2017 年，日本、韩国、新加坡、印度、伊朗、哈萨克斯坦、以色列、沙特阿拉伯、印度尼西亚、马来西亚、泰国电力行业碳排放量占本国碳排放总量的比重分别达到 46.908%、52.833%、42.553%、50.833%、28.924%、39.844%、59.375%、46.429%、39.315%、50.237%、36.066%，通过比较分析可知，日本、韩国、印度、以色列、沙特阿拉伯、马来西亚这六个国家电力行业碳排放量占其碳排放总量的比重均高于中国，即使是占比最低的伊朗，其电力行业碳排放量占其碳排放总量的比重也接近 1/3。由此可见，对于亚洲国家而言，电力行业碳排放的高比例增长是一种普遍趋势。

（二）非洲 3 国

对于非洲的埃及、南非、阿尔及利亚而言，截至 2017 年，这 3 国电力行业碳排放量仅占全球电力行业碳排放量的 1.821%、4.936%、0.263%。通过比较分析可知，这 3 国的电力行业碳排放量与中国的差距很大。此外，上述 3 国电力行业碳排放量占本国碳排放总量的比重分别由 1990 年的 28.205%、58.607%、3.922%变动到 2017 年的 39.713%、53.318%、2.844%。由此可见，埃及和南非电力行业碳排放量在其整个碳排放体系中的占比较大。

（三）欧洲 9 国

英国、意大利、西班牙、比利时、法国、德国、丹麦、俄罗斯、瑞典电力行业碳排放量占全球电力行业碳排放量的比重分别由 1990 年的 34.429%、19.405%、10.329%、3.912%、7.042%、146.322%、3.912%、184.038%、0.939%下降至 2017 年的 1.843%、2.304%、1.711%、0.285%、0.878%、15.314%、0.176%、16.477%、0.066%，通过比较分析可知，上述各国中占全球电力行业碳排放量比重最大的国家为俄罗斯、德国。需要特殊说明的是，俄罗斯和德国电力行业碳排放量在 20 世纪 90 年代初期均是高于中国电力行业碳排放量的。对俄罗斯而言，其电力行业碳排放量在 1990—1994 年均高于中国电力行业碳排放量，中国于 1995 年才反超俄罗斯；对德国而言，其电力行业碳排放量于 1993 年被中国反超。由于欧洲这几个国家绝大部分已经实现碳排放达峰，故其电力行业碳排放量在 1990—2017 年基本上呈现出逐年下降的趋势。此外，英国、意大利、西班牙、比利时、法国、德国、丹麦、俄罗斯、瑞典电力行业碳排放量占本国碳排放总量的比重分别由 1990 年的 40.073%、31.877%、32.512%、23.585%、13.006%、99.468%、49.020%、54.344%、11.538%变动到 2017 年的 23.398%、32.710%、30.830%、14.444%、13.072%、97.079%、25.806%、48.861%、7.895%，根据数据结果可知，德国电力行业碳排放量几乎占其碳排放总量的百分之百，俄罗斯、英国、意大利、西班牙等国电力行业碳排放量的比重也均超过 1/3。由此可见，经济较发达国家的电力行业发展均较快。

（四）美洲 5 国

美国、加拿大、墨西哥、巴西、阿根廷电力行业碳排放量占全球电力行业碳排放量的比重分别由 1990 年的 294.523%、15.180%、10.016%、1.878%、3.130%下降到 2017 年的 39.645%、2.062%、3.379%、1.514%、1.119%。数据结果显示，美国电力行业碳排放量在 1990—2005 年均高于中国，并且在 1995 年之前，美国电力行业碳排放量均是中国电力行业碳排放量的两倍以上，并且该国电力行业碳排放量占世界电力行业碳排放总量的比重在 2001 年之前均超过 1/4，但从 2006 年开始被中国反超。上述 5 国电力行业碳排放量占本国碳排放总量的比重分别由 1990 年的 39.184%、23.095%、24.903%、6.522%、20.202%变动到 2017 年的 37.954%、17.153%、34.529%、16.121%、27.869%。通过比较分析可知，墨西哥、巴西、阿根廷电力行业碳排放量在 1990—2017 年均呈现出逐年增长的趋势。

（五）大洋洲 2 国

澳大利亚、新西兰电力行业碳排放量占全球电力行业碳排放量的比重分别由 1990 年的 20.188%、0.626%下降到 2017 年的 4.190%、0.110%，澳大利亚电力行业碳排放量的比重较高。此外，澳大利亚和新西兰电力行业碳排放量占本国碳排放总量的比重分别由 1990 年的 49.615%、18.182%变动到 2017 年的 49.610%、15.625%，由此可见，澳大利亚电力行业碳排放量占其碳排放总量的比重将近 50%。

## 第三节　电力行业电源结构及对应碳排放现状

本节分析的电力行业电源结构主要是指全球、中国、五大洲代表性国家使用不同类型的燃料发电的电量以及不同燃料类型的火力发电产生的碳排放量。本节旨在通过比较分析各国与中国电源结构及火力发电演进过程的动态变化，为后续研究提供中国电源结构优化调整的实施方案。

### 一　全球电力行业电源结构及其碳排放

本节主要分析全球 1990—2017 年不同类型燃料发电量及全球火力发电碳排放结构。

（一）电源结构对应发电量

IEA 的数据结果显示，全球在 1990—2017 年共有 12 种不同的发电类型，分别是以煤炭、石油、天然气、水力、地热能、太阳能光伏、太阳能热发电、风力、潮汐、核能、生物质燃料、垃圾为主要燃料的发电类型。2017年全球发电情况如图4-3所示。本书将以煤炭、石油、天然气为燃料的发电称为化石燃料发电，以水力、地热能、太阳能光伏、太阳能热发电、风力、潮汐、核能、生物质燃料、垃圾为燃料的发电称为可再生能源发电。全球电力行业总发电量由1990年的11880388吉瓦时增长到2017年的25685056吉瓦时，累计增长13804668吉瓦时，年均增幅达到511284吉瓦时。根据上述发电类型分类标准，全球化石燃料发电量和可再生能源发电量分别由1990年的7504594吉瓦时、4375794吉瓦时增长到2017年的16588042吉瓦时、9097014吉瓦时，分别累计增长9083448吉瓦时、4721220吉瓦时，年均增幅分别达到336424吉瓦时、174860吉瓦时。化石燃料发电量和可再生能源发电量分别占全球发电总量的比重由1990年的63.168%、36.832%变动到2017年的64.582%、35.418%。其中，在化石燃料发电类型中，煤炭发电量所占的比重最高，天然气次之，石油发电占比最低，截至2017年，煤炭、石油、天然气发电量在化石燃料发电总量中所占的比重分别为59.461%、5.075%、35.464%。在可再生能源发电类型中，水力、核能、风力所占的比重较高，而太阳能光伏发电自2003年开始呈现出强劲的增长趋势，目前在全球可再生能源发电中已占有一席之地。截至2017年，水力、地热能、太阳能光伏、风力、潮汐、核能、生物质燃料、垃圾、太阳能热发电在可再生能源发电总量中所占的比重分别由1990年的50.086%、0.832%、0.002%、0.089%、0.012%、46.001%、2.411%、0.552%、0.015%变动到2017年的46.139%、0.938%、4.876%、12.392%、0.011%、28.977%、5.293%、1.254%、0.119%。通过比较分析可得，尽管水力发电和核能发电在20世纪90年所占的比重较高，但近年来新兴的可再生能源发电类型为太阳能光伏和生物质燃料及风力发电。

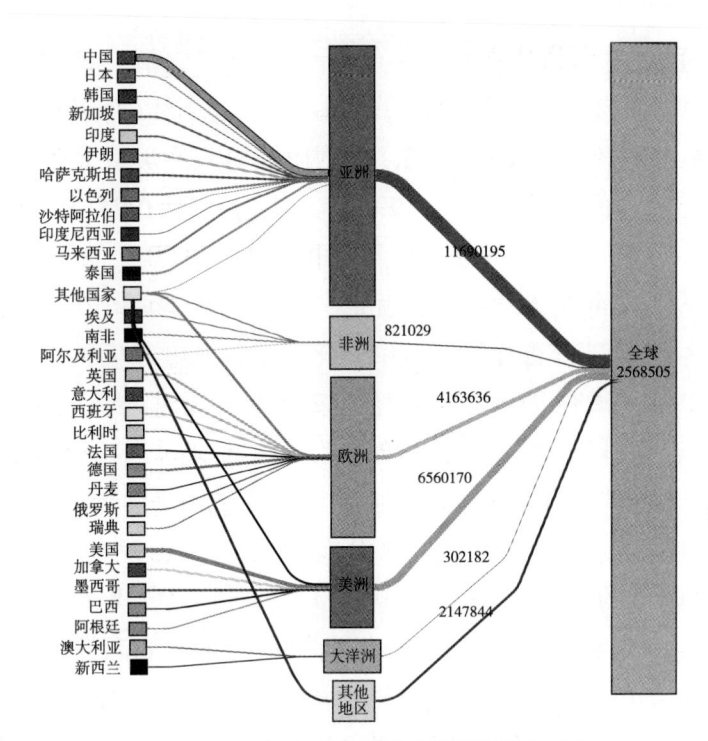

图 4-3　2017 年全球发电量分布区域流向示意

注：单位为吉瓦时。

### （二）火力发电碳排放

全球以煤炭、石油、天然气为燃料发电产生的碳排放量分别由 1990 年的 50.03 亿吨、12.21 亿吨、13.68 亿吨增长至 2017 年的 97.61 亿吨、7.15 亿吨、29.75 亿吨。其中，煤电、油电、气电碳排放量在火力发电碳排放总量中的比重分别由 1990 年的 65.898%、16.083%、18.019% 变动到 2017 年的 72.567%、5.316%、22.117%。通过比较分析可知，全球煤电和气电产生的碳排放量均呈现出增长的趋势，而油电碳排放量则出现了将近十个百分点的下滑。

## 二　中国电力行业电源结构及其碳排放

本节将根据全球电力行业发电结构及火力发电碳排放的分析思路对中国电力行业电源结构及火力发电碳排放情况进行分析。

### (一) 电源结构对应发电量

对中国而言，其发电类型与全球一致，也有 12 种燃料类型，所不同的是中国开始采用以核能、生物质燃料、垃圾、太阳能为燃料类型进行发电的时间并不是 1990 年，而分别为 1993 年、1994 年、2010 年和 2010 年。中国电力行业发电总量由 1990 年的 621268 吉瓦时增长至 2017 年的 6634878 吉瓦时，累计增长 6013610 吉瓦时，年均增幅达到 222726 吉瓦时。其中，化石燃料发电和可再生能源发电分别由 1990 年的 494480 吉瓦时、126788 吉瓦时增长至 2017 年的 4678329 吉瓦时、1956549 吉瓦时，分别累计增长 4183849 吉瓦时、1829761 吉瓦时，年均增幅分别为 154957 吉瓦时、67768 吉瓦时。化石燃料发电量和可再生能源发电量占中国总发电量的比重分别由 1990 年的 79.592%、20.408% 变动到 2017 年的 70.511%、29.489%。此外，中国化石燃料发电量和可再生能源发电量占全球化石燃料发电量和可再生能源发电量的比重分别由 1990 年的 6.59%、2.897% 变动到 2017 年的 28.20%、21.50%。其中，煤炭发电量、石油发电量、天然气发电量占全球煤炭发电量、石油发电量、天然气发电量的比重分别由 1990 年的 9.964%、3.802%、0.158% 变动至 2017 年的 45.475%、1.172%、3.112%。由此可见，中国化石燃料发电量在发电总量中占据绝对比重，虽然截至 2017 年中国化石燃料发电的比重相比 1990 年有所下降，但在 1990—2017 年，其发电比重是表现为先逐年增长后逐年下降的，2000 年化石燃料发电达到最高比重 82.695%，之后以小幅上涨再小幅下降的波动型变动趋势逐年下降到 2017 年的水平；相反，可再生能源发电的变动在 28 年均表现得差距不大。此外，在化石燃料发电类型中，煤电、油电、气电所占的比重由 1990 年的 89.254%、10.186%、0.560% 分别变动至 2017 年的 95.875%、0.211%、3.914%，数据结果显示，中国煤电在化石燃料发电中占据绝对的比重，油电的比重不仅没增长，反而出现了将近十个百分点的下降，而气电由于对发电技术和安全性的要求较高，近 30 年的变动幅度极小。在可再生能源发电类型中，水力、核能、风力所占的比重较高，其中水力占据超过 60% 的比重，水力、地热能、太阳能光伏、风力、潮汐在可再生能源发电总量中所占的比重分别由 1990 年的 99.946%、0.045%、0.002%、0.002%、0.006% 变动到 2017 年的 60.813%、0.006%、6.677%、15.079%、0.001%，而核能、生物质燃料、垃圾、太阳能在可再生能源发电总量中所占的比重分别由 1993 年的 1.045%、1994 年的 0.188%、2010 年的 1.035%、2010 年的 0.001% 增长到 2017 年的 12.679%、4.060%、0.684%、0.001%。通过比较分析可知，在中国可再生能源发电类型中，水力发电在初始时期占据绝对的比重，随着中国发电技术的不断进步，近年来增长潜力较大的可再生能源发电类型包括风力发电、太阳能光伏发电、核能发电及生物质燃料发电，而尽管潮汐发电、垃圾发电和太阳能热发电也被中国电力行业采纳应用，但根据历史数据结果分析，其前景相对较差。

（二）火力发电碳排放

对中国而言，煤电、油电、气电碳排放量占火力发电碳排放量的比重分别由 1990 年的 91.549%、8.138%、0.313% 变动到 2017 年的 97.499%、0.483%、2.018%，由此可见，中国煤电碳排放在火力发电碳排放中占据绝对的比重，油电碳排放出现了近 8 个百分点的下降，而气电碳排放虽然出现了轻微的增长趋势，但这种增长的幅度近 30 年仅达到两个百分点左右，十分有限。此外，中国煤电、油电、气电碳排放占全球煤电、油电、气电碳排放的比重分别由 1990 年的 11.693%、4.259%、0.146% 变动到 2017 年的 45.528%、3.077%、3.092%。根据数据结果可知，中国煤电碳排放近 30 年来在世界煤电碳排放中的比重增长超过 30 个百分点，截至目前已达到全球煤电碳排放近 1/2 的比重，由此可见，降低中国煤电碳排放的比重，至少能为推动全球煤电行业碳排放贡献一半的减排量。2017 年不同燃料类型的全球发电量流向如图 4-4 所示。

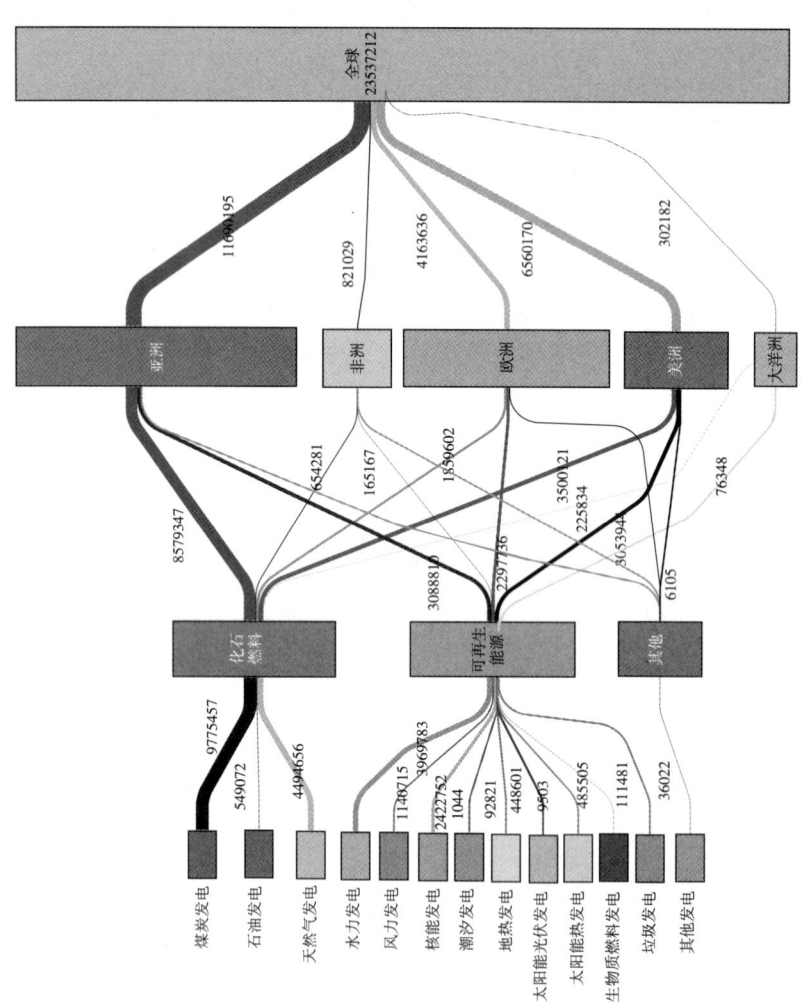

图 4-4 2017年全球不同燃料类型发电量流向示意

注：单位为吉瓦时。

## 三 五大洲代表性国家电力行业电源结构及其碳排放

本节将着重分析五大洲各代表性国家电力行业电源结构的显著特点及各国不同燃料类型的火力发电与中国火力发电的碳排放差距。

### （一）电源结构对应发电量

对亚洲11国而言，由于这11个国家中较多数国家属于发展中国家，故亚洲这11个国家呈现出的一个共同特征就是其化石燃料发电量在总发电量中所占的比重均较高。截至2017年，日本、韩国、新加坡、印度、伊朗、哈萨克斯坦、以色列、沙特阿拉伯、印度尼西亚、马来西亚、泰国化石燃料发电量占其本国总发电量的比重分别达到72.868%、69.566%、96.902%、80.246%、92.538%、88.796%、83.585%、99.955%、87.342%、83.135%、83.585%，通过比较分析可知，化石燃料发电量占比超过90%的国家分别为新加坡、伊朗、沙特阿拉伯，尽管日本为发达国家，但其化石燃料发电量在总发电量中所占的比重比中国还高出两个百分点。由此可知，上述11个亚洲国家的可再生能源发电均较少，为进一步探究导致上述各国化石燃料发电量呈现出高比例变化特征的主要发电类型，本书将通过数据分析找出各国化石燃料发电中占比最高的燃料类型。基于1990—2017年的数据结果可得，上述各国化石燃料发电量中占比最高的燃料类型，具体如下：截至2017年，日本的煤电和气电均占超过40%的比重；韩国的煤电占60%左右，气电占30%左右；新加坡95%以上为气电；印度超过90%为煤电；伊朗超过90%为气电；哈萨克斯坦将近80%为煤电，20%为气电；以色列20%为煤电，超过75%为气电；沙特阿拉伯无煤电，油电和气电分别将近35%和65%；印度尼西亚超过65%为煤电，25%为气电；马来西亚煤电、气电各占一半；泰国将近20%为煤电，将近80%为气电。通过比较分析可知，尽管上述各国化石燃料发电所占比重很大，但真正以煤电为主要燃料的国家仅包括韩国、印度、哈萨克斯坦、印度尼西亚，多数国家以气电为主，包括新加坡、伊朗、以色列、沙特阿拉伯、泰国，需要特别说明的是，沙特阿拉伯在整个历史时期均未出现以煤炭为燃料的发电。

对非洲3国而言，截至2017年，埃及、南非、阿尔及利亚化石燃料发电占本国总发电量的比重分别为91.405%、88.931%、99.163%。其中，埃及和阿尔及利亚在1990—2017年均未使用煤炭发电，超过90%均为气电，南非则相反，超过90%为煤电。

对欧洲9国而言，由于这些国家大多属于发达国家，故可再生能源发电占据较高的比重。其中，截至2017年，英国、意大利、西班牙、比利时、法国、德国、丹麦、俄罗斯、瑞典可再生能源发电占比分别为52.224%、36.656%、54.232%、70.379%、88.799%、46.323%、72.935%、36.013%、98.910%。为进一步探究欧洲这些国家可再生能源发电的特点，本书将进一步说明这些国家中可再生能源发电的主力：截至2017年，对英国而言，风力、核能、生物质燃料所占的比重分别将近39.807%、28.300%、16.121%；对意大利而言，水力、太阳能光伏、风力、生物质燃料占比分别将近35.144%、22.531%、16.398%、15.707%；对西班牙而言，风力、核能、水力占比分别为32.865%、38.826%、14.095%；对比利时而言，69.701%为核能；对法国而言，79.899%为核能；对德国而言，风力、核能、生物质燃料分别占35.388%、25.555%、15.058%；对丹麦而言，风力、生物质燃料分别占65.286%、24.219%；对俄罗斯而言，水力、核能分别占47.485%、51.548%；对瑞典而言，水力、风力、核能分别占40.113%、10.839%、40.438%。由此可见，本书中所涉及的欧洲大部分国家对核能的利用程度均较高。

对美洲5国而言，美国、墨西哥、阿根廷的化石燃料发电所占的比重较高，而加拿大和巴西的可再生能源发电所占比重较高。截至2017年，美国、墨西哥、阿根廷的化石燃料发电占比分别达到62.872%、80.594%、66.253%；加拿大和巴西的可再生能源占比分别达到81.050%、81.858%。其中，美国化石燃料发电中占比最高的为煤炭和天然气，分别占49.095%和49.700%；加拿大可再生能源发电中占比最高的是水力和核能,分别占 73.615% 和 18.957%;墨西哥化石燃料发电中占比最高的是天然气,达到 73.204%;巴西可再生能源发电中占比最高的是水力、生物质燃料,分别占 76.935% 和 10.839%;阿根廷化石燃料发电中占比最高的是天然气,达到 85.599%。由此可见,美洲地区的水力发电在可再生能源发电中扮演着重要角色。

对大洋洲 2 国而言,截至 2017 年,澳大利亚化石燃料发电占比达到 84.320%,新西兰可再生能源发电占比达到 81.270%,其中,澳大利亚主要采用煤炭发电,占比达到 74.383%,新西兰可再生能源发电中占比最高的是水力和地热能,分别占 70.163% 和 22.030%。

(二)火力发电碳排放

上述对各国电源结构的分析已表明部分国家可再生能源发电占比很高,因此,本节只讨论化石燃料发电占比较高的国家,分别为亚洲 11 个国家、非洲 3 个国家、美洲 3 个国家、大洋洲 1 个国家。

对亚洲而言,从煤电的角度考虑,这 11 个国家煤电碳排放均低于中国煤电碳排放,截至 2017 年,日本、韩国、新加坡、印度、伊朗、哈萨克斯坦、以色列、沙特阿拉伯、印度尼西亚、马来西亚、泰国煤电碳排放占全球煤电碳排放的比重分别为 7.223%、5.783%、0.023%、23.402%、0.045%、1.980%、0.450%、0、3.375%、1.688%、0.810%,通过比较分析可知,印度煤电碳排放占全球煤电碳排放的比重最大,而其他国家所占的份额均较小。从油电的角度考虑,上述各国油电碳排放占全球油电碳排放的比重分别为 204.545%、45.455%、4.545%、118.182%、109.091%、4.545%、4.545%、563.636%、68.182%、4.545%、0,通过比较分析可知,日本、印度、伊朗、沙特阿拉伯的油电碳排放均高于中国。从气电的角度考虑,上述各国气电碳排放占全球气电碳排放的比重分别为 179.348%、54.348%、19.565%、35.87%、150%、14.130%、18.478%、133.696%、32.609%、32.609%、56.522%,由此可见,日本、伊朗、沙特阿拉伯的气电碳排放也高于中国。

同理，截至 2017 年，对埃及、南非、阿尔及利亚、美国、墨西哥、阿根廷、澳大利亚而言，其煤电、油电、气电碳排放分别占全球煤电、油电、气电碳排放的比重为 0、95.455%、67.391%，5.603%、0、0，0.023%、9.091%、9.783%，27.903%、104.545%、591.304%，0.765%、136.364%、97.826%，0.068%、40.909%、42.391%，3.578%、18.182%、30.435%。通过比较分析可得，美国虽然煤电碳排放量低于中国煤电碳排放，但其油电、气电碳排放均高于中国，并且其气电碳排放高出中国四倍多。此外，墨西哥油电碳排放也高于中国油电碳排放。

通过上述分析可知，各国发电使用哪种燃料类型主要基于当地的自然资源优势和经济技术条件发展情况。欧洲的发达国家之所以电力行业较早达到峰值，与其使用清洁的可再生能源息息相关，而依靠本地区自然资源优势选择成本最优型的发电方式也体现在了加拿大、巴西、新西兰、沙特阿拉伯等国家。因此，这对中国电力行业电源结构的调整优化具有重要的启示意义，即中国可以一方面开发高精尖的发电技术，通过技术进步提高煤电的利用效率；另一方面也需要结合自身的优势自然资源条件，选择最适合自身国情发展的可再生能源发电方式，例如可以大力推广风力、太阳能光伏发电等清洁发电方式。

本章主要分析了全球、中国、五大洲不同的 30 个代表性国家的碳排放量、电力行业碳排放量、不同燃料类型对应的发电量以及火力发电碳排放，通过将各国的相关碳排放指标与中国进行横向和纵向比较，得出了各国碳排放的基本情况。从各国碳排放量的历史变动趋势来看，大部分欧洲国家自 20 世纪 90 年代开始碳排放量保持平稳的下降趋势，即证明这些国家碳排放已达到峰值。欧洲国家碳排放达峰之后的排放趋势在本章中进行了详细的阐述，这为后面关于中国电力行业峰值后趋势的研究提供了研判依据。此外，各国因地制宜、利用技术进步的方式对发电结构革新，也为本书后续部分中国电源结构优化设定提供了思路。

# 第三篇
# 1.5℃约束下中国电力行业碳达峰后情景及建模分析

IPCC 1.5℃特别报告从不同方面提出了于21世纪中叶将全球升温控制在工业化前水平基础上升高1.5℃目标的减排约束条件。减缓温度升高的方案和应对策略分别从能源系统转型、能源供应、能源终端利用、土地利用转型与变化、农业部门减排、脱碳技术、清洁低碳机制等政策类、行业类、技术视角进行了全面评估,并分别提供了在不同概率条件下全球距离实现1.5℃升温目标的剩余预算水平。以此为契机,本篇将以IPCC 1.5℃特别报告的评估结果为依据和计算基础,分别从报告中涉及的能源供应与碳排放预算两个方面研究中国电力行业达到碳峰值后的趋势情景,包括技术减排情景和经济减排情景两大类别,并在此基础上构建中国电力行业碳达峰后情景综合效应评估模型。

# 第五章

# 1.5℃约束下中国电力行业碳达峰后情景分析

由于本书的研究主体为中国电力行业,因此能源供应方面的约束条件将从IPCC 1.5℃特别报告中关于电力行业电源结构评估结果的角度汲取思路;而IPCC 1.5℃特别报告中对全球剩余碳预算的评估结果将为本章中中国电力行业碳达峰后趋势情景的分析提供参考借鉴。一方面,对中国电力行业电源结构的优化调整在本书中被认为主要是通过技术进步的手段实现的,因此,其又被称为技术减排情景;另一方面,鉴于对碳排放量实行绝对减排主要是依靠经济手段,即通过对不同行业碳排放进行定价的形式实现减排,故本章中所指的经济减排情景是以碳定价机制模拟的。此外,本章中对于中国电力行业技术减排情景的分析将通过马尔可夫链(Markov Chain)预测模型进行模拟预测得出。

## 第一节 1.5℃约束下中国电力行业技术减排情景

本节对中国电力行业达到碳峰值后趋势技术减排情景的分析流程主要有三个步骤:第一步,将IPCC 1.5℃特别报告中涉及的电力行业发电结构的所有相关信息和数据评估结果进行阐述，分析得出中国电力行业应遵循的发电结构调整优化方案；第二步，通过构建马尔可夫链电源结构预测模型，计算出基准情景下的中国电力行业截至2050年的各年电源结构；第三步，结合第一步的约束条件和第二步的基准情景下中国电力行业电源结构动态变化过程，再次通过马尔可夫链电源结构预测模型计算出因电源结构改变而实现碳达峰后趋势变动的技术减排情景。

## 一 1.5℃约束下电力行业电源结构

IPCC 1.5℃特别报告在能源供应方面对电力行业截至21世纪中叶发电所用的能源供应类型及其能源投入使用情况进行了相应的评估说明，该部分内容主要在IPCC 1.5℃特别报告以"在可持续发展背景下与1.5℃相对应的减排路径"为主题的第二章节中体现（IPCC，2018）。这部分关于电力行业电源结构的评估结果主要包含两个方面：第一，截至2050年，在1.5℃或可允许超调范围内的减排路径约束下，可再生能源在全球电力供应中的比重需要由2015年的23%增长至59%—97%。尽管在1.5℃或可允许超调范围内的减排路径约束下，风力发电、太阳能发电、生物质燃料发电各自的变动空间很大，但是这三种不同形式的可再生能源发电总和将对全球可再生能源发电量占发电总量份额的提高做出重大贡献。第二，截至2050年，在1.5℃或可允许超调范围内的减排路径约束下，化石燃料在全球电力供应中的比重需要下降至0—25%，其中，煤炭在全球电力供应中的份额需要降至接近为零。

由此可见，虽然IPCC 1.5℃特别报告提出的约束条件是基于全球视角的，但根据本书第三章分析的结果可知，截至2017年，中国化石燃料发电和可再生能源发电占全球化石燃料发电量和全球可再生能源发电量的比重已经分别达到了28.103%和21.508%，尽管中国化石燃料发电量占全球化石燃料发电量的比重不高，但是中国煤炭发电量占全球煤炭发电量的比重已经高达将近50%。暂且先不讨论中国可再生能源发电在全球可再生能源发电中的低比重，单从 IPCC 1.5℃特别报告明确提出的煤炭发电量占比截至 2050 年需要下降至接近零为这一评估结果来说，无论中国煤炭发电量现阶段在全球煤炭发电量中的占比如何，全球煤炭发电量下降至接近为零，则意味着世界上任何一个国家的煤炭发电量均需要降至接近为零，才有可能实现 21 世纪中叶升温 1.5℃ 的目标，并且这尚不是最严格的低于 1.5℃ 的升温目标，而是在允许范围内的可超调目标，这就更加意味着各国需要对其煤炭发电量执行严格的管控和约束。中国作为占据全球煤炭发电量半壁江山的国家，自然也必须严格遵循煤炭发电量的下降约束条件，才能助力全球实现 21 世纪中叶的升温目标。

此外，从可再生能源发电的角度分析，IPCC 1.5℃ 特别报告通过对百余种情景的分析得出，全球可再生能源发电量截至 2050 年需达到的最小比重为 59%，最高比重为 97%。同时，特别报告还明确指出，可再生能源发电占比提高的程度越高，越有利于实现升温目标，这就意味着各国需尽最大的努力实现可再生能源发电份额的提高。根据本书第三章的数据分析结果，欧美等发达国家现阶段的可再生能源发电比重已经相对较高，并且其发电体制机制已经转向了成熟健全的发展阶段，试图通过发达国家的努力提高可再生能源发电占比的空间和潜力已经十分有限。因此，全球可再生能源发电量提高的主力应对准发电结构尚不完善并处在不断变革调整进程中的发展中国家，中国作为全球最大的发展中国家，其可再生能源发电占全球比重并不高，具备很大的发展前景。鉴于上述几个方面的原因，中国电力行业电源结构朝着降低煤电占比、提高可再生能源发电占比两个相互协同的方向调整优化不仅意义重大，而且是为实现全球升温目标势必开展的行动。1990—2017 年中国化石燃料发电量和可再生能源发电量分别占全球化石燃料发电量和可再生能源发电量的比重如表 5-1 所示。

表 5-1　1990—2017 年中国化石燃料和可再生能源发电量占全球比重　单位：%

| 年份 | 化石燃料分类 | | | 化石燃料总和 | 可再生能源总和 |
|---|---|---|---|---|---|
| | 煤炭 | 油品 | 燃气 | | |
| 1990 | 9.964 | 3.802 | 0.158 | 6.589 | 2.897 |
| 1991 | 10.981 | 3.920 | 0.137 | 7.233 | 2.769 |
| 1992 | 12.249 | 4.080 | 0.138 | 8.055 | 2.912 |
| 1993 | 13.062 | 5.265 | 0.169 | 8.771 | 3.232 |
| 1994 | 14.307 | 3.826 | 0.164 | 9.283 | 3.778 |
| 1995 | 14.889 | 4.458 | 0.148 | 9.716 | 4.083 |
| 1996 | 15.721 | 4.119 | 0.135 | 10.253 | 3.932 |
| 1997 | 16.204 | 3.856 | 0.360 | 10.459 | 4.099 |
| 1998 | 16.192 | 4.213 | 0.255 | 10.350 | 4.259 |
| 1999 | 17.260 | 4.065 | 0.186 | 10.827 | 4.113 |
| 2000 | 17.689 | 3.917 | 0.209 | 11.178 | 4.377 |
| 2001 | 18.783 | 4.211 | 0.169 | 11.736 | 5.386 |
| 2002 | 20.366 | 4.396 | 0.135 | 12.661 | 5.591 |
| 2003 | 22.647 | 4.718 | 0.158 | 14.175 | 5.830 |
| 2004 | 24.817 | 5.710 | 0.212 | 15.470 | 6.820 |
| 2005 | 27.047 | 4.449 | 0.328 | 16.799 | 7.399 |
| 2006 | 29.790 | 3.604 | 0.608 | 18.617 | 7.890 |
| 2007 | 32.436 | 2.587 | 0.803 | 20.139 | 8.811 |
| 2008 | 33.088 | 1.809 | 0.787 | 20.340 | 10.348 |
| 2009 | 35.961 | 1.238 | 1.290 | 22.066 | 10.932 |
| 2010 | 37.383 | 1.520 | 1.613 | 23.012 | 12.329 |
| 2011 | 40.554 | 1.122 | 1.954 | 25.225 | 12.537 |
| 2012 | 41.040 | 0.959 | 1.930 | 25.125 | 15.145 |
| 2013 | 42.482 | 0.939 | 2.105 | 26.698 | 16.082 |
| 2014 | 42.395 | 0.928 | 2.214 | 26.653 | 17.995 |
| 2015 | 43.010 | 0.992 | 2.607 | 26.475 | 19.317 |
| 2016 | 44.245 | 1.119 | 3.057 | 27.487 | 20.582 |
| 2017 | 45.475 | 1.172 | 3.112 | 28.203 | 21.508 |

基于本书第四章对中国电力行业电源结构的演进趋势说明，本节将中国电源结构进一步划分为以煤炭、油品、燃气为主的化石燃料和可再生能源四大类发电类型，其中，可再生能源发电在本节中是指第四章中风力发电、太阳能发电、水力发电、潮汐发电、生物质燃料发电、核能发电、太阳能热发电、垃圾发电的总和。进一步，本节将根据中国电力行业的煤炭发电、油品发电、燃气发电、可再生能源发电在1990—2017年的电源结构数据，利用马尔可夫链模型预测截至2050年的无IPCC 1.5℃约束条件的基准电源结构和有IPCC 1.5℃约束条件的技术减排电源结构情景。1990—2017年中国煤炭发电、油品发电、燃气发电、可再生能源发电占中国总发电量的比重如表5-2所示。

表 5-2　　　　1990—2017年中国电源结构分布情况　　　　单位：%

| 年份 | 煤炭 | 油品 | 燃气 | 可再生能源 |
| --- | --- | --- | --- | --- |
| 1990 | 71.039 | 8.107 | 0.446 | 20.408 |
| 1991 | 73.508 | 7.662 | 0.358 | 18.471 |
| 1992 | 75.032 | 7.056 | 0.327 | 17.585 |
| 1993 | 73.504 | 7.807 | 0.373 | 18.317 |
| 1994 | 74.790 | 5.192 | 0.340 | 19.678 |
| 1995 | 73.749 | 5.466 | 0.298 | 20.487 |
| 1996 | 76.198 | 4.661 | 0.262 | 18.880 |
| 1997 | 76.359 | 4.148 | 0.711 | 18.782 |
| 1998 | 75.636 | 4.573 | 0.522 | 19.269 |
| 1999 | 77.671 | 4.054 | 0.388 | 17.887 |
| 2000 | 78.214 | 3.487 | 0.426 | 17.874 |
| 2001 | 76.252 | 3.276 | 0.333 | 20.138 |
| 2002 | 77.544 | 3.065 | 0.254 | 19.138 |
| 2003 | 79.556 | 2.869 | 0.270 | 17.305 |
| 2004 | 78.174 | 2.974 | 0.339 | 18.514 |
| 2005 | 79.196 | 2.020 | 0.486 | 18.298 |

续表

| 年份 | 煤炭 | 油品 | 燃气 | 可再生能源 |
|---|---|---|---|---|
| 2006 | 80.339 | 1.323 | 0.831 | 17.506 |
| 2007 | 80.954 | 0.856 | 1.033 | 17.157 |
| 2008 | 78.751 | 0.542 | 0.997 | 19.710 |
| 2009 | 78.383 | 0.326 | 1.539 | 19.752 |
| 2010 | 76.989 | 0.353 | 1.855 | 20.803 |
| 2011 | 78.695 | 0.257 | 2.034 | 19.014 |
| 2012 | 75.518 | 0.219 | 1.978 | 22.285 |
| 2013 | 75.131 | 0.184 | 1.957 | 22.727 |
| 2014 | 72.465 | 0.168 | 2.016 | 25.351 |
| 2015 | 70.125 | 0.165 | 2.481 | 27.229 |
| 2016 | 68.219 | 0.167 | 2.742 | 28.873 |
| 2017 | 67.603 | 0.149 | 2.760 | 29.489 |

## 二 马尔可夫链模型基本原理

马尔可夫链最早是由俄国数学家安德雷·马尔可夫提出的，因此马尔可夫链以他的名字命名。马尔可夫链实质上是一类特殊的随机过程，这种随机过程的最典型特征就是无后效性。所谓无后效性，是指这种随机过程中某种事物未来的状态与其之前的状态无关，而只与其现在的状态有关，符合这种特点的随机过程被称为马尔可夫链。

（一）马尔可夫链模型的应用领域

马尔可夫链模型因其显著的无后效性特征被广泛应用于不同的研究领域，包括金融领域、能源领域、声音识别与控制领域、产业结构调整领域、预测领域。例如，Pan 等（2019）探究了金融发展对不同样本在不同时期能源强度的制度转换效应。张梦雨和王强（2020）通过将马尔可夫链与泰尔指数分解方法相结合研究了全球电力消费空间差异的主要原因。方国斌和李萍（2020）利用马尔可夫链模型在 1997—2014 年中国废水排放量基础上对 2015 年和 2016 年的废水排放量进行了预测。陈长英（2019）采用灰色预测理论与马尔可夫链模型相结合的方式对广西物流需求进行了预测。Papadopoulos、Li 和 O'Kelly（2019）对制造行业系统内所应用过的马尔可夫链模型进行了梳理和综述。Markowska-Kaczmar 和 Marcinkowski（2020）则对比分析了马尔可夫链模型与递归神经网络在基于视觉和简单声音通信的羊群行为形成中的异同之处。

（二）马尔可夫链模型的基本要素

马尔可夫链的数学表达为：假设一组状态空间向量的集合为 $SC_i$，其中，$i=1, 2, 3, \cdots, n$；同时，假设（$R_n, n \geq 0$）为一个随机过程，其中，$i_0, i_1, \cdots, i_n, i_{n+1} \in SC, n \in N_0$。如果式（5-1）在满足式（5-2）的基础上成立，则称该随机过程（$R_n, n \geq 0$）属于马尔可夫链。其中，式（5-1）的成立从数学表达方面说明了马尔可夫链无后效性的特征，即随机过程 $R$ 在 $n+1$ 时刻的状态仅与该过程在 $n$ 时刻的状态有关，而与随机过程在 $n$ 时刻之前的任何状态无关，但若期望获取随机过程在 $n+1$ 时刻的状态，则随机过程在 $n$ 时刻的状态必须为已知的。

$$P\{R_{n+1}=i_{n+1} \mid R_0=i_0, R_1=i_1, \cdots, R_n=i_n\} = P\{R_{n+1}=i_{n+1} \mid R_n=i_n\} \tag{5-1}$$

$$P\{R_0=i_0, R_1=i_1, \cdots, R_n=i_n>0\} \tag{5-2}$$

马尔可夫链中最重要的元素为状态转移概率矩阵，状态转移概率矩阵的基础是一步状态转移概率矩阵。在阐述一步状态转移概率矩阵之前，首先需要对一步状态转移概率的数学定义进行说明：对于属于空间状态向量集合 $SC$ 的任意的状态向量 $i, j$，当同时满足式（5-3）—式（5-5）时，称 $P_{ij}$ 为 $n$ 时刻的马尔可夫链一步状态转移概率，当一步状态转移概率以式（5-6）的矩阵形式呈现时，则称其为齐次马尔可夫链，式（5-7）是一步状态转移概率矩阵的数学表达形式。式（5-8）对应的条件概率可称为马尔可夫链的 $m$ 步状态转移概率,式(5-9)为 $m$ 步状态转移概率矩阵。

$$P\{R_{n+1}=j \mid R_n=i\} \triangleq P_{ij}(n) \tag{5-3}$$

$$P_{ij}(n) \geqslant 0 \tag{5-4}$$

$$\sum_{j \in SC} P_{ij}(n) = 1 \tag{5-5}$$

$$P_{ij}(n) \equiv P_{ij} \tag{5-6}$$

$$P_{ij}^{(1)} = (P_{ij}) = \begin{bmatrix} P_{11} & P_{12} & P_{1j} & \cdots & P_{1n} \\ P_{21} & P_{22} & P_{2j} & \cdots & P_{2n} \\ P_{i1} & P_{i2} & P_{ij} & \cdots & P_{in} \\ \vdots & \vdots & \vdots & \ddots & \vdots \\ P_{n1} & P_{n2} & P_{nj} & \cdots & P_{nn} \end{bmatrix} \tag{5-7}$$

$$P_{ij}^{(m)} = P\{R_{n+1}=j \mid R_n=i\} \tag{5-8}$$

$$P_{ij}^{M} = [P_{ij}^{(m)}] = [P_{ij}^{(1)}]^m \tag{5-9}$$

(三)马尔可夫链模型的预测原理

利用马尔可夫链模型进行预测的关键在于 $m$ 步状态转移概率矩阵的确定,式(5-9)中的 $m$ 步状态转移概率矩阵是指由状态向量 $i$ 经过 $m$ 步转移后发展到状态向量 $j$ 的概率,因马尔可夫链无后效性的特征,从状态向量 $i$ 转向状态向量 $j$ 中间的 $m-1$ 步的转移关系并不被关注。因此,只要一步状态转移概率矩阵明确,$m$ 步状态转移概率矩阵根据式(5-10)也随之确定,由该方程可推导出式(5-11)—式(5-15)。

$$P_{ij}^{(m+n)} = \sum_{k} P_{ik}^{(m)} P_{kj}^{(n)} \tag{5-10}$$

$$P_{ij}^{(m)} = P_{ij}^{(m-1)} \cdot P_{ij}^{(1)} = P_{ij}^{(m-2)} \cdot P_{ij}^{(1)} \cdot P_{ij}^{(1)} = (P_{ij}^{(1)})^m \tag{5-11}$$

$$SC(1) = SC(0) \cdot P_{ij}^{(1)} \tag{5-12}$$

$$SC(2) = SC(1) \cdot P_{ij}^{(1)} = SC(0) \cdot P_{ij}^{(1)} \cdot P_{ij}^{(1)} = SC(0) \cdot (P_{ij}^{(1)})^2 \tag{5-13}$$

$$SC(n) = SC(n-1) \cdot P_{ij}^{(1)} = SC(0) \cdot (P_{ij}^{(1)})^n \tag{5-14}$$

$$SC(n+m) = SC(n) \cdot (P_{ij}^{(1)})^m \tag{5-15}$$

由上述递推公式可知，若想求解 $n+m$ 时刻的状态向量，则必须知道两个先决条件：第一个为 $n$ 时刻的状态向量；第二个为一步状态转移概率矩阵。因此，马尔可夫链模型的基本预测原理为，当已知系统中某一时刻的状态向量时，求出一步状态转移概率矩阵，即可预测出未来若干时刻的状态向量。

### 三 中国电力行业电源结构预测的马尔可夫链模型

中国电力行业电源结构可被看作一个由发电厂商对不同发电燃料类型进行选择的体系，在充分考虑发电燃料的成本、发电所需的技术设备条件、燃料的稀缺程度、电力需求的变动、燃料发电产生的环境效益等各方面的影响因素的基础上，发电厂商会结合自身发展定位及资源禀赋优势，选择出最适合自己的发电燃料类型，而选择这种燃料类型的概率越大，意味着该发电类型对应的燃料投入量越大，则这种发电类型产生的发电量在电源结构中所占的比重就越大。经过对 12 种发电燃料类型的不断尝试、选择、再尝试、再选择，中国电力行业发电厂商最终会遴选出 $n$ 时刻对应的电源结构。当进入 $n+1$ 时刻后，随着时间的推移，上述需考虑的综合因素随着经济发展水平而不断变化，此时的发电厂商将面临新的选择，其选择结果会由 $n$ 时刻因某种影响因素的驱动而转为 $n+1$ 时刻的选择结果。例如，由于逐渐重视可再生能源发电，中国政府会为降低煤电比例而抬高煤炭的价格，对煤电产生的碳排放也会征收更多的碳税和环境税，对电力行业发电厂商而言，其会由 $n$ 时刻选择以煤炭为燃料的发电方式转为 $n+1$ 时刻以可再生能源为燃料的发电方式，这就意味着 $n+1$ 时刻煤电的比重将会下降，而可再生能源发电的比重将会上升，当市场上所有的发电厂商均做出 $n+1$ 时刻的选择时，$n+1$ 时刻的电源结构也就随之确定。

从这个角度出发，中国电力行业电源结构可被认为是不同发电燃料类型在发电厂商中的分布。而从 $n$ 时刻向 $n+1$ 时刻的选择结果转移过程，表示发电厂商从选择一种燃料类型到选择另一种燃料类型的概率大小，这个概率即可认为是状态转移概率。本书将中国电力行业电源结构划分为煤炭发电、油品发电、燃气发电、可再生能源发电四种类型，即将 $n$ 时刻煤炭发电、油品发电、燃气发电、可再生能源发电占中国总发电量的比重设定为中国电源结构在 $n$ 时刻状态向量中的四个元素。$n$ 时刻的中国电力行业电源结构状态向量数学表达如式（5-16）所示，而中国电力行业电源结构一步状态转移概率矩阵则可由式（5-17）说明。

$$SC(n) = \{SC_{coal}(n), SC_{oil}(n), SC_{gas}(n), SC_{rene}(n)\} \quad (5\text{-}16)$$

$$P(n) = \begin{bmatrix} P_{coal \to coal}(n) & P_{coal \to oil}(n) & P_{coal \to gas}(n) & P_{coal \to rene}(n) \\ P_{oil \to coal}(n) & P_{oil \to oil}(n) & P_{oil \to gas}(n) & P_{oil \to rene}(n) \\ P_{gas \to coal}(n) & P_{gas \to oil}(n) & P_{gas \to gas}(n) & P_{gas \to rene}(n) \\ P_{rene \to coal}(n) & P_{rene \to oil}(n) & P_{rene \to gas}(n) & P_{rene \to rene}(n) \end{bmatrix}$$

$$(5\text{-}17)$$

以上文介绍的马尔可夫链模型的预测原理为基础，本节将结合上述一步状态转移概率矩阵及 1990—2017 年中国电力行业电源结构数据构建中国电源结构马尔可夫链模型。其中，$SC_{coal}(n)$、$SC_{oil}(n)$、$SC_{gas}(n)$、$SC_{rene}(n)$ 分别表示 $n$ 时刻的煤炭、油品、燃气、可再生能源发电占比。此外，式（5-17）所示的一步状态转移概率矩阵主对角线上的元素分别表示在 $n+1$ 时刻煤炭、油品、燃气、可再生能源保持 $n$ 时刻占比不变的概率；主对角线以外的行元素代表由这种发电形式向另一种发电形式转移的概率，行元素之和为 1；主对角线以外的列元素表示这种发电方式吸收其他种类发电方式占比的概率。

### 四 无 1.5℃ 约束的中国电源结构基准情景预测

通过上述模型分析可知，若用马尔可夫链模型进行预测，其首要条件是计算出一步状态转移概率矩阵，但本书中的时间区间为1990—2017 年，这就代表存在 27 个一步状态转移概率矩阵，因此，预测可分为三步：第一步，计算 1990—2017 年的每一年的状态转移概率矩阵。第二步，计算第一步中 27 个一步状态转移概率矩阵的平均状态转移概率矩阵，平均状态转移概率矩阵的求解方法分为连加取平均型和连乘取平均型［分别如式（5-18）和式（5-19）所示］两种，鉴于本书涉及的一步状态转移概率矩阵较多，故在此采用连加取平均型。第三步，根据 2017 年的状态向量和平均状态转移概率矩阵，即参照式（5-15），可预测出按照历史平均水平发展下去的截至 2050 年动态变化的中国电源结构。

$$P^{(1)} = \frac{(P(1990 \to 2000) + P(2000 \to 2001) + \cdots + P(2016 \to 2017))}{27}$$
(5-18)

$$P^{(1)} = [P(1990 \to 2000) \times P(2000 \to 2001) \times \cdots \times P(2016 \to 2017)]^{1/27}$$
(5-19)

计算一步状态转移概率矩阵主要包括以下四个步骤：

第一步：计算主对角线上的元素概率值，计算原则为：当不同类型的发电占比从第 $n$ 年转移到第 $n+1$ 年时存在两种可能，一种可能为该发电类型占比下降，另一种可能为该发电类型占比提高。以油品发电为例，两种可能下的计算公式分别为式（5-20）和式（5-21）。

$$SC_{oil}(n+1) < SC_{oil}(n) \Rightarrow P_{oil \to oil}(n) = SC_{oil}(n+1)/SC_{oil}(n) \quad (5\text{-}20)$$

$$SC_{oil}(n+1) \geqslant SC_{oil}(n) \Rightarrow P_{oil \to oil}(n) = 1 \quad (5\text{-}21)$$

第二步：计算主对角线上概率为 1 的元素所在行的其他元素概率值。计算法则如式（5-22）所示，即当某行主对角线上的元素概率值为 1 时，则该行其他所有元素的概率值均为 0。以油品发电占比为例，油品发电占比在第 $n+1$ 年的转移概率已经为 1，这说明不存在油品发电向其他类型发电方式转移的概率，故该行其他元素的概率值均为 0。

$$P_{oil \to oil}(n) = 1 \Rightarrow \{P_{coal \to oil}(n) = 0,\ P_{oil \to gas}(n) = 0,\ P_{oil \to rene}(n) = 0\}$$
(5-22)

第三步：计算主对角线上概率小于1的元素所在列的其他元素概率值，计算法则如式（5-23）所示，即当某列主对角线上的元素概率值为1时，该列其他所有元素的概率值均为0。以油品发电占比为例，在第 $n+1$ 年由其他类型的发电方式向油品发电转移的概率小于1，说明根本不存在其他类型的发电方式向油品发电方式转移的可能，故该列其他元素的概率值均为0。

$$P_{oil \to oil}(n) < 1 \Rightarrow \{P_{coal \to oil}(n) = 0, P_{gas \to oil}(n) = 0, P_{rene \to oil}(n) = 0\}$$
(5-23)

第四步：计算主对角线上概率值小于1的元素所在行的非零转移概率值。以油品发电为例，即当 $P_{oil \to oil}(n) < 1$，$P_{coal \to oil}(n) \neq 0$，$P_{oil \to gas}(n) \neq 0$，$P_{oil \to rene}(n) \neq 0$ 时，该行其他元素概率值的计算法则如式（5-24）—式（5-25）所示。

$$P_{coal \to oil}(n) = \frac{[1-P_{oil \to oil}(n)][SC_{coal}(n+1)-SC_{coal}(n)]}{[SC_{coal}(n+1)-SC_{coal}(n)]+[SC_{gas}(n+1)-SC_{gas}(n)]+[SC_{rene}(n+1)-SC_{rene}(n)]}$$
(5-24)

$$P_{oil \to gas}(n) = \frac{[1-P_{oil \to oil}(n)][SC_{gas}(n+1)-SC_{gas}(n)]}{[SC_{coal}(n+1)-SC_{coal}(n)]+[SC_{gas}(n+1)-SC_{gas}(n)]+[SC_{rene}(n+1)-SC_{rene}(n)]}$$
(5-25)

$$P_{oil \to rene}(n) = \frac{[1-P_{oil \to oil}(n)][SC_{rene}(n+1)-SC_{rene}(n)]}{[SC_{coal}(n+1)-SC_{coal}(n)]+[SC_{gas}(n+1)-SC_{gas}(n)]+[SC_{rene}(n+1)-SC_{rene}(n)]}$$
(5-26)

按照上述计算法则，本书计算了1990—2017年的27个一步状态转移概率矩阵和平均一步状态转移概率矩阵，分别如表5-3和表5-4所示。并且，按照上述马尔可夫链模型的预测原理，利用MATLAB软件计算出了2018—2050年历年的电源结构，如表5-5所示。

表 5-3　　1990—2004 年中国电源结构一步状态转移概率矩阵

| 1990—1991 年 | 煤炭 | 油品 | 燃气 | 可再生 | 1991—1992 年 | 煤炭 | 油品 | 燃气 | 可再生 |
|---|---|---|---|---|---|---|---|---|---|
| 煤炭 | 1.0000 | 0.0000 | 0.0000 | 0.0000 | 煤炭 | 1.0000 | 0.0000 | 0.0000 | 0.0000 |
| 油品 | 0.0548 | 0.9452 | 0.0000 | 0.0000 | 油品 | 0.0791 | 0.9209 | 0.0000 | 0.0000 |
| 燃气 | 0.1963 | 0.0000 | 0.8037 | 0.0000 | 燃气 | 0.0873 | 0.0000 | 0.9127 | 0.0000 |
| 可再生 | 0.0949 | 0.0000 | 0.0000 | 0.9051 | 可再生 | 0.0480 | 0.0000 | 0.0000 | 0.9520 |
| 1992—1993 年 | 煤炭 | 油品 | 燃气 | 可再生 | 1993—1994 年 | 煤炭 | 油品 | 燃气 | 可再生 |
| 煤炭 | 0.9796 | 0.0100 | 0.0006 | 0.0098 | 煤炭 | 1.0000 | 0.0000 | 0.0000 | 0.0000 |
| 油品 | 0.0000 | 1.0000 | 0.0000 | 0.0000 | 油品 | 0.1627 | 0.6651 | 0.0000 | 0.1722 |
| 燃气 | 0.0000 | 0.0000 | 1.0000 | 0.0000 | 燃气 | 0.0428 | 0.0000 | 0.9119 | 0.0453 |
| 可再生 | 0.0000 | 0.0000 | 0.0000 | 1.0000 | 可再生 | 0.0000 | 0.0000 | 0.0000 | 1.0000 |
| 1994—1995 年 | 煤炭 | 油品 | 燃气 | 可再生 | 1995—1996 年 | 煤炭 | 油品 | 燃气 | 可再生 |
| 煤炭 | 0.9861 | 0.0035 | 0.0000 | 0.0104 | 煤炭 | 1.0000 | 0.0000 | 0.0000 | 0.0000 |
| 油品 | 0.0000 | 1.0000 | 0.0000 | 0.0000 | 油品 | 0.1473 | 0.8527 | 0.0000 | 0.0000 |
| 燃气 | 0.0000 | 0.0314 | 0.8757 | 0.0929 | 燃气 | 0.1202 | 0.0000 | 0.8798 | 0.0000 |
| 可再生 | 0.0000 | 0.0000 | 0.0000 | 1.0000 | 可再生 | 0.0785 | 0.0000 | 0.0000 | 0.9215 |
| 1996—1997 年 | 煤炭 | 油品 | 燃气 | 可再生 | 1997—1998 年 | 煤炭 | 油品 | 燃气 | 可再生 |
| 煤炭 | 1.0000 | 0.0000 | 0.0000 | 0.0000 | 煤炭 | 0.9905 | 0.0044 | 0.0000 | 0.0051 |
| 油品 | 0.0291 | 0.8899 | 0.0810 | 0.0000 | 油品 | 0.0000 | 1.0000 | 0.0000 | 0.0000 |
| 燃气 | 0.0000 | 0.0000 | 1.0000 | 0.0000 | 燃气 | 0.0000 | 0.1241 | 0.7338 | 0.1421 |
| 可再生 | 0.0014 | 0.0000 | 0.0038 | 0.9948 | 可再生 | 0.0000 | 0.0000 | 0.0000 | 1.0000 |
| 1998—1999 年 | 煤炭 | 油品 | 燃气 | 可再生 | 1999—2000 年 | 煤炭 | 油品 | 燃气 | 可再生 |
| 煤炭 | 1.0000 | 0.0000 | 0.0000 | 0.0000 | 煤炭 | 1.0000 | 0.0000 | 0.0000 | 0.0000 |
| 油品 | 0.1136 | 0.8864 | 0.0000 | 0.0000 | 油品 | 0.1308 | 0.8601 | 0.0091 | 0.0000 |
| 燃气 | 0.2561 | 0.0000 | 0.7439 | 0.0000 | 燃气 | 0.0000 | 0.0000 | 1.0000 | 0.0000 |
| 可再生 | 0.0717 | 0.0000 | 0.0000 | 0.9283 | 可再生 | 0.0007 | 0.0000 | 0.0000 | 0.9993 |
| 2000—2001 年 | 煤炭 | 油品 | 燃气 | 可再生 | 2001—2002 年 | 煤炭 | 油品 | 燃气 | 可再生 |
| 煤炭 | 0.9749 | 0.0000 | 0.0000 | 0.0251 | 煤炭 | 1.0000 | 0.0000 | 0.0000 | 0.0000 |
| 油品 | 0.0000 | 0.9396 | 0.0000 | 0.0604 | 油品 | 0.0644 | 0.9356 | 0.0000 | 0.0000 |
| 燃气 | 0.0000 | 0.0000 | 0.7824 | 0.2176 | 燃气 | 0.2390 | 0.0000 | 0.7610 | 0.0000 |
| 可再生 | 0.0000 | 0.0000 | 0.0000 | 1.0000 | 可再生 | 0.0497 | 0.0000 | 0.0000 | 0.9503 |

续表

| 2002—2003 年 | 煤炭 | 油品 | 燃气 | 可再生 | 2003—2004 年 | 煤炭 | 油品 | 燃气 | 可再生 |
|---|---|---|---|---|---|---|---|---|---|
| 煤炭 | 1.0000 | 0.0000 | 0.0000 | 0.0000 | 煤炭 | 0.9826 | 0.0013 | 0.0009 | 0.0152 |
| 油品 | 0.0634 | 0.9361 | 0.0005 | 0.0000 | 油品 | 0.0000 | 1.0000 | 0.0000 | 0.0000 |
| 燃气 | 0.0000 | 0.0000 | 1.0000 | 0.0000 | 燃气 | 0.0000 | 0.0000 | 1.0000 | 0.0000 |
| 可再生 | 0.0950 | 0.0000 | 0.0008 | 0.9043 | 可再生 | 0.0000 | 0.0000 | 0.0000 | 1.0000 |

表 5-4　　2004—2017 年中国电源结构一步状态转移概率矩阵及平均一步状态转移概率矩阵

| 2004—2005 年 | 煤炭 | 油品 | 燃气 | 可再生 | 2005—2006 年 | 煤炭 | 油品 | 燃气 | 可再生 |
|---|---|---|---|---|---|---|---|---|---|
| 煤炭 | 1.0000 | 0.0000 | 0.0000 | 0.0000 | 煤炭 | 1.0000 | 0.0000 | 0.0000 | 0.0000 |
| 油品 | 0.2804 | 0.6792 | 0.0403 | 0.0000 | 油品 | 0.2650 | 0.6549 | 0.0801 | 0.0000 |
| 燃气 | 0.0000 | 0.0000 | 1.0000 | 0.0000 | 燃气 | 0.0000 | 0.0000 | 1.0000 | 0.0000 |
| 可再生 | 0.0102 | 0.0000 | 0.0015 | 0.9884 | 可再生 | 0.0332 | 0.0000 | 0.0100 | 0.9567 |
| 2006—2007 年 | 煤炭 | 油品 | 燃气 | 可再生 | 2007—2008 年 | 煤炭 | 油品 | 燃气 | 可再生 |
| 煤炭 | 1.0000 | 0.0000 | 0.0000 | 0.0000 | 煤炭 | 0.9728 | 0.0000 | 0.0000 | 0.0272 |
| 油品 | 0.2656 | 0.6471 | 0.0873 | 0.0000 | 油品 | 0.0000 | 0.6337 | 0.0000 | 0.3663 |
| 燃气 | 0.0000 | 0.0000 | 1.0000 | 0.0000 | 燃气 | 0.0000 | 0.0000 | 0.9649 | 0.0351 |
| 可再生 | 0.0150 | 0.0000 | 0.0049 | 0.9800 | 可再生 | 0.0000 | 0.0000 | 0.0000 | 1.0000 |
| 2008—2009 年 | 煤炭 | 油品 | 燃气 | 可再生 | 2009—2010 年 | 煤炭 | 油品 | 燃气 | 可再生 |
| 煤炭 | 0.9953 | 0.0000 | 0.0043 | 0.0003 | 煤炭 | 0.9822 | 0.0003 | 0.0040 | 0.0134 |
| 油品 | 0.0000 | 0.6016 | 0.3701 | 0.0284 | 油品 | 0.0000 | 1.0000 | 0.0000 | 0.0000 |
| 燃气 | 0.0000 | 0.0000 | 1.0000 | 0.0000 | 燃气 | 0.0000 | 0.0000 | 1.0000 | 0.0000 |
| 可再生 | 0.0000 | 0.0000 | 0.0000 | 1.0000 | 可再生 | 0.0000 | 0.0000 | 0.0000 | 1.0000 |
| 2010—2011 年 | 煤炭 | 油品 | 燃气 | 可再生 | 2011—2012 年 | 煤炭 | 油品 | 燃气 | 可再生 |
| 煤炭 | 1.0000 | 0.0000 | 0.0000 | 0.0000 | 煤炭 | 0.9596 | 0.0000 | 0.0000 | 0.0404 |
| 油品 | 0.2456 | 0.7286 | 0.0258 | 0.0000 | 油品 | 0.0000 | 0.8514 | 0.0000 | 0.1486 |
| 燃气 | 0.0000 | 0.0000 | 1.0000 | 0.0000 | 燃气 | 0.0000 | 0.0000 | 0.9722 | 0.0278 |
| 可再生 | 0.0778 | 0.0000 | 0.0082 | 0.9140 | 可再生 | 0.0000 | 0.0000 | 0.0000 | 1.0000 |
| 2012—2013 年 | 煤炭 | 油品 | 燃气 | 可再生 | 2013—2014 年 | 煤炭 | 油品 | 燃气 | 可再生 |
| 煤炭 | 0.9949 | 0.0000 | 0.0000 | 0.0051 | 煤炭 | 0.9645 | 0.0000 | 0.0008 | 0.0347 |
| 油品 | 0.0000 | 0.8393 | 0.0000 | 0.1607 | 油品 | 0.0000 | 0.9117 | 0.0019 | 0.0864 |

续表

| 2012—2013年 | 煤炭 | 油品 | 燃气 | 可再生 | 2013—2014年 | 煤炭 | 油品 | 燃气 | 可再生 |
|---|---|---|---|---|---|---|---|---|---|
| 燃气 | 0.0000 | 0.0000 | 0.9896 | 0.0104 | 燃气 | 0.0000 | 0.0000 | 1.0000 | 0.0000 |
| 可再生 | 0.0000 | 0.0000 | 0.0000 | 1.0000 | 可再生 | 0.0000 | 0.0000 | 0.0000 | 1.0000 |
| 2014—2015年 | 煤炭 | 油品 | 燃气 | 可再生 | 2015—2016年 | 煤炭 | 油品 | 燃气 | 可再生 |
| 煤炭 | 0.9677 | 0.0000 | 0.0064 | 0.0259 | 煤炭 | 0.9728 | 0.0000 | 0.0037 | 0.0234 |
| 油品 | 0.0000 | 0.9857 | 0.0028 | 0.0115 | 油品 | 0.0000 | 1.0000 | 0.0000 | 0.0000 |
| 燃气 | 0.0000 | 0.0000 | 1.0000 | 0.0000 | 燃气 | 0.0000 | 0.0000 | 1.0000 | 0.0000 |
| 可再生 | 0.0000 | 0.0000 | 0.0000 | 1.0000 | 可再生 | 0.0000 | 0.0000 | 0.0000 | 1.0000 |
| 2016—2017年 | 煤炭 | 油品 | 燃气 | 可再生 | 平均一步 | 煤炭 | 油品 | 燃气 | 可再生 |
| 煤炭 | 0.9910 | 0.0000 | 0.0003 | 0.0088 | 煤炭 | 0.9910 | 0.0000 | 0.0003 | 0.0088 |
| 油品 | 0.0000 | 0.8921 | 0.0030 | 0.1048 | 油品 | 0.0000 | 0.8921 | 0.0030 | 0.1048 |
| 燃气 | 0.0000 | 0.0000 | 1.0000 | 0.0000 | 燃气 | 0.0000 | 0.0000 | 1.0000 | 0.0000 |
| 可再生 | 0.0000 | 0.0000 | 0.0000 | 1.0000 | 可再生 | 0.0000 | 0.0000 | 0.0000 | 1.0000 |

表5-5　历史平均水平和校准后的基准情景下电源结构预测结果　单位：%

| 年份 | 历史平均水平预测结果 | | | | 校准后的基准情景预测结果 | | | |
|---|---|---|---|---|---|---|---|---|
| | 煤炭 | 油品 | 燃气 | 可再生 | 煤炭 | 油品 | 燃气 | 可再生 |
| 2018 | 67.624 | 0.193 | 2.678 | 29.505 | 66.775 | 0.152 | 2.758 | 30.315 |
| 2019 | 67.646 | 0.231 | 2.602 | 29.521 | 65.956 | 0.155 | 2.757 | 31.131 |
| 2020 | 67.668 | 0.263 | 2.531 | 29.538 | 65.148 | 0.159 | 2.756 | 31.937 |
| 2021 | 67.690 | 0.290 | 2.467 | 29.553 | 64.350 | 0.162 | 2.755 | 32.733 |
| 2022 | 67.712 | 0.313 | 2.406 | 29.569 | 63.562 | 0.165 | 2.753 | 33.519 |
| 2023 | 67.733 | 0.333 | 2.350 | 29.584 | 62.783 | 0.168 | 2.752 | 34.296 |
| 2024 | 67.754 | 0.350 | 2.299 | 29.598 | 62.014 | 0.172 | 2.751 | 35.063 |
| 2025 | 67.774 | 0.364 | 2.250 | 29.612 | 61.254 | 0.175 | 2.750 | 35.821 |
| 2026 | 67.794 | 0.375 | 2.206 | 29.625 | 60.504 | 0.178 | 2.749 | 36.570 |
| 2027 | 67.812 | 0.385 | 2.164 | 29.638 | 59.763 | 0.181 | 2.747 | 37.309 |
| 2028 | 67.831 | 0.394 | 2.125 | 29.651 | 59.030 | 0.184 | 2.746 | 38.040 |
| 2029 | 67.848 | 0.401 | 2.089 | 29.662 | 58.307 | 0.187 | 2.745 | 38.761 |
| 2030 | 67.865 | 0.406 | 2.055 | 29.673 | 57.593 | 0.190 | 2.744 | 39.474 |
| 2031 | 67.881 | 0.411 | 2.024 | 29.684 | 56.887 | 0.193 | 2.742 | 40.178 |

续表

| 年份 | 历史平均水平预测结果 | | | | 校准后的基准情景预测结果 | | | |
|---|---|---|---|---|---|---|---|---|
| | 煤炭 | 油品 | 燃气 | 可再生 | 煤炭 | 油品 | 燃气 | 可再生 |
| 2032 | 67.897 | 0.415 | 1.994 | 29.694 | 56.190 | 0.195 | 2.741 | 40.873 |
| 2033 | 67.912 | 0.418 | 1.967 | 29.703 | 55.502 | 0.198 | 2.740 | 41.560 |
| 2034 | 67.926 | 0.421 | 1.941 | 29.712 | 54.822 | 0.201 | 2.739 | 42.238 |
| 2035 | 67.939 | 0.423 | 1.917 | 29.720 | 54.150 | 0.204 | 2.738 | 42.908 |
| 2036 | 67.952 | 0.425 | 1.895 | 29.728 | 53.487 | 0.207 | 2.736 | 43.570 |
| 2037 | 67.964 | 0.426 | 1.874 | 29.736 | 52.832 | 0.209 | 2.735 | 44.224 |
| 2038 | 67.976 | 0.427 | 1.854 | 29.743 | 52.184 | 0.212 | 2.734 | 44.870 |
| 2039 | 67.987 | 0.428 | 1.836 | 29.749 | 51.545 | 0.214 | 2.733 | 45.508 |
| 2040 | 67.997 | 0.429 | 1.819 | 29.756 | 50.914 | 0.217 | 2.731 | 46.138 |
| 2041 | 68.007 | 0.429 | 1.802 | 29.761 | 50.290 | 0.220 | 2.730 | 46.760 |
| 2042 | 68.016 | 0.430 | 1.787 | 29.767 | 49.674 | 0.222 | 2.729 | 47.375 |
| 2043 | 68.025 | 0.430 | 1.773 | 29.772 | 49.065 | 0.225 | 2.728 | 47.982 |
| 2044 | 68.034 | 0.430 | 1.760 | 29.777 | 48.464 | 0.227 | 2.727 | 48.582 |
| 2045 | 68.042 | 0.430 | 1.748 | 29.781 | 47.870 | 0.229 | 2.725 | 49.175 |
| 2046 | 68.049 | 0.430 | 1.736 | 29.785 | 47.284 | 0.232 | 2.724 | 49.760 |
| 2047 | 68.056 | 0.430 | 1.725 | 29.789 | 46.705 | 0.234 | 2.723 | 50.338 |
| 2048 | 68.063 | 0.429 | 1.715 | 29.793 | 46.132 | 0.237 | 2.722 | 50.909 |
| 2049 | 68.069 | 0.429 | 1.705 | 29.796 | 45.567 | 0.239 | 2.720 | 51.473 |
| 2050 | 68.075 | 0.429 | 1.696 | 29.799 | 45.009 | 0.241 | 2.719 | 52.031 |

根据表 5-5 的预测结果可知，若按照历史平均水平发展，2050年，中国电源结构中煤炭发电、油品发电、燃气发电、可再生能源发电的占比分别为 68.075%、0.429%、1.696%、29.799%，煤炭发电占比仍然高达将近 70%，并且自 2018 年开始不但未出现下降，还提高了近 1 个百分点。按照中国经济发展的趋势分析，这显然是不合理的，因为中国不可能按照之前的旧的体制模式继续发展，因此，将按照历史平均水平发展趋势下的电源结构设置为基准情景是不科学的，也不能充分反映社会发展的基本趋势。虽说一般研究中的基准情景大多设定为按照历史平均水平发展，但这并不符合发展的实际情况，并且会放大减排情景与基准情景相比产生的减排潜力或效

益。因此，本书设定的基准情景是在平均一步状态转移概率矩阵基础上的重新校准，其目的是使基准情景下的中国电源结构更加符合中国电力行业未来发展趋势。校准后的基准情景见表5-5，2050年，煤炭发电、油品发电、燃气发电、可再生能源发电占比分别达到45.009%、0.241%、2.719%、52.031%。

**五　1.5℃约束下的中国电源结构技术减排情景预测**

IPCC 1.5℃约束下的大多数情景评估结果显示，截至2050年，可再生能源发电占全球总发电量的比重达到70%—85%，煤炭发电占比接近0。鉴于此，本书也将大体上遵照全球电源结构截至2050年的占比情况来预测中国电源结构在2050年之前的动态发展趋势。需要特殊说明的是，煤电占比接近0才最有可能实现全球升温1.5℃目标，但从中国的资源禀赋条件及未来发展的需求等方面综合考虑，煤电占比完全降至0的任务十分艰巨，几乎难以实现，只能尽可能地接近零值。因此本书从现实条件出发，制定5种2050年中国电源结构情景，如表5-6所示，然后利用上述马尔可夫链模型预测2050年之前各年电源结构情况，5种情景对应的各阶段电源结构情况如表5-7所示，由于表格数字较多，而油品发电和燃气发电占比在本书中不作重点分析，因此为了保证表格的统一简洁，表5-7仅列出了煤电和可再生能源发电的比重预测结果。此外，本书假定电源结构的调整和优化是通过提高电力行业技术水平的途径实现的，主要是促进煤电技术进步，因此，在后续的效应分析模型中将通过各情景的仿真从技术进步的层面探讨对系统产生的冲击，故本书将电源结构的优化调整方案称为技术减排情景。

表5-6　　　　　　2050年中国5种技术减排情景方案

| 情景名称 | 情景缩写 | 发电类型 | 截至2050年占比（%） |
| --- | --- | --- | --- |
| 技术减排情景1 | ST1 | 煤炭发电 | 27.87 |
| | | 可再生能源发电 | 70.00 |

续表

| 情景名称 | 情景缩写 | 发电类型 | 截至2050年占比（%） |
|---|---|---|---|
| 技术减排情景2 | ST2 | 煤炭发电 | 22.87 |
| | | 可再生能源发电 | 75.00 |
| 技术减排情景3 | ST3 | 煤炭发电 | 17.87 |
| | | 可再生能源发电 | 80.00 |
| 技术减排情景4 | ST4 | 煤炭发电 | 12.87 |
| | | 可再生能源发电 | 85.00 |
| 技术减排情景5 | ST5 | 煤炭发电 | 5.00 |
| | | 可再生能源发电 | 92.87 |

表5-7　　中国电源结构技术减排情景预测结果　　单位：%

| 年份 | ST1 | | ST2 | | ST3 | | ST4 | | ST5 | |
|---|---|---|---|---|---|---|---|---|---|---|
| | 煤炭 | 可再生 | 煤炭 | 可再生 | 煤炭 | 可再生 | 煤炭 | 可再生 | 煤炭 | 可再生 |
| 2020 | 62.37 | 34.80 | 61.26 | 35.91 | 59.90 | 37.27 | 58.14 | 39.02 | 53.35 | 43.80 |
| 2021 | 60.72 | 36.48 | 59.28 | 37.92 | 57.54 | 39.66 | 55.29 | 41.89 | 49.30 | 47.86 |
| 2022 | 59.11 | 38.12 | 57.37 | 39.86 | 55.26 | 41.96 | 52.58 | 44.63 | 45.56 | 51.63 |
| 2023 | 57.55 | 39.71 | 55.51 | 41.74 | 53.08 | 44.16 | 50.01 | 47.23 | 42.10 | 55.11 |
| 2024 | 56.02 | 41.26 | 53.72 | 43.56 | 50.98 | 46.29 | 47.55 | 49.71 | 38.91 | 58.32 |
| 2025 | 54.54 | 42.77 | 51.99 | 45.32 | 48.97 | 48.33 | 45.22 | 52.06 | 35.96 | 61.30 |
| 2026 | 53.09 | 44.24 | 50.31 | 47.02 | 47.03 | 50.29 | 43.01 | 54.30 | 33.23 | 64.05 |
| 2027 | 51.69 | 45.67 | 48.68 | 48.67 | 45.17 | 52.17 | 40.90 | 56.43 | 30.71 | 66.60 |
| 2028 | 50.32 | 47.07 | 47.11 | 50.27 | 43.39 | 53.98 | 38.89 | 58.46 | 28.38 | 68.95 |
| 2029 | 48.98 | 48.42 | 45.59 | 51.82 | 41.68 | 55.72 | 36.99 | 60.39 | 26.22 | 71.13 |
| 2030 | 47.69 | 49.75 | 44.11 | 53.31 | 40.03 | 57.39 | 35.18 | 62.23 | 24.23 | 73.15 |
| 2031 | 46.42 | 51.03 | 42.69 | 54.76 | 38.45 | 58.99 | 33.45 | 63.98 | 22.39 | 75.01 |
| 2032 | 45.19 | 52.29 | 41.31 | 56.16 | 36.93 | 60.54 | 31.81 | 65.64 | 20.70 | 76.73 |
| 2033 | 44.00 | 53.51 | 39.98 | 57.52 | 35.47 | 62.02 | 30.25 | 67.23 | 19.13 | 78.33 |
| 2034 | 42.83 | 54.70 | 38.68 | 58.84 | 34.07 | 63.45 | 28.77 | 68.73 | 17.67 | 79.81 |
| 2035 | 41.70 | 55.86 | 37.43 | 60.11 | 32.72 | 64.82 | 27.36 | 70.17 | 16.33 | 81.17 |
| 2036 | 40.59 | 56.98 | 36.23 | 61.34 | 31.43 | 66.13 | 26.02 | 71.53 | 15.09 | 82.44 |
| 2037 | 39.52 | 58.08 | 35.05 | 62.54 | 30.19 | 67.40 | 24.74 | 72.83 | 13.95 | 83.61 |

续表

| 年份 | ST1 | | ST2 | | ST3 | | ST4 | | ST5 | |
|---|---|---|---|---|---|---|---|---|---|---|
| | 煤炭 | 可再生 | 煤炭 | 可再生 | 煤炭 | 可再生 | 煤炭 | 可再生 | 煤炭 | 可再生 |
| 2038 | 38.47 | 59.15 | 33.92 | 63.69 | 29.00 | 68.61 | 23.53 | 74.07 | 12.89 | 84.69 |
| 2039 | 37.45 | 60.19 | 32.83 | 64.81 | 27.85 | 69.78 | 22.38 | 75.25 | 11.91 | 85.69 |
| 2040 | 36.46 | 61.21 | 31.77 | 65.89 | 26.75 | 70.91 | 21.28 | 76.37 | 11.01 | 86.62 |
| 2041 | 35.49 | 62.19 | 30.74 | 66.94 | 25.69 | 71.99 | 20.24 | 77.43 | 10.17 | 87.48 |
| 2042 | 34.55 | 63.16 | 29.75 | 67.96 | 24.68 | 73.02 | 19.25 | 78.45 | 9.40 | 88.28 |
| 2043 | 33.64 | 64.09 | 28.79 | 68.94 | 23.70 | 74.02 | 18.30 | 79.41 | 8.69 | 89.02 |
| 2044 | 32.75 | 65.01 | 27.86 | 69.89 | 22.77 | 74.98 | 17.41 | 80.33 | 8.03 | 89.70 |
| 2045 | 31.88 | 65.89 | 26.96 | 70.81 | 21.87 | 75.90 | 16.55 | 81.21 | 7.42 | 90.34 |
| 2046 | 31.03 | 66.76 | 26.09 | 71.71 | 21.00 | 76.79 | 15.74 | 82.04 | 6.86 | 90.92 |
| 2047 | 30.21 | 67.60 | 25.24 | 72.57 | 20.17 | 77.64 | 14.97 | 82.84 | 6.34 | 91.47 |
| 2048 | 29.41 | 68.42 | 24.43 | 73.41 | 19.38 | 78.46 | 14.24 | 83.59 | 5.85 | 91.97 |
| 2049 | 28.63 | 69.22 | 23.64 | 74.22 | 18.61 | 79.24 | 13.54 | 84.31 | 5.41 | 92.44 |
| 2050 | 27.87 | 70.00 | 22.87 | 75.00 | 17.87 | 80.00 | 12.87 | 85.00 | 5.00 | 92.87 |

## 第二节 1.5℃约束下中国电力行业经济减排情景

本节主要从分析碳排放剩余预算的角度出发，分析中国电力行业碳排放达峰后截至21世纪中叶前的碳排放趋势轨迹，并将这种排放轨迹以碳定价这项经济手段运用到减排方案中，以此最大限度地履行为全球升温目标作出贡献的承诺，同时实现中国碳排放量的绝对减排目标。

### 一 1.5℃约束下中国电力行业碳排放剩余预算

IPCC 1.5℃特别报告中关于全球碳排放预算的评估结果主要包括以下几个方面：第一，如果以陆地平均温度为标准，在66%的概率条件下，限制升温1.5℃的二氧化碳排放量预算为420亿吨；如果考虑上升速度较慢的海平面温度，则同一目标下的碳预算是 570 亿吨。第二，在 40%—60% 的概率条件下，预计到 2030 年全球净人为二氧化碳排放量将比 2010 年下降约 45%，到 2050 年左右（2045—2055 年）达到净零。第三，2030 年前越早实现碳排放达峰，且峰值水平越低，人类面临的挑战就越容易克服。第四，如果实现净零排放的日期能够提前 10 年，即提前到 2040 年，那么实现升温不超过 1.5℃ 目标的可能性就会大大增加。

以上四点碳排放预算的评估结果信息充分反映了减排的急迫性和艰巨性，这项控制全球升温目标的任务之所以异常急迫，是因为截至 2017 年，根据 IEA 的统计数据，全球碳排放量已经达到约 330 亿吨，距离以陆地平均温度为标准计算的全球剩余碳预算仅有 90 亿吨的缺口，而从 2017 年到 2050 年仅剩 30 多年的时间，这相当于全球必须自现在开始以年均不到 3 亿吨的碳排放消耗剩余的 90 亿吨碳预算。暂且不讨论 2010 年之前全球的碳排放量增长趋势，仅以 2010 年后碳排放的年均增长趋势为参考，IEA 官方数据显示，全球 2010—2017 年的碳排放量年均增长幅度约为 4.9 亿吨，尽管 2015 年和 2016 年分别呈现出 0.08 亿吨和 0.17 亿吨的降幅，但总体上增长趋势仍表现得较为显著。因此，若实现年均仅 3 亿吨的增长目标，并且要一直持续到 2050 年，完成这项减排任务需要刻不容缓的行动。此外，这项减排任务也是空前艰巨复杂的，这主要是因为世界各国发展形势、发展阶段、发展目标、资源环境条件等均不相同，在减排方面如何分摊任务也难以达成一致。尽管《巴黎协定》达成了卓有成效的共识，但 IPCC 1.5℃ 特别报告已经证明仅在《巴黎协定》的减排承诺框架体系下无法实现全球升温 1.5℃ 的目标，美国此前退出《巴黎协定》导致该项减排共识更是雪上加霜，难以发挥决定性的作用。

中国作为全球碳排放第一的国家，其减排的努力程度将成为全球能否实现温控 1.5℃ 目标的关键。根据本书第三章的数据分析结果，如果按照 2017 年中国碳排放量占全球碳排放量的比重折算，则在升温1.5℃目标的约束下，对中国而言，截至2050年的碳排放量和电力行业碳排放量剩余预算分别约为25亿吨、15亿吨，即中国碳排放的峰值必须低于117亿吨，中国电力行业碳排放峰值必须低于60亿吨，并且越早实现峰值越有利于实现温控目标。

## 二 1.5℃约束下中国电力行业经济减排情景预测

本节将以中国电力行业剩余碳预算及碳排放峰值约束量为基础，通过碳定价机制手段分析电力行业碳排放达峰情景及相对应的自达到峰值水平至2050年之前的碳排放变动趋势。

IPCC 1.5℃特别报告指出，2030年前越早实现碳排放达峰，且峰值水平越低，温控目标就越容易实现。因此，本书将分析三种碳排放峰值后趋势情景，分别称之为无拐点单调平缓型峰值后趋势情景、单一拐点平台期型峰值后趋势情景、多拐点倒"U"波动型峰值后趋势情景，这三种峰值后趋势情景均比基准情景达峰时间早，达峰时的峰值水平低，并且截至2050年的碳排放水平也低于基准情景。

### （一）基准情景

本书中基准情景下的中国电力行业碳排放将于2030年达峰，达峰时相应的峰值水平为53.90亿吨，达到峰值后以0.3%的速度下降，截至2050年下降至2025年的碳排放水平。之所以将电力行业碳排放达峰时间设置为2030年，是因为上述IPCC 1.5℃特别报告指出，2030年前越早达峰越有利于温控目标的实现，换言之，2030年已经是最晚的达峰时间，故本书将基准情景下的中国电力行业碳排放达峰时间设定为2030年。总体上讲，中国电力行业无论于哪一年实现峰值，其峰值后趋势可能出现的结果均会得出本书中所分析的情景类型，因此，鉴于本书的重点是分析中国电力行业碳排放达峰后的排放趋势，对于碳排放于何时达峰并不是本书关注的重点，况且根据上述分析，电力行业于何时达峰对于峰值后趋势的变动情景是不会产生影响的。

## (二) 无拐点单调平缓型峰值后趋势情景

无拐点单调平缓型峰值后趋势情景下的中国电力行业碳排放将于 2025 年达峰，达峰时的峰值水平为 50.63 亿吨，达到峰值后以年均 0.26% 的速度下降，截至 2050 年下降至 2020 年的碳排放水平。之所以称其为无拐点单调平缓型峰值后趋势情景，是因为该情景下的峰值后趋势是单调递减的，并且为了与基准情景进行对比，自 2025 年达峰后的下降趋势较为平缓，并且在下降的过程中并未出现任何反弹的情况。

## (三) 单一拐点平台期型峰值后趋势情景

单一拐点平台期型峰值后趋势情景下的中国电力行业碳排放将于 2025 年达峰，峰值水平为 50.63 亿吨，达到峰值后表现出两阶段变动特征：第一阶段为 2026—2035 年，此阶段的碳排放保持 2025 年的峰值水平不变；第二阶段为 2036—2050 年，该阶段以年均 1% 的速度下降，截至 2050 年下降至 2020 年的碳排放水平。之所以称其为单一拐点平台期型峰值后趋势情景，是因为该情景下碳排放经历了十年的峰值平台期，即将峰值水平不增长不下降的稳定状态维持了十年，十年后才出现下降的趋势，即从碳排放达峰至 2050 年中间仅出现了一次碳排放拐点。

## (四) 多拐点倒 "U" 波动型峰值后趋势情景

多拐点倒 "U" 波动型峰值后趋势情景下的中国电力行业碳排放将于 2025 年达峰，峰值水平为 50.63 亿吨，达到峰值后表现出五个阶段变动的特征：第一阶段为 2026—2030 年，该阶段碳排放以较快的速度下降，年均下降幅度高达 1.5%；第二阶段为 2031—2035 年，该阶段碳排放出现反弹的增长趋势，年均增速为 1%；第三阶段为 2036—2040 年，该阶段碳排放有下降趋势，但此阶段的下降幅度小于第一阶段的下降幅度，年均下降幅度为 1%；第四阶段为 2041—2045 年，此阶段碳排放再次出现反弹的增长趋势，但增长幅度小于第二阶段的增长幅度，年均增长幅度为 0.5%；第五阶段为 2046—2050

年，此阶段碳排放再次下降，年均下降幅度为 0.3%。之所以称其为多拐点倒"U"波动型峰值后趋势情景，是因为在电力行业达到峰值后，碳排放不会立刻单调下降，但也不会保持峰值水平不变，而是以下降增长的倒"U"形波动趋势来回变动，但即使是在反弹的增长阶段，其增长导致的碳排放水平仍不会高于碳排放达峰时的水平。上述三种情景下的峰值后趋势效果如图 5-1 所示。

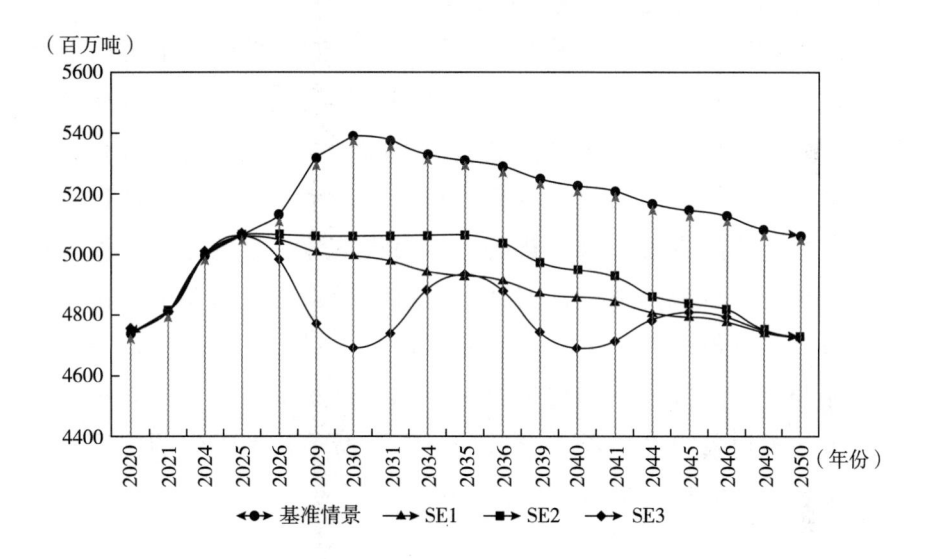

图 5-1　三种经济减排情景下的中国电力行业碳排放达峰后趋势情景

注：部分年份未显示并不影响各情景的趋势。

## 三　1.5℃约束下中国电力行业碳达峰后趋势情景总结

需要特别说明的是，本书首先分析以电源结构调整为减排手段的中国电力行业碳达峰后趋势技术减排情景，实质上是因为这种形式的减排一定会导致中国电力行业碳排放的达峰时间和相应的峰值水平均低于基准情景。在这种减排方案制约下，中国电力行业达到峰值至 2050 年的峰值后趋势仅表现为逐年递增的单调下降趋势，只是技术减排的程度不同会导致碳排放单调下降的幅度不同。上述五种技术减排情景驱动下的峰值后趋势均是单调下降的，这种峰值后趋势仅属于碳排放达峰后排放趋势变化中的一种极端情况，无法全面反映峰值后趋势的所有可能排放轨迹，但这种技术减排情景约束下的电力行业峰值后趋势又是必不可少的情况之一，因此，评估这种模式的峰值后趋势是十分必要的。基于此，本书根据第四章中欧美发达国家碳达峰后趋势变化特征案例，特别研究了另外三种中国电力行业碳排放达峰后趋势可能出现的轨迹情景，并试图通过后续的模型仿真部分探究其产生的综合效应。

除上述情景以外，本书将本章第一节中的五种中国电力行业碳达峰后趋势情景归为无拐点单调陡峭型峰值后趋势情景。为将各情景统一归类，也为后续建模提供清晰思路，本书统一将这五种无拐点单调陡峭型峰值后趋势情景称为技术减排情景，因其是通过煤炭发电技术进步的方式进行减排的。本书将本节讨论的三种峰值后趋势情景称为经济减排情景，因其是通过执行碳定价机制的经济手段控制碳排放峰值后趋势的。由于后续章节中对于技术减排情景的建模机制与经济减排情景的建模机制不同，因此本书将分别在第八章和第九章探讨各自产生的综合效应。综上所述，本书中的中国电力行业碳排放达峰后趋势情景如表5-8所示。

表5-8　　中国电力行业碳排放达峰后趋势情景的分类情况

| 情景类别 | 情景名称 | 简称 | 时间阶段 | 碳排放变化情况 | 变化率 |
| --- | --- | --- | --- | --- | --- |
| 经济减排情景 | 无拐点单调平缓型峰值后趋势情景 | SE1 | 2020—2025年 | 以平均速度增长并达到峰值 | 1.30% |
| | | | 2026—2050年 | 以平均速度保持续下降趋势，一直到2050年下降为2020年的水平 | -0.26% |
| | 单一拐点平台期型峰值后趋势情景 | SE2 | 2020—2025年 | 以平均速度增长并达到峰值 | 1.30% |
| | | | 2026—2035年 | 保持2025年的峰值水平不变 | 0 |
| | | | 2036—2050年 | 以平均速度保持续下降趋势，一直到2050年下降为2020年的水平 | -1.00% |

续表

| 情景类别 | 情景名称 | 简称 | 时间阶段 | 碳排放变化情况 | 变化率 |
|---|---|---|---|---|---|
| 经济减排情景 | 多拐点倒"U"波动型峰值后趋势情景 | SE3 | 2020—2025 年 | 以平均速度增长并达到峰值 | 1.30% |
| | | | 2026—2030 年 | 以平均速度下降 | -1.50% |
| | | | 2031—2035 年 | 以平均速度增长 | 1.00% |
| | | | 2036—2040 年 | 以平均速度下降 | -1.00% |
| | | | 2041—2045 年 | 以平均速度增长 | 0.50% |
| | | | 2046—2050 年 | 以平均速度下降,并于2050年达到2020年的水平 | -0.30% |
| 技术减排情景 | 煤电可再生 27∶70 | ST1 | 2020—2050 年 | 以平均速度下降 | Ⅰ级递增 |
| | 煤电可再生 22∶75 | ST2 | 2020—2050 年 | 以平均速度下降 | Ⅱ级递增 |
| | 煤电可再生 17∶80 | ST3 | 2020—2050 年 | 以平均速度下降 | Ⅲ级递增 |
| | 煤电可再生 12∶85 | ST4 | 2020—2050 年 | 以平均速度下降 | Ⅳ级递增 |
| | 煤电可再生 5∶92 | ST5 | 2020—2050 年 | 以平均速度下降 | Ⅴ级递增 |

本章分析了中国电力行业碳排放达峰后趋势情景,并将其分为两种类型:第一种为表征煤炭发电技术进步的五种中国电力行业电源结构优化情景,称之为技术减排情景;第二种为体现碳定价机制经济减排策略的三种中国电力行业峰值后趋势情景,称之为经济减排情景。其中,第一种情景的分析通过构建马尔可夫链预测模型计算得出,本章第一节详细阐述了该模型的基本原理及在本书中的建模和优化改进步骤。第二种经济减排情景则为弥补第一种技术减排情景的单一性而进行的特别补充分析。至此,本章为后续章节即将展开分析的综合效应模型构建提供了外生冲击变量和数据基础。

# 第 六 章

# 中国电力行业碳达峰后情景综合效应评估模型构建

根据第五章马尔可夫链模型对 IPCC 特别报告中提出的截至 21 世纪中叶将升温限制在 1.5℃约束条件的量化分析与情景预测结果,本章将分别以经济发展水平、进出口贸易状况、不同行业的部门产出能力、能源消费情况、碳排放变化趋势、居民福利水平等体现综合效应的各个指标为切入点,全面系统地对不同政策冲击情景下中国电力行业电源结构的动态调整对全球产生的综合效应进行比较分析。鉴于本书旨在探究在全球变暖 1.5℃特别报告的约束条件下中国电力行业碳排放变化趋势对全球的总体影响,本章试图构建能将全球的经济—能源—社会各方面指标纳入其中的动态可计算一般均衡模型(Computable General Equilibrium)的全球形式——全球贸易分析框架体系模型 GTAP (Global Trade Analysis Project) 的扩展版 GTAP-E 模型,仿真模拟并量化评估第四章分析的政策情景方案对全球产生的综合效应。

## 第一节 可计算一般均衡模型的基本原理

本书以全球一体化发展为现实背景,重点考察中国电力行业的政策冲击对不同国家和区域之间发展的影响，主要包括经济发展的相互促进程度、对外贸易的互联互通水平、生产要素和产品之间的流动，以及能源结构调整和技术进步对低碳可持续发展的推动效果。由此可见，若要实现在一个模型中不仅涵盖以上所有方面的变量，还能真实地反映各个变量之间的相互关联、相互制约又相互发展的关系，则需要将这些变量纳入一个整体系统，并且该整体系统应具备模拟现实环境的仿真能力。基于此，包含以政府、产品生产企业、居民、其他国家和区域为主体的可计算一般均衡模型可以有效地解决该问题，并能根据要素不同的属性使其在不同的市场上实现一般均衡的状态，达到最优的资源配置结果。该模型最显著的特征是，当一项政策出台并且作用于整个经济能源环境系统时，系统原有的一般均衡状态会因受政策的冲击而被打破，并且受到直接冲击的变量会将自身的变动波及其他所有变量，使整个系统在调整后达到新的平衡状态。因此，本书将以可计算一般均衡模型的理论基础为出发点，构建动态可计算一般均衡模型，以期为后续定量分析中国电力行业碳达峰后趋势情景对全球产生的影响奠定基础。

## 一 可计算一般均衡模型的基本形式

可计算一般均衡模型，又被简称为 CGE 模型。CGE 模型的理论基础最初来源于法国经济学家里昂·瓦尔拉斯（Léon Walras）的一般均衡理论。该理论在其经典著作《纯粹经济学要义》中得到了具体描述，后被经济学家阿罗（Arrow）和德布鲁（Debru）用数学推导的形式证明了其存在的合理性。此一般均衡理论将"经济学之父"亚当·斯密（Adam Smith）提出的"看不见的手"的经典思想用一组能够刻画经济市场中各部门之间联系的方程式进行了阐述说明。所谓的一般均衡状态是指导致所有不同性质的市场同时达到出清状态时对应的一系列价格向量和商品向量的组合。从理论起源来讲，CGE 模型其实是投入产出模型的推广应用，与投入产出模型不同的是，CGE 模型着眼于所研究的系统中囊括的所有市场、所有相应的商品或服务和不同属性要素的供需关系。因此，从某种程度上说，CGE 模型产生并不断发展的意义在于两个方面：一方面，将一般均衡理论从理论层面的价值付诸到为生产、经营、决策提供科学参考和模拟指南的应用层面；另一方面，避免了投入产出模型中存在的局限性弊端，并将投入产出模型所代表的思想进一步升华。

CGE 模型中涉及的参与经济活动的主体主要包括：本国或本地区的政府、生产者或企业制造商、居民或消费者、除本国或本地外的其他国家或地区。根据包含的行为主体的行为特征及相互关联的形式，CGE 模型中也涵盖了为经济主体提供相互联动的商品市场和要素市场等。因此，很多学者在构建 CGE 模型并对模型进行阐述时习惯将所建立的模型按照不同模块的分类方法进行逐一介绍。此外，CGE 模型对包含的经济活动主体产生的经济行为进行了理性经济人的行为法则假定。以下将分别对 CGE 模型中涉及的市场及其市场参与者的行为进行概括。

商品市场主要描述商品在生产过程中发生的行为以及商品在销售过程中发生的行为。因此，商品市场的参与者主要包括商品的生产者、购买商品的消费者（居民），以及对商品的生产和销售环节进行管控的政府部门。在商品市场上，政府、生产者、消费者均试图利用自己拥有的资本追求不同的目标。

（一）生产者

对于生产者而言，由于生产企业不能决定商品的价格，只能接受商品的价格，故其在生产产品或提供服务时，主要遵循利润最大化或成本最小化的生产经营原则，即在生产企业现有的生产技术条件下，按照预先设定的利润范围投入最小化的生产成本或者按照预先计划的成本范围在产品生产的过程中追求最大化的利润。因此，CGE 模型中的生产环节主要刻画产品生产者如何在现有的技术设备条件下，合理规划利用投入的生产要素获得最大化利润的过程。商品市场上最基本的两大要素是劳动力和资本。随着 CGE 模型的不断扩展及生产企业产品类型的不断丰富，所需的要素类型也日趋多样化,在环境能源 CGE 模型中,不同种类的能源和水资源也嵌入生产函数。故对于生产者而言,其需要根据自身的发展目标,做出两种行为决策:选择花费成本最小的生产要素投入组合,或者生产出利润最大化的产品。

(二) 消费者

商品市场另一端的重要响应者即商品购买者(消费者),也会根据商品市场的情况,遵循效用最大化的原则制定一套最优的消费方案。对于消费者而言,由于其能为商品生产者提供生产要素,即劳动力,故能获得商品生产者支付的报酬,这部分报酬就是消费者购买商品或接受服务时的预算约束。因此,消费者在商品市场上的主要行为就是在预算约束下实现购买商品的效用最大化。

(三) 政府

在商品市场上还存在一类特殊的行为主体,即一个国家或区域的政府部门。政府部门在商品市场发挥的主要作用与生产者和消费者的行为有些类似,只是行为的方式较为特殊,并且属于强制性、无偿性的。与生产者和消费者的相似之处在于,正如生产者需要向消费者提供产品或服务从而获得利润以维持企业的生产运营,消费者需要出卖劳动力和资本向生产者提供生产要素从而获得生活必需品的工资或报酬一样,政府也需要向消费者提供产品或服务,同时也需要向生产者收取维持国民经济可持续发展的固定收入。政府与生产者和消费者之间相互联动方式的不同之处则在于,无论是生产者的生产行为,还是消费者的消费行为,都是自愿的,但政府提供公共产品和服务、应对特殊情况的财政支出和转移支付,以及向获得收入的单位和个人征收税收均属于强制性、无偿性的固定行为。

(四) 国际区域

国际区域是指除本国以外的其他国家或区域,主要描述的是所研究的国家或区域的对外经济贸易情况。本质上讲,由于国际区域在 CGE 模型中的设定,商品市场的范围得到了进一步的扩大,这也导致生产者、消费者、政府在商品市场上的行为发生了转变：对生产者而言，在选择生产过程中投入的要素时，其选择范围将由单一的国内市场上可提供的要素扩大为国际市场上可提供的要素，这意味着劳动力和资本等要素也将在全球范围内流动，同时，本国生产的商品或提供的服务不仅可出售给本国消费者，还可以通过出口贸易的形式出售给国际消费者。对消费者而言，在购买商品时，面临的选择也会由原来单一的国内市场上可提供的商品扩充为国际市场上可提供的商品，同时，消费者可将自身持有的要素例如劳动力和知识技能由单向提供给国内的生产企业变为提供给国际上其他地区的生产企业。对政府而言，对于本国出口到国外的商品或服务，政府将对其进行管控，而对于国外进口到本国的商品或服务，政府也会通过征收关税的形式进行干涉。

（五）市场均衡及宏观闭合条件

当政策变动对整个模型系统产生冲击时，CGE 模型通过模拟各个经济主体不断调整和优化的行为过程，最终实现经济主体的均衡和市场的供需均衡，进而使得整个系统达到一般均衡状态。经济主体的均衡主要是指生产者通过提供产品给市场获得的收入与其各个环节的要素投入相等，整个系统的投资与储蓄相等，消费者和政府的收入与支出相等。市场的供需均衡则是指通过各个经济主体在各个环节的调节机制最终实现商品市场的供求平衡、要素市场的供求平衡以及国际外汇市场的供求平衡。

正是由于系统对均衡的要求，所有的均衡需要一个闭合的回路进行约束，从而促使整个模型体系中的变量平衡，进而保证 CGE 模型模拟出的均衡解是存在的、唯一的以及稳定的。宏观闭合条件的设定方式有多种类型，较为经典和被学者普遍采用的闭合方式主要有四种：古典凯恩斯宏观闭合、新凯恩斯宏观闭合、新古典主义宏观闭合以及约翰逊宏观闭合。古典凯恩斯宏观闭合是指市场上的劳动力允许不充分就业，模型的外生变量是投资，而储蓄则是内生决定的。新凯恩斯宏观闭合是指生产要素的供应量是无限的，而就业是仅由需求决定的内生变量,要素价格是外生变量。新古典主义宏观闭合是指假设劳动力市场没有闲置的资源,所有劳动力均充分就业,另外,储蓄是外生变量,投资内生决定。约翰逊宏观闭合是指政府通过采取经济手段干预投资储蓄,主要表现为通过改变政府的财政支出或转移支付进行调节,最终推动投资与储蓄达到平衡状态。

## 二 可计算一般均衡模型的应用领域

因具备对公共政策进行分析和量化评估的良好政策性能,CGE模型的应用领域较为广泛,凡是涉及以分析政策变动产生的影响为主要研究目的的学科或领域均可以采用该模型。因此,CGE模型在产业经济学、区域经济学、国民经济、贸易财政、节能减排、环境保护、资源节约等各个领域都有十分广泛的应用。

近年来,在中国国民经济、产业经济和财政贸易等发展领域,较为典型的CGE模型应用主要包含对产业结构调整、城镇化进程加快、贸易局面的改变等相关政策的实施对中国宏观经济发展产生的影响。其中,以产能过剩导致的产业结构供给侧结构性改革为政策契机的文献较为典型,例如,李志俊和原鹏飞(2018)以中国2012年社会核算矩阵为数据基础,设置了体现产业结构供给侧结构性改革的四个情景,对比分析了过剩行业去产能和调结构对中国经济转型和产业升级的影响。年艳(2019)分析了农村劳动人口向城市转移导致的城镇化水平提高对中国农村经济产生的影响。郭晴和陈伟光(2019)通过设置中美贸易摩擦可能产生的情景,运用动态CGE模型分析了两国的贸易局面改变对中国的影响。在气候变化和生态环境改善的背景下,中国自进入新常态发展阶段以来,在节能减排、保护环境和自然资源方面出台了一系列应对政策,在此基础上,CGE模型也衍生出了许多与能源和环境相关的文献研究。例如,赵梦雪(2018)等通过构建环境CGE模型,将二氧化硫排放纳入以2012年为基期的模型,分析了中国政府征收硫税对经济发展和社会产生的影响。云小鹏（2019）从财税政策的角度出发，以 2015 年为基准年构建了动态 CGE 模型，综合评估了不同的能源税收政策与环境财税政策相结合对能源强度和碳排放强度等衡量节能减排的重要指标产生的影响。中国统一的碳排放交易市场于 2017 年年底在中国试运行，碳交易机制作为一项重要的节能减排手段，对于控制碳排放和减缓温度升高具有深远的影响。以碳排放交易机制为主题探究节能减排的文献也随之产生。较为典型的如下：李嘉琦（2019）将碳排放交易纳入中国能源—经济—环境 CGE 模型，分别讨论了碳交易制度对中国东部、中部、西部地区的综合影响。汤铃等（2019）通过将碳排放的边际减排成本曲线纳入碳交易机制，构建了动态 CGE 模型，模拟了 2020 年之前中国的减排成本变化趋势，提出了碳排放配额分配的优化比例。中国的煤炭消费占整个化石能源消费的比重最大，节能减排的关键是对煤炭使用量的控制，因此，部分学者通过分析煤炭去产能政策的实施来考察对中国整体发展的影响。较为典型的研究如下：李晓瑜和姚西龙（2019）以中国陕西为实证案例，采用动态 CGE 模型模拟了 2020—2035 年煤炭行业去产能对陕西经济产出、能源结构和环境效益等方面的影响。

　　对于分析其他国家的政策变革产生的影响，CGE 模型也被广泛应用。例如，在评估碳排放交易市场机制的效应方面，Choi 等（2017）通过构建包含 525 家生产企业和 28 个行业部门的 CGE 模型，分析了韩国碳交易市场机制对韩国的 GDP、居民福利及不同行业的影响。Li 和 Su（2017）通过对比分析碳税与碳价两种减排机制，设置了不同的模拟情景，讨论了碳价的边际减排成本的变动对新加坡的影响。在其他低碳发展策略方面，Duarte 等（2018）从消费者需求侧出发，探讨了电力行业和交通运输行业提高技术效率对西班牙低碳经济体系的综合效益。Chatri 等（2018）运用 CGE 模型分析了天然气补贴政策的减缓和电力行业使用可再生能源比例的扩张对马来西亚宏观经济的影响。Khosroshahi 和 Sayadi（2020）通过设定石油、天然气、电力等不同品种能源使用效率提高的政策情景，运用 CGE 模型模拟了效率的提高对伊朗经济回弹效应产生和变化的情况。

### 三 可计算一般均衡模型的方程体系及数据基础

CGE 模型中最主要的部分是通过对不同的市场主体以设定方程的形式使其相互作用，最终求解出整个方程体系的均衡解。模型的求解程序主要有两种不同的语言：一种是通用代数建模系统（The General Algebraic Modeling System）语言，即 GAMS 语言程序；另一种为一般均衡建模软件包（General Equilibrium Modelling Package）语言，即 GEMPACK 语言程序。不同的方程形式会涉及不同的参数估计，而所有的方程变量的输入与参数的估计均以模型的初始数据为基础。正如投入产出模型的数据基础是投入产出表一样，CGE 模型的数据基础是社会核算矩阵（Social Accounting Matrix），简称 SAM 表。

#### （一）主要方程表达

涉及生产者行为的方程主要是生产者函数，生产者函数的主要形式包括柯布—道格拉斯（Cobb-Douglas）生产函数和恒替代弹性（Constant Elasticity of Substitution Production Function）生产函数，分别简称为 C-D 函数和 CES 函数。由于生产要素的投入环节包括中间投入，因此生产环节还应包括对中间投入的要素描述，一般采用投入产出模型的方程形式。方程的具体表达形式分别如式（6-1）、式（6-2）和式（6-3）所示。

$$Y(X_1, X_2, X_3) = A X_1^{\alpha_1} X_2^{\alpha_2} X_3^{(1-\alpha_1-\alpha_2)} \tag{6-1}$$

$$Y(X_1, X_2, X_3) = A \left[ \delta_1 X_1^{\rho} + \delta_2 X_2^{\rho} + (1-\delta_1-\delta_2) X_3^{\rho} \right]^{\frac{1}{\rho}} \tag{6-2}$$

$$IMT_i = \sum_{j=1}^{n} a_{ij} X_j \tag{6-3}$$

式（6-1）和式（6-2）中各变量代表的含义分别为：$Y$ 代表不同的生产部门的总产出，$X_1$、$X_2$、$X_3$ 分别代表不同属性的生产要素，按照 C-D 函数的经典形式，$X_1$、$X_2$ 分别代表劳动和资本，最经典的表述中并不包含第三种类型的生产要素,但现实生产过程中不仅仅只有劳动和资本两种生产要素,因此,本书将生产要素 $X_3$ 定义为其他类型的生产要素,例如能源或虚拟资本等。而参数 $A$、$\alpha$、$\delta$ 和 $\rho$ 则分别代表规模效率的全要素生产率、不同要素之间的替代弹性、不同类型生产要素对总投入的贡献份额以及替代弹性的倒数。由于方程表达的形式不同,相同的参数会以不同的形式在方程中呈现,例如同样可表示为贡献份额的参数 $\alpha$ 和 $\delta$,两者在不同的表达式中发挥的作用也不一致。也有学者认为,C-D 函数是 CES 函数的一种特殊形式。式(6-3)中所采用的方程形式为列昂惕夫(Leontief)生产函数,其中 $i$、$j$ 分别代表不同的生产部门,$IMT_i$ 代表第 $i$ 个生产部门的中间投入,$a_{ij}$ 代表第 $i$ 个生产部门在第 $j$ 个生产部门的中间投入比例,一般将 $a_{ij}$ 称为直接消耗系数矩阵。

描述消费者行为的函数主要是消费者效用函数,消费者效用函数的表达形式主要有两种不同的类型,分别为与生产者函数相类似的 CES 效用函数和由 Stone-Geary 函数推导出来的线性支出系统(LES)函数(Linear Expenditure System)。其中,LES 函数的表达形式如式(6-4)所示。其中,$P_i$ 代表第 $i$ 种商品的价格,$m$ 代表第 $m$ 个家庭组,$C_i^m$ 代表第 $m$ 个家庭组对第 $i$ 种商品的需求量,$\mu_i^m$ 代表第 $m$ 个家庭组对第 $i$ 种商品的基本购买量,$\beta_i^m$ 代表在第 $m$ 个家庭组满足对包括所有商品类型在内的基本需求量后对第 $i$ 种商品的支出比例。

$$P_i C_i^m = P_i \mu_i^m + \beta_i^m (S^m - \sum_{j=1}^{n} P_j \mu_j^m),\ 0 < \beta_i^m < 1,\ \sum_i \beta_i^m < 1$$

(6-4)

当所研究的 CGE 模型属于开放经济状态时,进出口商品的嵌入将会导致商品销售过程中的函数形式发生变化,出口商品销售到其他国家或地区会影响国内市场上产品的销售分配比例。因此,在国内销售市场上,使用恒替代弹性生产函数(Constant Elasticity of Substitution Production Function,简称 CET 函数)来说明国内生产的产品应该如何在本国销售和出口国外,具体函数形式如式(6-5)所示。其中,$CDP_i$ 是指本国第 $i$ 个生产行业生产的所有商品,$LOC_i$ 和 $ROW_i$ 分别指销售到本国国内的商品和出口到其他国家的商品,$b_i^n$ 为第 $i$ 种产品的效率参数,而 $\delta_i^n$ 则为分配给国内销售市场的商品比例,$\rho^n$ 为替代弹性的倒数。

$$CDP_i = b_i^n [\delta_i^n LOC_i^{\rho^n} + (1-\delta_i^n) ROW_i^{\rho^n}]^{\frac{1}{\rho^n}}, \ \rho^n > 1 \tag{6-5}$$

CGE 模型的仿真结果绝大部分都会包含对宏观经济变量的分析,而最能体现宏观经济发展水平的变量就是国内生产总值 GDP(Gross Domestic Product)。在 CGE 模型中 GDP 的核算分为实际 GDP 和名义 GDP,式(6-6)和式(6-7)分别对实际 GDP 和名义 GDP 的计算法则进行了说明。其中,式(6-6)与式(6-7)的主体形式基本一致,只是下标中的 0 代表基期的数值。按照支出法计算的 GDP 包含居民生活消费、政府消费、投资在内的所有支出,以及进出口的贸易差额。其他部分的函数形式均较为单一化,将会在数据基础部分进行解释说明。

$$GDP = \sum_i \sum_j CP_{i,j} \times PCP_i + \sum_i \sum_e PCP_i \times FP_{i,e} + \sum_i \alpha_i^{st} \times$$
$$PFP_i \times FTB + EXR \times \sum_i PEX_i \times EX_i - EXR \times \sum_i PEN_i \times EN_i$$
$$\tag{6-6}$$

$$RGDP = \sum_i \sum_j CP_{i,j} \times PCP_{i,0} + \sum_i \sum_e PCP_{i,0} \times FP_{i,e} +$$
$$\sum_i \alpha_i^{st} \times PFP_{i,0} \times FTB + EXR \times \sum_i PEX_{i,0} \times EX_i -$$
$$EXR \times \sum_i PEN_{i,0} \times EN_i \tag{6-7}$$

CGE 模型分为静态模型和动态模型,正是由于该模型的这一优势,其被广泛应用于预测领域。静态 CGE 模型是指当政策变化对模型产生冲击时,模型只能模拟出设定的某一年或一段时间的变化,无法模拟出除该年以外其他年份的变化趋势,但很多情况下政策变化产生的影响是持续性地波及未来各方面发展趋势的,因此,动态

CGE 模型的应用很好地解决了这一弊端。动态 CGE 模型不仅可以模拟静态 CGE 模型能模拟的各个变量的变化情况，还能预测并模拟未来各项指标变量受到政策冲击时的影响，为政策制定者对未来发展形势的预判以及制定未来发展规划提供参考。绝大多数动态 CGE 模型是以简单的递归形式在模型中体现动态变化的基准发展趋势的。主要使用动态递归手段对一些技术要素或能体现技术进步的变量的变化趋势进行设定，较为常用的递归因素包括生产效率和 GDP 的增速。生产效率因子可由全要素生产率、土地、技术、劳动的技术效率因子表示。其中，$\gamma^{TFP}$、$\gamma^{l}$、$\gamma^{k}$、$\gamma^{lan}$ 分别代表全要素生产率、土地、技术、劳动的技术效率因子。动态递归机制的主要方程如式（6-8）—式（6-12）所示。

$$\gamma_i^{TFP} = \gamma_{i,-1}^{TFP} \times (1 + Growth_i^{TFP}) \tag{6-8}$$

$$\gamma_{l,i}^{l} = \gamma_{l,i,-1}^{l} \times \gamma_i^{TFP} \tag{6-9}$$

$$\gamma_{l,i}^{k} = \gamma_{l,i,-1}^{k} \times \gamma_i^{TFP} \tag{6-10}$$

$$\gamma_{l,i}^{lan} = \gamma_{l,i,-1}^{lan} \times \gamma_i^{TFP} \tag{6-11}$$

$$RGDP_i = (1 + Growth^{GDP}) \times RGDP_{i,-1} \tag{6-12}$$

（二）数据基础

CGE 模型的数据基础是 SAM 表，该表格中包含的数据不仅仅是宏观的经济指标，还包括不同的微观合成的账户，例如所有微观企业以及居民，既能从宏观视角，又能从微观视角充分地展现出社会发展的各个方面；但表格中的数据并不是可直接获取的，需要根据每个模型的不同设置进行调整与核算，通过不断校准达到行和列之间总和的平衡；鉴于 CGE 模型的闭合结构和均衡关系，SAM 表呈现出的形状是一个类似于矩阵的正方形表格，因此称之为社会核算矩阵。

SAM 表之所以呈现出正方形的矩阵表格形式，主要归因于其行和列的数量是相同的，并且每行包含的账户与每列包含的账户是完全一致的。每行的元素值代表该行所属元素的增加或收入值，每列的元素值代表该列所属元素的支付值。以最宏观形式展现出的标准版本 SAM 表一般包含的主要账户有六类，分别为：生产活动账户、商品账户、要素账户、国内机构账户、投资—储蓄账户、国际机构账户。

生产活动账户主要描述国内生产产品的过程中产生的费用和收入，费用主要包括要素需求和中间需求产生的费用，收入则指国内各行业生产的产品或服务的总产出。商品账户主要描述不同的生产部门向生产活动部门出售产品，在中间投入环节购买其他部门的产品，向政府、国外区域、居民出售商品产生的交易费用。鉴于生产活动账户和商品账户中所涉及的数据主要集中于不同的部门之间的中间投入、最终需求、要素投入和需求，故生产活动账户与商品账户的数据基础均来源于投入产出表。因此，投入产出表为 SAM 表的编制提供了强大的数据支撑，但由于各个国家和区域的投入产出表的更新时间间隔较长，也间接影响了 SAM 表的更新速度。要素账户主要是描述生产要素的使用与效益的账户，一般的要素账户主要由劳动和资本两种类型的要素构成。国内机构账户主要描述的是 CGE 模型中的经济主体的收入和支出数值，即政府部门、生产企业、居民的收入和支出：政府部门的收入主要来源于企业、居民和国际机构缴纳的不同类型的税收，包括企业缴纳的生产税、增值税、销售税、关税、出口税以及要素税，居民缴纳的收入所得税，以及国际机构对政府部门的转移支付；而政府部门的支出主要包括正常的政府转移支付，政府对企业、居民、国际机构花费的转移支付，政府储蓄。居民的收入主要来源于通过要素投入获得的要素收入，政府、国际机构和企业对居民的转移支付；居民的支出主要包括购买商品的消费支出、居民储蓄和向政府缴纳的税收。企业的收入主要来源于要素收入、政府和国际机构对企业的转移支付；企业的支出主要来源于企业向政府缴纳的税收及向居民和国际机构产生的转移支付。投资—储蓄账户主要描述政府、居民和企业的投资储蓄情况。国际机构账户主要说明了进出口贸易以及本国向其他国家的投资储蓄情况。

表 6-1　SAM 表标准结构示意

| | | 生产活动账户 | 商品账户 | | | | 要素账户 | | | 国内机构账户 | | | | 国际机构账户 | 汇总 |
|---|---|---|---|---|---|---|---|---|---|---|---|---|---|---|---|
| | | 活动 | 商品1 | 商品2 | 商品 i | 商品 n | 劳动 | 资本 | 能源 | 其他 | 居民 | 企业 | 政府 | 投资—储蓄 | 国际机构 | |
| 生产活动账户 | 活动 | | $X_1$ | $X_2$ | $X_i$ | $X_n$ | | | | | $X_H$ | | | | | $\sum_i^n X_i + X_H$ |
| 商品账户 | 商品1 | $Y_1$ | $Z_{11}$ | $Z_{12}$ | $Z_{1i}$ | $Z_{1n}$ | | | | | $Y_{1H}$ | | $Y_{1G}$ | $Y_{1INV}$ | $Y_{1E}$ | $\sum Y+Z$ |
| | 商品2 | $Y_2$ | $Z_{21}$ | $Z_{22}$ | $Z_{2i}$ | $Z_{2n}$ | | | | | $Y_{2H}$ | | $Y_{2G}$ | $Y_{2INV}$ | $Y_{2E}$ | |
| | 商品 i | $Y_i$ | $Z_{i1}$ | $Z_{i2}$ | $Z_{ii}$ | $Z_{in}$ | | | | | $Y_{iH}$ | | $Y_{iG}$ | $Y_{iINV}$ | $Y_{iE}$ | |
| | 商品 n | $Y_n$ | $Z_{n1}$ | $Z_{n2}$ | $Z_{ni}$ | $Z_{nn}$ | | | | | $Y_{nH}$ | | $Y_{nG}$ | $Y_{nINV}$ | $Y_{nE}$ | |
| 要素账户 | 劳动 | $L_D$ | | | | | | | | | | | | | $L_{ROW}$ | $L_D+L_{ROW}$ |
| | 资本 | $K_D$ | | | | | | | | | | | | | $K_{ROW}$ | $K_D+K_{ROW}$ |
| | 能源 | $EN_D$ | | | | | | | | | | | | | $EN_{ROW}$ | $EN_D+EN_{ROW}$ |
| | 其他要素 | $AN_D$ | | | | | | | | | | | | | $AN_{ROW}$ | $AN_D+AN_{ROW}$ |
| 国内机构账户 | 居民 | | | | | | $H_L$ | $H_K$ | $H_E$ | $H_A$ | | $H_{EN}$ | $H_G$ | | $H_{ROW}$ | $\sum H$ |
| | 企业 | | | | | | $E_L$ | $E_K$ | $E_E$ | $E_A$ | | | $E_G$ | | $E_{ROW}$ | $\sum E$ |
| | 政府 | $G_A$ | $G_1$ | $G_2$ | $G_i$ | $G_n$ | $G_L$ | $G_K$ | $G_E$ | $G_A$ | $G_H$ | $G_{EN}$ | | | $G_{ROW}$ | $\sum G$ |
| 投资—储蓄账户 | 投资—储蓄 | | | | | | | | | | $S_H$ | $S_E$ | $S_G$ | | $S_{ROW}$ | $\sum S$ |
| 国际机构账户 | 国际机构 | | $M_1$ | $M_2$ | $M_i$ | $M_n$ | $M_L$ | $M_K$ | $M_E$ | $M_A$ | | $M_{EN}$ | $M_G$ | | | $\sum M$ |
| 汇总 | | $\sum A$ | | | $\sum Ci$ | | | $\sum Elements$ | | | | $\sum H, EN, G$ | | | $\sum ROW$ | |

SAM 表的每行和每列的末尾均是汇总项目，分别对每行元素的数值和每列元素的数值进行加总求和，行末尾的元素属于该行的总收入值，列末尾的元素属于该列的总支出值，例如要素账户的行末尾代表的是要素总收入，列末尾代表的是要素总支出。表 6-1 展示了 SAM 表的一般结构。

## 第二节　GTAP 模型的框架体系

一方面，在当前全球一体化发展趋势愈加显著的形势下，世界各国经济之间的连锁关系也愈加密切，经济贸易服务的频繁往来使全球成为一个互联互通的共同体。一个国家或区域的发展势必会牵动整个世界的发展态势，靠以往仅凭分析直接受冲击的单一国家或部门的影响难免会使模拟结果产生局限性，因此，将相互依存的全球各个国家和部门都考虑在整体的冲击影响中，会使分析结果更加准确全面。另一方面，中国在世界上既作为经济贸易大国，又作为能源消费与碳排放大国，对于全球升温目标的实现发挥着重要的作用，其能源结构调整和减排政策的实施在影响自身的经济发展趋势和贸易流动方向的基础上，也会进一步对全球其他国家和地区的发展模式产生间接冲击，只有采用以全球为研究主体的模型工具才能展开对所有国家的分析。因此，本书将采用动态 GTAP-E 模型模拟 21 世纪中叶之前各国因中国电力行业减排政策的实施所产生的综合效应。

### 一　GTAP 模型的基本结构

GTAP 模型最初起源于美国普渡大学农业经济系开发的一款以分析和预测国际贸易政策对多个不同的国家和行业产生的经济影响的可计算一般均衡软件系统，因此，其一般被称为全球贸易分析工程。由于该软件系统的建立遵循 CGE 模型的基本原理和市场均衡状态及宏观闭合条件，故本质上该模型隶属于 CGE 模型的范畴，即对模型系统内经济主体的假定也遵循 CGE 模型的基本设置：模型默认商品市场和要素市场属于完全竞争型市场，生产者以最小化成本投入生产，消费者以获取最大效用规划有限预算，所有商品和要素在市场上达到出清状态。需要说明的是，GTAP 模型中经济主体的设计原则虽与 CGE 模型的构造类似，但由于将系统范围扩展到全球水平，故一些新的经济主体或原有经济主体的名称发生了相应的改变。最为显著的是，GTAP 模型中新引入了区域家计这一经济主体，该主体与传统 CGE 模型中相对应的经济主体是居民（消费者）。

GTAP 模型会对其中包含的每一个国家或区域设置一个代表性的区域家计部门，该部门与传统居民部门的不同之处在于将私人家庭消费与其他类型的消费进行了区分。从某种程度上讲，区域家计部门的职能类似于单一区域 CGE 模型中政府部门的职能。该部门将从世界其他国家或区域获取的要素收入，一部分用于私人家庭消费，一部分用于政府消费和储蓄。此外，GTAP 模型系统中还引入了国际存储机构这一经济主体，该部门的作用主要体现在管理各国区域家计部门的资金，合理规划其投资储蓄比例，区域家计部门将除私人消费和政府消费以外的剩余资金存入国际存储机构，国际存储机构将会对这部分资金在不同的企业之间进行投资。由此可见，区域家计部门和国际存储机构是 GTAP 模型中一个国家连接世界其他国家和地区的重要载体。GTAP 模型的各经济主体之间的联系如图 6-1 所示。

GTAP 模型分为静态 GTAP 模型和动态 GTAP 模型，其划分方法与传统的 CGE 模型对静态和动态的区分一致，主要考察时间是否是变化的。在动态 GTAP 模型中，时间与其他模型系统内的指标一样，是一个变量，但在静态 GTAP 模型中，对于时间并未做特殊的处理，因其时间是固定不变的。动态 GTAP 模型相对于静态 GTAP 模型的优势主要体现在对于资本积累、资本在不同国家间的跨国流动以及投资的回收期适应性预期等指标随时间变化的处理方式上。具体体现

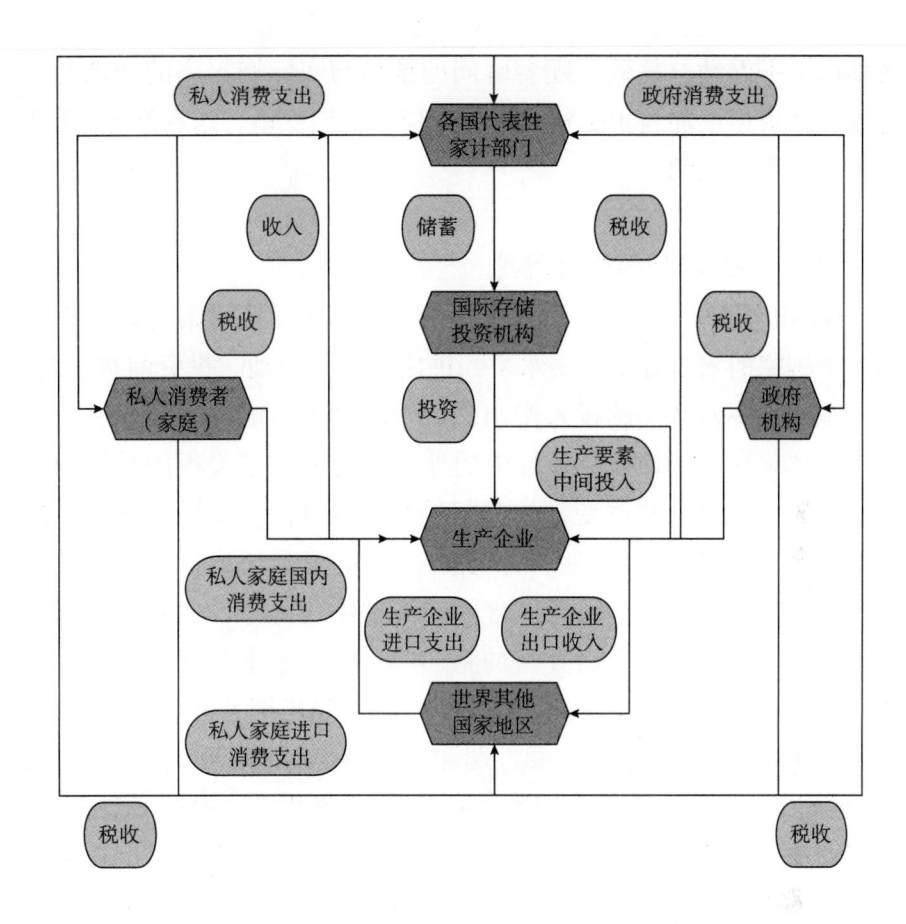

图 6-1　GTAP 模型经济主体之间的联系

在以下几个方面：(1) 动态 GTAP 模型因考虑资本随着时间的变化会产生积累效应，因此，动态 GTAP 模型可应用于对未来较长时期发展情况的分析。(2) 动态 GTAP 模型认为资本经过长期的积累会在不同国家的不同部门之间流动，而静态 GTAP 模型则认为资本仅在同一个国家的同一个行业之间流动，这样的设定无法像动态 GTAP 模型一样体现资本回报率的差异性特征。(3) 动态 GTAP 模型考虑了资本回报率的时间效应，即认为资本回报率是随着时间逐渐调整的，而静态 GTAP 模型则不考虑资本回报率的时间效应，认为资本回报率的调整是不需要时间的。(4) 动态 GTAP 模型为允许投资在短期内上下浮动，其数值随着时间的推移与实际回报率的变动趋于一致，在模型中加入了投资回报的适应性预期变量，这在静态 GTAP 模型中是不存在的。

## 二 GTAP 模型的应用领域

GTAP 模型在最初发展阶段多应用于国际贸易政策的改变引致的各个国家的宏观经济发展水平、进出口贸易流动、投资消费情况、居民福利、不同行业的投入产出比例等方面的影响。国际贸易政策的改变体现在 GTAP 模型系统中的外生冲击主要是关税的增加或削减、区域贸易协定的改变、相关贸易补贴政策的变化等。例如，近几年应用较为广泛的以"一带一路""中美贸易摩擦"等为主题的文献研究，虽然 GTAP 模型包含的经济主体为全球，但较多的研究普遍会根据研究对象及研究目的将 GTAP 数据库中包含的国家进行重新分类。例如，杨瑞成等（2018）在 GTAP 第八版数据库中的 129 个国家中仅关注中国、蒙古国和俄罗斯，而将 57 个行业划分为 11 个部门，重点分析了不同的关税税率情景设定对中国、蒙古国、俄罗斯产生的经济冲击。在节能减排和环境保护领域，GTAP 模型和 GTAP-E 模型的应用也愈加广泛，例如，以碳交易制度为减排手段分析全球效应的模型：Nong（2020）通过构建 GTAP-E-Power 模型分析了碳价的变化对南非经济社会产生的综合影响。此外，Duy Nong 等（2020）还根据 GTAP 模型模拟了碳交易制度在越南的实施对全球经济产出和环境的宏观影响以及澳大利亚减排基金的设立产生的影响。在严峻的气候变化条件下，Zhang 等（2019）利用 GTAP 模型分析了中国稻米的生产和自给状况对全球产生的影响。Khastar 等（2020）通过对作为高耗能消费国芬兰设置不同的碳税征收情景，利用 GTAP 模型模拟了不同情景下产业结构的调整和升级。综上所述，在以 GTAP 模型为计算工具量化分析政策实施产生的影响时，可将文献分为两大类：一类是当某一个国家或地区出台新的政策后，利用 GTAP 模型分析其政策在本国内的实施对全球产生的影响；另一类是当多个国家或地区达成某项政策协定或某项原有的合作关系因特殊情况中止时，结合 GTAP 模型分析该事件的发生对全球的冲击程度。

### 三 GTAP 模型的数据基础

GTAP 模型共有四版数据库，分别以 2004 年、2007 年、2011 年、2014 年为基准年份。其中，GTAP 官方网站上最新的 GTAP 第十版数据库是以 2014 年各国的社会核算矩阵表为基础的，目前应用最多的是 GTAP 第九版数据库。

GTAP 数据库的数据基础包含多种数据来源，其中包括各个国家的投入产出表、进出口贸易、宏观经济、人口、能源和环保等经济统计数据集合。基本的投入产出表在来源、方法、基准年份和部门细节方面是不同的，因此为了实现一致性，需要作出相关调整，使不同来源的数据具有可比性。因此，GTAP 数据库的更新难度比传统单一区域或国家的 CGE 模型更大。

GTAP 数据库主要由两部分构成：变量数据库及其变量相关的参数统计数据库。其中，变量数据库主要包含的数据指标如各国的宏观经济等数据主要以世界银行提供的数据为参考基准编制，进出口贸易与关税等变量的数据编制结合世界银行、世界贸易组织、联合国等权威国际机构提供的数据综合编制，不同的商品和要素在不同部门之间的流动数据参照各国的投入产出表汇编。变量相关的参数统计数据库主要包含生产者的 CES 函数对不同要素投入的替代弹性、消费者支出的效用函数对不同购买产品之间的替代弹性、基于阿明顿假设的销售市场上对进口商品和本土商品之间的替代弹性等。在进行统一汇总时由于统计口径的差异、部分统计数据的缺失，GTAP 模型通过运用各种核算方法对最终版的数据库进行了统一的校准和检验，以确保所有国家和部门之间同一数据指标的一致性。此外，相应的变量参数统计数据在模拟不同的政策冲击时假定是不变的。

## 第三节 GTAP-E 模型的构建

GTAP-E 模型（Energy-Environmental Version of Global Trade Analysis Project）又被称作能源—经济—环境 CGE 模型，弥补了经典 GTAP 模型在模拟全球气候、能源、环境、碳排放相连接的问题上的不充分性，适用于模拟能源结构调整、环境保护政策力度加强、减排政策的完善对于全球各个国家产生的综合影响。因此，本书最终选取动态 GTAP-E 模型分析各变量指标受减排政策冲击前后的差异。

### 一 GTAP-E 模型的基本结构

在沿袭 GTAP 模型基本框架的基础上，Burniaux 和 Troung（2002）认为能源是经济活动中的一种主要产品，其通过二氧化碳排放和温室气体排放效应作用于环境系统。因此，Burniaux 和 Troung 于 2002 年在既有 GTAP 模型的基础上，将经济活动过程中的各种能源消费量及与之相对应的碳排放量数据嵌入 GTAP 模型数据库，从而利用自顶向下的模式进一步描述各种能源政策、减排政策的执行对系统的冲击。

GTAP-E 模型相对于 GTAP 模型的扩展主要体现在以下四个方面：（1）将原有 GTAP 模型中使用的能源种类扩充为煤炭、石油、天然气、石油炼制品、电力五种，并将不同生产部门所使用的这五种能源数量纳入生产模块。（2）模型中引入体现减排政策的碳税制度，碳税的课征对象为模型中所有的经济主体（生产企业、政府、私人家计部门），碳税是一项能体现价格的经济减排政策，其原理是针对能源的碳含量征税，因此，含碳量越高的能源品种所需缴纳的碳税越高，例如化石燃料（煤炭、石油等）。（3）用 CES 函数形式来表征不同能源品种在生产环节的投入使用情况，通过能源品种之间不同的替代弹性充分反映和探究碳税的价格诱因，从而对经济主体对能源消费的选择产生影响。（4）将 IPCC 的不同类型燃料燃烧产生的碳排放计算方法与 IEA 的相关能源碳排放数据纳入模型体系，构建了国际碳排放交易机制。

GTAP-E 模型与 GTAP 模型基本结构的差异主要体现在生产模块和碳排放模块，碳排放模块属于模型中新引入的部分，而生产模块则需要根据能源要素的投入进行相应调整。现有的 GTAP-E 模型的生产模块共包含六层嵌套的生产函数：第一层是由初级要素与能源要素投入合成的增加值束与中间投入束共同组成，该层主要运用 Leontief 生产函数对总产出进行合成。第二层分别对中间投入束和初级要素与能源要素投入束进行分解，其中，将中间投入束按 CES 生产函数分解为中间投入环节使用的国内投入和进口投入，同理，将初级要素与能源要素投入束分解为劳动、土地、自然资源以及资本—能源投入束。第三层分别对劳动和资本—能源投入束进行分解，其中，将劳动通过 CES 生产函数分解为技术熟练劳动力和技术非熟练劳动力，这一创新也是传统 CGE 模型生产模块较少出现的。而资本—能源投入束则由资本和能源投入束通过 CES 生产函数形式构成。第四层是将能源投入束通过 CES 生产函数分解为电力能源和非电力能源。第五层是将非电力能源按 CES 生产函数划归为煤炭能源和非煤炭能源。第六层是采用 CES 生产函数将非煤炭能源分解为石油、石油炼制品、天然气。其主要结构如图 6-2 所示。碳排放模块的主要设定原则如下：GTAP-E 模型中产生的碳排放主要发生在生产产品过程中不同含碳能源品种的投入，这与一般模型中只考虑最终能源消费产生的碳排放有本质上的区别。此外，碳排放模块假定不同产品在不同使用环节和同一使用环节中的碳排放强度不同。

## 二 GTAP-E 模型的改进

本书构建动态 GTAP-E 模型，动态模拟的时间区间为 2012—2050 年，其中 2012—2019 年为历史年份，2020—2050 年为预测年份。

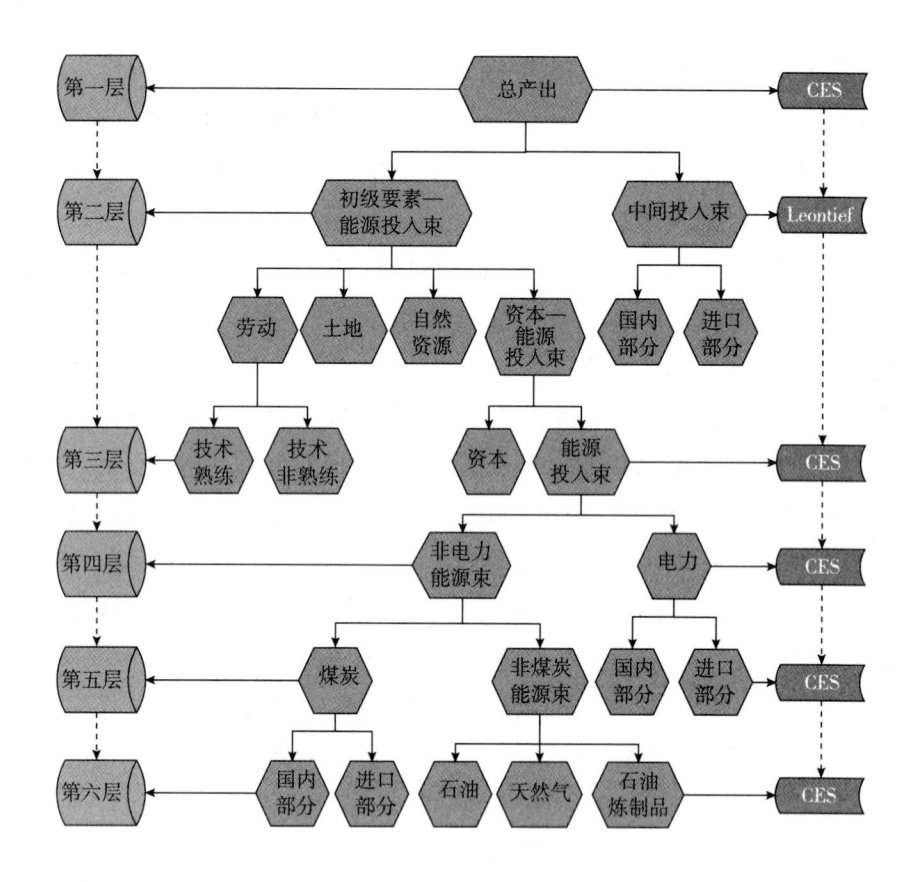

图 6-2 GTAP-E 模型生产模块结构示意

模拟仿真所采用的数据库为 GTAP 第九版数据库，该版数据库共包含 140 个国家和地区、57 个行业部门。该版数据库的主要特点有三个方面：（1）涵盖了 1995—2013 年各国的双边贸易及关税数据。（2）对 2004 年、2007 年、2011 年全球各国的服务贸易与能源数据进行了更新。（3）加入了全球各国的碳排放数据。本书利用 GTAP-Agg 软件将 140 个国家和地区加总为 20 个国家和地区，分别为中国、日本、韩国、印度尼西亚、马来西亚、新加坡、泰国、加拿大、美国、巴西、法国、德国、西班牙、英国、俄罗斯、哈萨克斯坦、伊朗、以色列、沙特阿拉伯、其他国家和地区；将 57 个行业部门汇总为 14 个行业部门，行业的重新归类如表 6-2 所示。

表 6-2　　动态 GTAP-E 模型的行业划分

| 行业名称 | | 原所属行业名称 | 行业名称 | | 原所属行业名称 |
|---|---|---|---|---|---|
| 农林牧渔业 | 1 | 油料作物 | 电子设备及制造业 | 29 | 运输设备及零部件 |
| | 2 | 糖料作物 | | 30 | 机械设备 |
| | 3 | 水稻 | | 31 | 汽车及零部件 |
| | 4 | 大米 | | 32 | 电子设备 |
| | 5 | 小麦 | | 33 | 其他制造业及零部件 |
| | 6 | 植物纤维 | 食品及烟草制品业 | 34 | 饮料酒水及烟草制品 |
| | 7 | 蔬菜 | | 35 | 食用糖 |
| | 8 | 其他谷物 | | 36 | 动植物油脂 |
| | 9 | 其他农作物 | | 37 | 奶制品 |
| | 10 | 马羊牛肉 | | 38 | 其他食物加工及制品 |
| | 11 | 活马羊牛牲畜 | 制造业 | 39 | 纺织原料 |
| | 12 | 动物奶 | | 40 | 家具与木制品 |
| | 13 | 动物皮毛及丝制品 | | 41 | 服装制造 |
| | 14 | 其他肉类制品 | | 42 | 皮革制品 |
| | 15 | 其他动物及制品 | | 43 | 纸张及纸制品 |
| | 16 | 水产品 | | 44 | 林木制品 |
| 化工行业 | 17 | 化学品 | 电力行业 | 45 | 电力供应 |
| | 18 | 橡胶与塑料 | | 46 | 天然气制造及零售 |
| | 19 | 金属制品 | | 47 | 水的供应 |
| | 20 | 黑色金属 | 交通运输与通信服务业 | 48 | 海运 |
| | 21 | 有色及其他金属 | | 49 | 商务服务 |
| | 22 | 矿产品 | | 50 | 空运 |
| | 23 | 其他矿物质产品 | | 51 | 其他运输 |
| 建筑行业 | 24 | 建筑 | 贸易行业 | 52 | 贸易 |
| 煤炭行业 | 25 | 煤炭 | 其他服务业 | 53 | 娱乐 |
| 石油行业 | 26 | 石油 | | 54 | 物业与小区住宅服务 |
| 天然气行业 | 27 | 燃气 | | 55 | 公共服务、国防、卫生与教育 |
| 石油制品 | 28 | 石油与煤制品 | | 56 | 金融 |
| | | | | 57 | 保险 |

根据第五章中设置的 IPCC 1.5℃ 约束下的两种减排手段，本书将模型的外生政策冲击也相应地分为技术冲击和经济冲击两种。技术冲击在本书中具体是指，中国电力行业的电源结构优化调整主要依靠中国发电技术水平的进一步提升，特别是煤电的发电量占总发电量比重的逐年下降，更意味着这种技术进步的速度越来越快，强度越来越大。因此，本书的技术冲击将中国电力行业发电水平的技术进步设定为外生变量，通过电源结构的调整反映技术进步的变动范围，以此对全球经济能源系统进行冲击。主要的技术冲击方程分别如式（6-13）—式（6-15）所示。其中，$TEIMP_{i,j}$ 代表第 $i$ 个政策情景在第 $j$ 年的技术进步水平，$BAU_j$ 代表基准情景第 $j$ 年的煤炭发电所使用的煤炭消费量占总发电量的比重，$SX_{i,j}$ 代表第 $i$ 个政策情景第 $j$ 年的煤炭发电所使用的煤炭消费量占总发电量的比重；$af$ 表示由技术进步主导的函数形式，$pf$ 表示商品价格，$qf$ 表示中间投入，$ELEN$ 代表不同能源产品之间的替代弹性，$eny$ 代表能源投入，$com$ 代表生产的商品，$sec$ 代表行业部门，$reg$ 代表世界不同的国家和区域。

$$TEIMP_{i,j} = \left[\left(\frac{1/BAU_j}{\frac{1}{SX_{i,j}}}\right) - 1\right] \times 100\% \qquad (6-13)$$

$$af(i, j, r) = afcom(i) + afsec(j) + afreg(r) + afall(i, j, r) \qquad (6-14)$$

$$qf(i, j, r) = -af(i, j, r) + qf("eny", j, r) - ELEN(j, r) \times [pf(i, j, r) - af(i, j, r) - pf("eny", j, r)] \qquad (6-15)$$

而 IPCC1.5℃ 约束下的中国电力行业碳排放从 2025 年达峰到 2050 年的峰值后趋势情景则主要通过对碳排放进行定价这种经济手段实现。GTAP-E 模型中涉及碳定价的计算公式如式（6-16）和式（6-17）所示。其中，$NCTAXB$ 代表国内商品的中间投入环节的税基，$Tax$ 代表税率相关的系数，$SHVDFANC$ 代表碳价/能源投入价值的权重，$CO2DFVDFA$ 代表商品生产过程中使用投入的能源所产生的碳排放量，$REGTOBLOC$ 代表映射世界其他国家和地区税率相关的系数。

$$pf_{CO2} \times qf_{CO2} = (Tax-1) \times (pf_{en} \times qf_{en}) \tag{6-16}$$

$$pfd(i, j, r) = SHVDFANC(i, j, r) \times (pm(i, r) + tfd(i, j, r)) + \\ 100 \times \{CO2DFVDFA(i, j, r) \times NCTAXB[REGTOB \\ LOC(r)]\} \tag{6-17}$$

基于上述对动态 GTAP-E 模型的改进和基础设定，本书将分别按照上述的能体现技术手段和经济手段的外生变量对全球系统进行动态递归冲击。

本书详细阐述了中国电力行业碳排放达峰后趋势情景产生的综合效应评估模型的建模过程。本章共分为三个部分：首先，对 CGE 模型的基本原理、应用领域、数据基础进行了说明。其次，将 CGE 模型的全球扩展形式——GTAP 模型的基本结构、应用领域、数据基础进行了描述。最后，进一步说明了本书中所采用的动态 GTAP-E 模型的基本结构，并基于本书第五章 IPCC1.5℃ 情景设定研究视角对 GTAP-E 模型的改进思路及具体改进方程进行了解释。此外，本书还对采用的 GTAP-E 模型第九版数据库中涉及的国家和行业进行了重新分类汇编。本章重点介绍了计算综合效应的建模思路及建模详细步骤，为后文量化评估在 IPCC1.5℃ 约束下中国电力行业的减排政策产生的综合效应奠定了理论基础，提供了技术支持和模型依据。

# 第四篇
# 1.5℃约束下中国电力行业碳达峰后综合效应分析

中国不仅是全球命运共同体的重要成员，中国国民经济各部门、各环节、各主体之间也是相互连锁、相辅相成的综合系统，任何一项政策都会形成牵一发而动全身的链条传导效应。中国电力行业碳达峰后不同的技术减排与经济减排情景不仅会对中国产生影响，在全球经济一体化背景下，对世界各国也都会产生间接的冲击。在第六章动态 GTAP-E 模型设定及外生冲击的基础上，本篇第七章、第八章将重点分析中国电力行业电源结构调整导致的五种发电技术进步减排情景以及引入碳定价机制的三种经济减排情景对模型框架体系中变量产生的综合效应，包括宏观经济效应、进出口贸易效应、能源消费水平效应、碳排放水平效应、居民生活效应五个方面。

# 第七章

# 1.5℃约束下中国电力行业碳达峰后技术减排情景综合效应分析

借鉴本书第六章构建的 GTAP-E 模型的国家分类标准，本章将重点阐述 19 个国家受中国电力行业发电技术进步产生的综合影响，所包含的国家分别为：中国、日本、韩国、印度尼西亚、马来西亚、新加坡、泰国、加拿大、美国、巴西、法国、德国、西班牙、英国、俄罗斯、哈萨克斯坦、伊朗、以色列、沙特阿拉伯。这些国家按照所属洲的不同又可以分属亚洲、欧洲、美洲，其中，亚洲共包括 11 个国家（中国、日本、韩国、印度尼西亚、马来西亚、新加坡、泰国、哈萨克斯坦、伊朗、以色列、沙特阿拉伯），按照区域又细分为东亚 3 国（中国、日本、韩国）、西亚 3 国（伊朗、以色列、沙特阿拉伯）、中亚东南亚 5 国（印度尼西亚、马来西亚、新加坡、泰国、哈萨克斯坦）；欧洲共包括 5 个国家（法国、德国、西班牙、英国、俄罗斯）；美洲共包括 3 个国家（美国、加拿大、巴西）。基于此，本章按照东亚、西亚、中亚东南亚、欧洲、美洲的区域划分方式分别对上述 19 个国家各类发展指标受冲击的程度进行逐一说明。为全面探究中国电力行业的技术进步对上述各国经济、能源、社会等各方面的影响，本章所阐述的综合效应涵盖表征宏观经济效应、进出口贸易效应、能源消费水平效应、碳排放水平效应、居民生活效应五大方面共计 14 个细分指标。第五章设定的动态模拟时间区间为 2020—2050 年，为清晰刻画不同发展阶段的变动特征，本章在对各个受冲击的指标进行分析时，分阶段进行说明，以五年为一段，将预测的动态仿真区间分为 6 个发展阶段：2020—2025 年、2026—2030 年、2031—2035 年、2036—2040 年、2041—2045 年、2046—2050 年。此外，本章所描述的五种技术进步情景在每个阶段的变化幅度均是与基准情景相比较得出的。

# 第一节 技术减排情景对宏观经济的效应分析

根据衡量宏观经济发展水平的重要指标使用频率，本节选择 GDP、投资、不同行业总产出三类指标表示一国的宏观经济发展水平。根据第六章中对行业的划分，本节重点选取了其中六个行业的总产出：农林牧渔业、化工行业、制造业、电力行业、建筑业、交通运输与服务业。

## 一 对 GDP 的效应分析

GDP 描述的是一定时期内一个国家生产活动的最终成果水平，往往被研究学者称作代表国民经济水平的最具说服力的指标，其变动趋势反映了一个国家在不同发展时期的经济总体发展水平。

### （一）东亚 3 国

与基准情景相比较，中国各阶段 GDP 的变化情况为：在 5 种技术减排情景的作用下，中国的 GDP 相对于基准情景呈现出逐年增长的趋势，并且这种技术冲击强度越大，GDP 的增长速度越快。在 5 种情景中，ST1 情景导致的 GDP 增长趋势最平缓，ST2、ST3、ST4 情景导致的增长趋势逐渐加强，ST5 情景导致的 GDP 增长趋势最显著。到 2025 年，ST1、ST2、ST3、ST4、ST5 情景作用于 GDP 的增长率分别为 0.38%、0.54%、0.74%、1.03%、1.88%。2020—2025年，ST1—ST5 情景作用下的 GDP 年均增长率分别为 0.196%、0.28%、0.39%、0.54%、1.007%。各情景下 GDP 均表现为逐年增加的趋势，因此，各阶段总体上也呈现出逐年增加的趋势，其中，每五年 GDP 的增长趋势会出现双倍的增长效果，且这种增长的趋势会随着时间的推移不断增强，到 2050 年，在 ST1—ST5 情景的冲击下，中国 GDP 的增长率分别达到 3.74%、5.37%、7.62%、10.49%、15.28%。在整个动态模拟区间，ST1—ST5 情景导致的 GDP 年均增长率分别为 1.61%、2.26%、3.20%、4.46%、7.46%。由此可见，中国电力行业的技术进步对 GDP 的贡献是正向的，并且技术进步的提升程度越高，对 GDP 增长的贡献越大。

反之，中国电力行业的技术进步会导致日本和韩国 GDP 出现轻微的下降趋势，并且这种下降趋势会随着技术进步的加强而逐渐增强。对日本而言，这种下降趋势在 2025 年之前均表现出极为平缓的趋势，其中，ST1、ST2、ST3 三种情景导致的 GDP 年均下降率仅为 0.006%、0.009% 和 0.01%，均未超过 0.01%。尽管这种下降的趋势较微弱，但随着时间的推移和技术进步的逐渐强化，下降趋势也呈现出逐年加快的态势，到 2050 年，ST1—ST5 情景导致日本的 GDP 下降率分别达到 0.43%、0.63%、0.90%、1.26%、1.89%。韩国 GDP 的变动趋势与日本 GDP 的变化趋势基本一致，只是各情景导致的变化幅度有所不同。总体上看，韩国 GDP 的下降幅度略低于日本。

（二）西亚 3 国

对西亚地区的伊朗、以色列和沙特阿拉伯而言，与基准情景各阶段变化相比，在 5 种中国技术减排情景的影响下，3 个国家的 GDP 均呈现出逐年下降的趋势。总体上看，这种下降的趋势在 2025 年之前比日本和韩国的下降趋势更显著，但在 2025—2050 年，3 个国家的 GDP 年均下降趋势基本与韩国和日本的下降趋势持平，甚至在技术进步显著的 ST4、ST5 情景下相对于日本和韩国 GDP 下降趋势更为平缓。在2025年之前,5种情景对应的伊朗GDP的逐年下降趋势分别强于以色列和沙特阿拉伯。其中,伊朗的GDP年均下降率在ST1—ST5情景的作用下分别为0.044%、0.062%、0.086%、0.012%、0.224%,沙特阿拉伯GDP年均下降率受ST1—ST5情景的冲击分别为0.012%、0.017%、0.023%、0.033%、0.063%,而以色列GDP的年均下降趋势则介于伊朗和沙特阿拉伯之间。5种技术进步情景导致3个国家GDP均呈现出负向增长的态势,所不同的只是负向增长的幅度随着技术进步的显著程度而逐渐加强,因此,ST2—ST4情景下的GDP下降趋势处于ST1和ST5情景的范围内。至2050年,在ST1情景的制约下,伊朗、以色列和沙特阿拉伯的GDP下降率分别达到0.35%、0.36%、0.31%,即伊朗的GDP下降率在2050年略低于以色列,同时也低于日本和韩国。在ST5情景的制约下,伊朗、以色列和沙特阿拉伯的GDP下降率分别为1.71%、1.63%、1.34%,相对于同期日本的1.89%较为平缓,伊朗相对于同一时期韩国的1.67%略高,而以色列和沙特阿拉伯在各情景冲击下的下降均低于日本和韩国的下降水平。

(三) 中亚东南亚5国

相对于基准情景,中亚东南亚5国即印度尼西亚、马来西亚、新加坡、泰国、哈萨克斯坦受5种技术减排情景的冲击,其GDP也呈现出较为微弱的逐年下降趋势,并且这种下降趋势因技术进步的增强而愈加显著。在2025年之前,印度尼西亚的GDP年均下降程度最大,新加坡的下降程度最小,哈萨克斯坦、泰国、马来西亚则按照下降程度减小的顺序依次位于印度尼西亚和新加坡之间。其中,ST1情景导致印度尼西亚、哈萨克斯坦、泰国、马来西亚、新加坡的GDP年均下降率分别为0.016%、0.011%、0.010%、0.007%、0.003%;ST5情景导致印度尼西亚、马来西亚、新加坡、泰国、哈萨克斯坦的GDP年均下降率分别为0.083%、0.036%、0.016%、0.052%、0.056%。到2050年,在ST1情景的作用下,印度尼西亚、哈萨克斯坦、马来西亚、泰国、新加坡的GDP下降率分别为

0.75%、0.46%、0.45%、0.43%、0.37%，马来西亚的 GDP 下降幅度在 2025—2050 年赶超了泰国。同理，在 ST5 情景的约束下，印度尼西亚、哈萨克斯坦、马来西亚、新加坡、泰国的 GDP 下降率则分别为 3.46%、1.79%、1.71%、1.56%、1.28%，此情景下泰国的 GDP 下降率被新加坡赶超，成为中亚东南亚 5 国中 GDP 下降幅度最小的国家。

（四）欧洲 5 国

相较于基准情景，在 5 种技术减排情景的冲击下，欧洲 5 国即俄罗斯、德国、法国、西班牙、英国的 GDP 均表现为逐年下降的趋势，并且这种下降趋势随着技术进步的提升程度逐渐增强。5 种情景对欧洲 5 国 GDP 的作用趋势相同，只是作用程度有所差别，因此，本节只将 ST1 情景和 ST5 情景这两种极端情况进行说明，其余 3 种情景在此 2 种情景的变动区间内随着技术进步的加强而逐渐显著。截至 2050 年，在 ST1 情景的作用下，5 国 GDP 下降率按照高低顺序排序，分别为西班牙、法国、俄罗斯、英国、德国，下降率分别为 0.87%、0.72%、0.71%、0.57%、0.33%。按此顺序，在 ST5 情景的作用下，各国的 GDP 下降率分别达到 4.29%、3.51%、2.74%、2.61%、1.18%。

（五）美洲 3 国

相较于基准情景，美洲 3 个国家即美国、加拿大、巴西的 GDP 受 5 种技术减排情景的影响呈现出逐年下降的趋势，并且这种下降趋势同前述 GDP 下降的国家一致。在动态仿真区间，GDP 下降程度按照高低排序依次为巴西、加拿大、美国。到 2050 年，ST1 情景导致的 3 国 GDP 下降率分别为 0.71%、0.52%、0.32%，ST5 情景导致的 3 国 GDP 下降率分别为 3.23%、2.53%、1.50%。

综上所述，在 5 种技术减排情景的冲击下，除中国 GDP 表现出随着技术进步的提高而逐年增长的趋势外，其他国家 GDP 均呈现出逐年下降的趋势，并且这种下降的趋势相对于中国 GDP 的增长趋势均表现得较为平缓。这是因为，中国电力行业发电技术的进步必然会导致发电效率的提升，同时使产品生产效率得到提高，最终导致总产值的增加，而其他各国则由于在技术进步方面并未采取任何措施，导致各国的总产值出现轻微的下降趋势。ST1、ST5 情景下各阶段、各国的年均下降率如表 7-1 所示。

表 7-1　　ST1、ST5 情景下各国各阶段 GDP 年均下降率　　单位：%

| 区域 | 国家 | 2020—2025 年 | | 2026—2035 年 | | 2036—2045 年 | | 2046—2050 年 | |
|---|---|---|---|---|---|---|---|---|---|
| | | ST1 | ST5 | ST1 | ST5 | ST1 | ST5 | ST1 | ST5 |
| 东亚 | 中国 | 0.196 | 1.007 | 0.947 | 4.662 | 2.231 | 10.616 | 3.401 | 14.504 |
| | 日本 | -0.007 | -0.035 | -0.077 | -0.385 | -0.244 | -1.218 | -0.394 | -1.799 |
| | 韩国 | -0.005 | -0.025 | -0.065 | -0.308 | -0.241 | -1.083 | -0.398 | -1.591 |
| 西亚 | 伊朗 | -0.044 | -0.224 | -0.271 | -1.221 | -0.426 | -1.046 | -0.379 | 1.025 |
| | 以色列 | -0.010 | -0.050 | -0.072 | -0.369 | -0.207 | -1.073 | -0.329 | -1.552 |
| | 沙特阿拉伯 | -0.012 | -0.063 | -0.103 | -0.526 | -0.243 | -1.255 | -0.302 | -1.405 |
| 中亚 东南亚 | 印度尼西亚 | -0.016 | -0.083 | -0.139 | -0.711 | -0.416 | -2.159 | -0.676 | -3.248 |
| | 马来西亚 | -0.007 | -0.036 | -0.070 | -0.340 | -0.238 | -1.080 | -0.406 | -1.617 |
| | 新加坡 | -0.003 | -0.016 | -0.052 | -0.266 | -0.205 | -1.010 | -0.336 | -1.507 |
| | 泰国 | -0.010 | -0.052 | -0.095 | -0.458 | -0.280 | -1.217 | -0.407 | -1.376 |
| | 哈萨克斯坦 | -0.011 | -0.056 | -0.091 | -0.449 | -0.264 | -1.278 | -0.417 | -1.751 |
| 欧洲 | 俄罗斯 | -0.029 | -0.152 | -0.200 | -0.997 | -0.461 | -2.331 | -0.651 | -2.770 |
| | 德国 | -0.006 | -0.030 | -0.068 | -0.332 | -0.202 | -0.949 | -0.303 | -0.303 |
| | 法国 | -0.010 | -0.053 | -0.106 | -0.549 | -0.365 | -1.934 | -0.640 | -3.206 |
| | 西班牙 | -0.012 | -0.061 | -0.122 | -0.627 | -0.426 | -2.271 | -0.765 | -3.881 |
| | 英国 | -0.009 | -0.048 | -0.097 | -0.488 | -0.313 | -1.590 | -0.518 | -2.442 |
| 美洲 | 加拿大 | -0.009 | -0.050 | -0.085 | -0.442 | -0.273 | -1.459 | -0.464 | -2.334 |
| | 巴西 | -0.016 | -0.082 | -0.130 | -0.662 | -0.391 | -2.017 | -0.638 | -3.042 |
| | 美国 | -0.007 | -0.035 | -0.060 | -0.306 | -0.181 | -0.934 | -0.291 | -1.408 |

## 二　对投资的效应分析

相对于基准情景，5 种技术减排情景对各国的投资状况表现出两种相反的趋势，技术进步促进了中国投资水平的增加，导致其他国家投资水平的略微下降，这种增长和下降趋势与前述 GDP 的变化趋势基本一致。

对中国而言，5 种技术减排情景均对中国的整体投资水平产生了正向的促进作用，并且这种促进作用随着技术进步的加强会不断强化。其中，ST1 情景的促进程度最小，ST5 情景的促进程度最大。2020—2025 年，ST1、ST2、ST3、ST4、ST5 情景推动中国投资增加的幅度分别为 0.675%、0.97%、1.34%、1.86%、3.456%；2026—2035 年，ST1 和 ST5 情景作用下中国投资增加的幅度分别为 2.500%、12.369%；2036—2050 年，ST1 和 ST5 导致的中国投资增加的幅度分别为 5.46% 和 23.39%。截至 2050 年，ST1—ST5 情景使中国投资增加的幅度分别为 7.33%、10.73%、15.25%、20.64%、25.68%。5 种情景对其他 18 个国家的作用趋势均为负向减少，并且下降的趋势也与上述 GDP 的下降整体趋势一致，只是不同的国家表现出的下降率不同，因此，在此将不再重复赘述。各阶段具体的变动趋势如表 7-2 所示。

表 7-2　　ST1、ST5 情景下各国各阶段投资水平的变动幅度　　单位：%

| 区域 | 国家 | 2020—2025 年 | | 2026—2035 年 | | 2036—2045 年 | | 2046—2050 年 | |
|---|---|---|---|---|---|---|---|---|---|
| | | ST1 | ST5 | ST1 | ST5 | ST1 | ST5 | ST1 | ST5 |
| 东亚 | 中国 | 0.675 | 3.456 | 2.500 | 12.369 | 4.797 | 22.266 | 6.777 | 25.624 |
| | 日本 | -0.154 | -0.793 | -0.632 | -3.202 | -1.205 | -5.797 | -1.549 | -5.717 |
| | 韩国 | -0.063 | -0.321 | -0.359 | -1.705 | -0.864 | -3.654 | -1.188 | -3.718 |
| 西亚 | 伊朗 | -0.380 | -1.922 | -1.347 | -6.014 | -1.073 | -0.345 | -0.679 | 7.683 |
| | 以色列 | -0.169 | -0.871 | -0.613 | -3.111 | -1.126 | -5.457 | -1.443 | -5.354 |
| | 沙特阿拉伯 | -0.180 | -0.932 | -0.892 | -4.604 | -1.154 | -5.643 | -1.044 | -3.027 |
| 中亚东南亚 | 印度尼西亚 | -0.266 | -1.377 | -1.101 | -5.668 | -2.214 | -11.214 | -3.091 | -13.234 |
| | 马来西亚 | -0.091 | -0.463 | -0.435 | -2.081 | -0.943 | -3.962 | -1.275 | -3.909 |
| | 新加坡 | -0.047 | -0.246 | -0.352 | -1.793 | -0.882 | -4.171 | -1.100 | -4.040 |
| | 泰国 | -0.123 | -0.628 | -0.562 | -2.662 | -0.986 | -3.763 | -1.010 | -1.666 |
| | 哈萨克斯坦 | -0.152 | -0.775 | -0.691 | -3.425 | -1.350 | -6.213 | -1.790 | -5.960 |

续表

| 区域 | 国家 | 2020—2025年 | | 2026—2035年 | | 2036—2045年 | | 2046—2050年 | |
| --- | --- | --- | --- | --- | --- | --- | --- | --- | --- |
| | | ST1 | ST5 | ST1 | ST5 | ST1 | ST5 | ST1 | ST5 |
| 欧洲 | 俄罗斯 | -0.266 | -1.363 | -0.961 | -4.839 | -1.493 | -7.057 | -1.949 | -5.790 |
| | 德国 | -0.174 | -0.896 | -0.726 | -3.673 | -1.223 | -5.653 | -1.426 | -4.410 |
| | 法国 | -0.222 | -1.155 | -0.930 | -4.849 | -1.953 | -10.084 | -2.750 | -11.877 |
| | 西班牙 | -0.204 | -1.058 | -0.914 | -4.766 | -2.005 | -10.433 | -2.842 | -12.551 |
| | 英国 | -0.186 | -0.959 | -0.857 | -4.351 | -1.707 | -8.352 | -2.239 | -8.804 |
| 美洲 | 加拿大 | -0.167 | -0.867 | -0.707 | -3.694 | -1.455 | -7.601 | -2.062 | -9.063 |
| | 巴西 | -0.213 | -1.101 | -0.886 | -4.542 | -1.732 | -8.711 | -2.288 | -9.343 |
| | 美国 | -0.208 | -1.072 | -0.721 | -3.680 | -1.277 | -6.355 | -1.633 | -6.599 |

### 三 对不同行业总产出的效应分析

根据 GTAP-E 模型对行业的重新归类，本小节将重点阐述在 5 种技术减排情景下各国的农林牧渔、化工、制造、电力、建筑、交通运输与服务 6 个行业的总产出相对于基准情景的变动情况。

（一）农林牧渔业

对绝大多数国家而言，在整个动态仿真时间区间里，受中国电力行业技术减排冲击，农林牧渔业总产出呈现出逐渐增加的趋势。需要特殊说明的是，有 4 个国家的农林牧渔业总产出因中国技术减排政策的影响而呈现出下降的趋势，分别为德国、以色列、哈萨克斯坦、沙特阿拉伯。而且，这 4 个国家的农林牧渔业总产出在动态模拟期间各自的具体特征也不尽相同。

德国农林牧渔业总产出仅在 2035 年之前表现出逐年下降的趋势，并且这种下降的趋势随着技术进步的加强而逐渐强化，至 2034 年，ST1—ST4 情景下下降幅度分别达到 0.0023%、0.0021%、0.0025%、0.0011%，而 ST5 情景下下降趋势于 2033 年终止，下降的幅度达到 0.007%。由此可见，虽然在 2020—2034 年德国农林牧渔业总产出呈现下滑的趋势，但这种趋势表现得十分平缓。自 2035 年开始，在 5 种情景的持续作用下，德国农林牧渔业总产出开始由负向下降趋势转变为正向增长趋势，并且这种增长趋势随着技术进步的增强而表现出逐年显著的态势，技术进步施加强度越大的情景增长趋势越显著，2035—2050 年，ST1—ST5 情景下德国农林牧渔业总产出的年均增长率分别为 0.16%、0.23%、0.33%、0.48%、0.92%，到 2050 年分别达到 0.43%、0.62%、0.90%、1.30%、2.34%，因此，虽然德国农林牧渔业总产出受技术情景的冲击在 2035 年之前呈现出阶段性下降的趋势，但这种下降趋势相较于 2035 年之后的逐年增长趋势，显得极为平缓。

与德国在动态模拟期间第一阶段出现下滑趋势类似，以色列也在动态模拟的前期出现较为平缓的下降趋势，所不同的是，以色列的这种下降趋势仅截至 2028 年，自 2029 年开始，各情景对以色列农林牧渔业总产出的作用由负向转为正向，且表现出逐年递增的趋势。其中，2027 年，ST4、ST5 情景下以色列农林牧渔业总产出已经达到最终的下降幅度，分别为 0.006% 和 0.003%，在 ST1—ST3 情景下的下降趋势于 2028 年停止，分别达到 0.0013%、0.0010%、0.0007%；2029—2050 年，ST1—ST5 情景下年均增长率分别为 0.21%、0.30%、0.44%、0.65%、1.28%，截至 2050 年，分别达到 0.61%、0.89%、1.32%、1.98%、3.41%。通过对比分析可知，在各情景的冲击下，以色列农林牧渔业总产出在下降期间的下滑趋势比德国表现得更为平缓，而在增长期间的增加趋势比德国表现得更为显著。

与德国和以色列变化趋势相反的是沙特阿拉伯，面临技术冲击的影响，该国农林牧渔业总产出表现出先增长后下降的趋势。2031 年之前，5 种情景对该国农林牧渔业总产出的影响均是正向的，到 2031 年，在 ST1—ST5 情景下下降的幅度分别达到 0.01%、0.01%、0.016%、0.02%、0.05%，显然，与德国和以色列相比，这种增长趋势较为平缓；2032—2050 年，5 种情景下沙特阿拉伯农林牧渔业总产出始终表现为下降趋势，并且这种下降趋势随着技术进步情景的加强而呈现出逐渐显著的态势，截至 2050 年，ST1—ST5 情景下该国农林牧渔业总产出下降幅度分别达到 0.25%、0.36%、0.53%、0.77%、1.57%。

与上述三国下降趋势不同，哈萨克斯坦在整个动态仿真区间内均表现出下降的趋势，其中，ST1—ST3 情景下在 2048 年之前的下降趋势逐年增强，到 2048 年达到最大的下降幅度，分别为 0.087%、0.12%、0.16%；ST4 情景下在 2044 年之前均表现出逐年增强的下降趋势，直到 2044 年达到最大的下降水平，为 0.20%；ST5 情景下在 2040 年之前始终表现出逐年增强的下降态势，直至 2040 年达到最大的下降幅度，为 0.27%。截至 2050 年，ST1—ST5 情景下哈萨克斯坦农林牧渔业总产出的下降幅度分别达到 0.085%、0.12%、0.156%、0.166%、0.01%。由此可见，尽管哈萨克斯坦农林牧渔业总产出受技术情景的冲击在整个动态仿真区间均表现出逐年下降的趋势，但这种下降趋势与德国、以色列和沙特阿拉伯相比仍相对平缓。

(二) 化工行业

受技术冲击的影响，中国、印度尼西亚、加拿大、美国、巴西、俄罗斯、哈萨克斯坦 7 个国家化工行业总产出在不同发展阶段表现出增长的趋势，其他国家化工行业总产出在整个动态仿真期间均表现出逐年下降的趋势，只是下降的程度有所差别。对中国而言，在 5 种情景下，化工行业总产出在整个动态模拟区间内均表现出逐年增加的趋势，并且这种增长的趋势随着技术进步程度的增强而不断显著。截至 2050 年，ST1—ST5 情景导致的增长率分别为 5.46%、7.85%、11.2%、15.5%、23.85%。

对加拿大、美国、巴西而言，化工行业总产出受技术情景的影响仅在动态仿真的前几年出现短暂的增长趋势，之后便呈现出逐年下降的趋势，其中，短暂增长趋势分别截至 2022 年、2023 年、2026 年，增长率在 ST5 情景下分别达到 0.011%、0.017%、0.08%，在 ST5 情景下整个增长区间的年平均增长率分别为 0.011%、0.013%、0.125%。截至 2050 年，ST5 情景下加拿大、美国、巴西化工行业总产出的下降幅度分别达到 8.90%、6.89%、9.68%。由此可见，在动态模拟的初始阶段中国电力行业的技术进步对巴西化工行业总产出产生的贡献最显著，在动态模拟区间的后期对巴西化工行业总产出的抑制作用也是最强的。

对印度尼西亚、俄罗斯、哈萨克斯坦而言，此 3 国化工行业总产出的增长趋势受技术冲击产生的影响较为深远，增长趋势分别延续到 2044 年、2037 年、2050 年。对印度尼西亚而言，ST3—ST5 情景下其化工行业总产出于 2044 年达到增长峰值，增长率分别为 0.062%、0.21%、0.10%，而 ST1 和 ST2 情景下其总产出分别于 2041 年和 2043 年达到最大值，增长率分别为 0.035%、0.034%。俄罗斯化工行业总产出受各情景的冲击延续时间是此 3 国中最短的，ST3—ST5 情景下其化工行业总产出增长率于 2037 年达到最大，分别为 0.03%、0.10%、0.22%，ST1 和 ST2 情景下其增加值的峰值分别于 2035 和 2036 年达到，分别为 0.03%、0.04%。对哈萨克斯坦而言，ST4 和 ST5 情景下化工行业总产出增加值一直延续到 2050 年，分别达到 0.42%和 1.43%的增长率，而 ST1、ST2、ST3 情景下的化工行业总产出则分别于 2045 年、2046 年和 2028 年达到增长率最大值，分别为 0.001%、0.05%、0.08%。通过对比分析发现，尽管中国电力行业技术进步对此 3 国化工行业总产出增加值的影响时间较长，但最终实现的增长趋势相对于上述各国却表现得最为平缓，并且达到最大增长率时的值也相对较小。

（三）制造业

技术减排情景对各国制造业总产出的整体影响可分为两类：一类是在整个动态模拟区间均表现出持续增长的趋势；另一类是在动态模拟区间的前一阶段出现短暂的增长趋势，到动态模拟区间的后一阶段则表现出持续的下降趋势，只是不同的国家出现下降趋势的时间节点和程度不同。

属于第一类的国家有中国、印度尼西亚、哈萨克斯坦，这 3 个国家的制造业总产出在 5 种技术减排情景下在 2020—2050 年均呈现出逐年递增的增长趋势。其中，到 2050 年，在 ST5 情景下，中国、印度尼西亚、哈萨克斯坦制造业总产出的增长率分别达到 14.20%、2.36%、2.11%，中国的增长趋势最快，印度尼西亚次之，哈萨克斯坦最慢。

其他国家制造业的变动趋势均属于第二类。这些国家的增长趋势大多数持续到 2040 年左右，持续不到 2030 年的国家仅有 3 个，包括持续到 2029 年的沙特阿拉伯、持续到 2022 年的伊朗、持续到 2027 年的巴西。各国的增长趋势在达到最大值后，开始转向下降，并且这种下降的幅度随着技术进步的提升而不断加大。

（四）电力行业

电力行业作为各国国民经济发展的支柱性行业，在受到中国电力行业发电技术进步冲击后，其行业总产出对此作出的反应主要表现出如下四个特征。

第一，部分国家电力行业的总产出在受到情景冲击后的整个动态模拟区间内均表现出持续递增的趋势，符合这类特征的国家有 8 个：中国、日本、韩国、印度尼西亚、马来西亚、新加坡、美国、以色列。截至 2050 年，在 ST5 情景约束下，这些国家电力行业总产出的增长幅度分别达到 368.18%、1.55%、15.94%、4.37%、17.45%、2.06%、2.56%、2.47%，中国电力行业的总产出受中国技术进步的影响程度最大，增长了将近 4 倍，受影响程度最小的为日本。

第二，部分国家电力行业总产出的变化趋势呈现出先持续增加，后又转为不断下降的情况，符合这种变化特征的国家有泰国、德国、英国、俄罗斯、哈萨克斯坦，这些国家增加趋势终止的时间分别为 2038 年、2028 年、2035 年、2036 年、2039 年，导致这些国家电力行业增长到上述年份即转为下降趋势的并不是所有的技术减排情景，而大多是减排强度较高的技术进步情景，如 ST4 和 ST5。截至上述这些时间点，在 ST5 情景下，上述国家电力行业总产出的增长幅度分别达到 0.14%、0.005%、0.12%、0.004%、0.016%。

第三，部分国家电力行业总产出在整个动态模拟区间内始终呈现出逐年下降的趋势，符合这类特征的国家有加拿大、巴西、法国、西班牙、伊朗。截至 2050 年，在 ST5 情景下，上述各国电力行业的下降幅度分别达到 14.34%、14.88%、23.43%、20.85%、36.21%。

第四，电力行业总产出呈现出先下降后增长的趋势，符合这种特征的国家只有沙特阿拉伯，该国各情景下在 2035 年之前均表现出逐年下降的趋势，其中，ST5 情景下电力行业总产出于 2034 年达到最终下降幅度，下降率为 0.051%，其余各情景均于 2035 年结束下降趋势，ST1—ST4 情景下的最终下降幅度分别为 0.0092%、0.01%、0.012%、0.0125%，2035—2050 年，在减排情景下电力行业总产出开始呈现出逐年下降的趋势。

(五) 建筑业

各国建筑业总产出在技术冲击影响下的变动趋势可分为三类：第一类是在整个动态仿真区间内均表现出持续增长的趋势；第二类是在动态模拟区间的前一阶段表现出逐年下降的趋势，但在部分技术进步情景下在后期的动态仿真区间出现增长的趋势；第三类是在整个动态仿真区间均表现出逐年下降的趋势。

符合第一类变动趋势的国家只有中国，截至 2050 年，ST1—ST5 情景下中国建筑业总产出的增长率分别达到 7.18%、10.51%、14.95%、20.23%、25.26%，由此可见，技术进步的强度越大，建筑业总产出增加幅度越大。

符合第二类变动趋势的国家只有伊朗，需要说明的是，只有 ST4 和 ST5 情景下伊朗建筑业总产出的变动趋势由先下降转为后增长，ST4 情景下伊朗建筑业总产出下降趋势终止的时间节点是 2046 年，对应的下降率为 0.42%，ST5 情景下伊朗建筑业总产出下降趋势终止的时间节点为 2040 年，相应的下降幅度为 0.93%，即在 ST4 和 ST5 情景下伊朗建筑业总产出分别于 2047 年和 2041 年开始呈现出逐渐增长的变动趋势。此外，ST1—ST3 情景下在整个动态仿真区间内伊朗建筑业总产出始终呈现出逐年下降的趋势，截至 2050 年的下降率分别达到 0.48%、0.55%、0.052%。

符合第三类变动趋势的国家是除中国和伊朗以外的其他所有国家，这些国家下降的趋势会随着技术进步的增强而愈加显著。

（六）交通运输与服务业

各国交通运输与服务业总产出受到技术冲击后大体上表现出以下几类变动趋势：第一类是在整个变动区间内均呈现出逐年增长的趋势；第二类是表现出先下降后增长的趋势；第三类是呈现出先增长后下降的趋势；第四类是在整个动态仿真期间始终表现出下降的趋势。

符合第一类变动趋势的国家只有中国，在5种情景的制约下，在整个仿真期间始终表现为逐年递增的态势，并且这种趋势随着技术进步情景的加强而愈加显著。截至2050年，ST5情景导致的中国交通运输与服务业总产出的增加幅度达到16.51%。

符合第二类变化情况的国家共有7个，分别为韩国、马来西亚、新加坡、泰国、德国、伊朗、沙特阿拉伯，这些国家的交通运输与服务业总产出下降的终止时间点分别为2033年、2041年、2029年、2046年、2036年、2039年、2049年，在ST5情景下相应的下降率分别为0.017%、0.062%、0.018%、0.099%、0.015%、0.14%、0.032%，自下降趋势终止后各国交通运输与服务业总产出开始表现为逐年增加的态势，直至2050年。

符合第三类变动趋势的国家共有9个，分别为日本、印度尼西亚、加拿大、美国、巴西、法国、西班牙、英国、俄罗斯，ST5情景导致这些国家交通运输与服务业总产出增长趋势出现终止的时间点分别为2021年、2032年、2029年、2022年、2023年、2035年、2028年、2021年、2023年，相应的增长幅度为0.0009%、0.0005%、0.002%、0.002%、0.002%、0.009%、0.006%、0.002%、0.016%。

符合第四类变动趋势的国家共有2个，分别为以色列和哈萨克斯坦，这两个国家交通运输与服务业总产出的变动趋势随着技术进步的加强而逐渐强化，截至2050年，ST5情景下两国交通运输与服务业总产出下降幅度分别达到2.18%和0.97%。

## 第二节　技术减排情景对进出口贸易的效应分析

受到技术进步的影响，一国的贸易结构势必会进行重新调整，以适应整个系统均衡的状态。本节讨论的贸易变动主要包括各国进口商品总量的变化情况和各国出口商品总量的变化情况。

### 一　对进口的效应分析

受中国电力行业发电结构优化导致的技术进步的影响，各国进口商品总量在 5 种情景的冲击下表现出 5 种不同的变动趋势。第一种在整个动态区间内呈现出持续增长的趋势；第二种在整个动态区间内表现为持续下降的趋势；第三种在动态仿真区间的初始阶段表现出先增长的趋势，后又随着时间的推移表现为逐年下降的趋势；第四种与第三种趋势相反，即先表现为逐年下降的趋势，后又呈现出逐年增长的态势；第五种较为特殊，即在整个动态仿真区间内表现出三个阶段性变化趋势，在动态模拟的初始阶段先增加，在中间阶段下降，在动态模拟后期再次出现增长的态势。

符合第一种变动趋势的国家只有中国，这种逐年增长的趋势随着技术进步强度的增加而愈加显著。截至 2050 年，ST1—ST5 情景下中国进口商品总量的增长率分别达到 5.29%、7.82%、11.33%、15.93%、21.62%。

符合第二种变动趋势的国家有 9 个，分别为印度尼西亚、加拿大、美国、法国、西班牙、英国、俄罗斯、哈萨克斯坦、以色列，并且这种下降趋势随着技术进步的加强而逐渐显著，截至 2050 年，在 ST5 情景的约束下，上述各国进口商品总量的下降率分别达到 8.67%、3.02%、2.44%、3.40%、6.11%、2.88%、1.87%、2.23%、2.42%。由此可见，中国电力行业的技术变革对印度尼西亚进口商品总量产生的冲击最大。

符合第三种变动趋势的国家只有新加坡，新加坡进口商品总量在 5 种情景下均于 2029 年达到增长的最大幅度，其中，ST1—ST5 情景下新加坡进口商品总量增长率分别达到 0.005%、0.002%、0.003%、0.006%、0.016%。自 2030 年开始，新加坡进口商品总量开始呈现出下降的趋势，这种下降趋势一直延续到 2050 年。

符合第四种变动情况的国家有 5 个，分别为日本、巴西、德国、伊朗、沙特阿拉伯，在 ST5 情景下，上述各国进口商品总量的下降趋势分别持续到 2044 年、2046 年、2045 年、2034 年、2033 年，相应的下降率为 0.018%、0.36%、0.14%、0.59% 和 0.15%，之后各国进口商品总量开始呈现出逐年增长的趋势，直至 2050 年。

符合第五种特殊变动情况的国家有 3 个，分别为韩国、马来西亚、泰国。这 3 个国家进口总量的变动趋势都较为特殊。对韩国而言，在 ST4 和 ST5 情景的制约下，该国的进口总量在整个动态仿真区间内始终呈现出逐年递增的发展态势，截至 2050 年，ST4 和 ST5 情景下该国进口总量的增长幅度分别达到 0.44% 和 1.46%。但需要特殊说明的是，在 ST1—ST3 情景，该国进口总量符合第五种变化趋势的特征：2027 年之前，ST1 和 ST2 情景下的该国进口总量始终保持逐年增长的趋势，到 2027 年增长率分别达到 0.0002% 和 0.0003%，ST3 情景下于 2028 年结束第一阶段的增长趋势，2028 年的增长率达到 0.0013%，此后，ST1 情景下在 2028—2049 年均表现出下降的趋势，2049 年的降幅达到 0.009%，ST2 情景下于 2028—2047 年均表现出下降趋势，在 2047 年达到 0.011%，ST3 情景下则于 2029—2043 年保持下降趋势，2043 年的下降率为 0.003%，此后，3 种情景下分别于 2050 年、2048 年和 2044 年又出现短暂的增长趋势，直至 2050 年的增长率分别达到 0.001%、0.039%、0.15%。对马来西亚而言，只有 ST5 情景下该国进口总量变动趋势符合第五种特征，其中，第一阶段为 2020—2029 年，第二阶段为 2030—2044 年，第三阶段为 2045—2050 年。其他四种情景下均表现为先增长后下降的趋势，其中 ST1—ST4 情景下第一阶段增长趋势分别到 2027

年、2027 年、2027 年、2028 年停止。对泰国而言，只有 ST4 和 ST5 情景下的变动趋势符合第五种特征，第一阶段均为 2020—2023 年，第二阶段分别为 2024—2047 年和 2024—2041 年，第三阶段分别为 2028—2050 年和 2042—2050 年。此外，ST1—ST3 情景下该国进口总量表现出先增长后下降的变动趋势，增长的终止时间均为 2023 年，相应的增幅分别达到 0.0007%、0.001%、0.002%，截至 2050 年的下降率分别达到 0.17%、0.20%、0.13%。

各国进口效应的变动趋势如表 7-3 所示。

表 7-3　　ST1、ST5 情景下各国进口效应变动趋势　　单位：%

| 区域 | 国家 | 2020—2025 年 | | 2026—2035 年 | | 2036—2045 年 | | 2046—2050 年 | |
|---|---|---|---|---|---|---|---|---|---|
| | | ST1 | ST5 | ST1 | ST5 | ST1 | ST5 | ST1 | ST5 |
| 东亚 | 中国 | 0.400 | 2.094 | 1.627 | 8.531 | 3.306 | 17.012 | 4.846 | 21.086 |
| | 日本 | -0.050 | -0.249 | -0.183 | -0.847 | -0.209 | -0.526 | -0.133 | 1.042 |
| | 韩国 | 0.002 | 0.015 | -0.005 | 0.085 | -0.027 | 0.452 | -0.017 | 1.178 |
| 西亚 | 伊朗 | -0.203 | -1.007 | -0.499 | -1.584 | -0.047 | 5.641 | 0.396 | 13.417 |
| | 以色列 | -0.015 | -0.078 | -0.110 | -0.611 | -0.314 | -1.844 | -0.503 | -2.420 |
| | 沙特阿拉伯 | -0.057 | -0.289 | -0.069 | -0.320 | 0.311 | 1.906 | 0.770 | 4.779 |
| 中亚东南亚 | 印度尼西亚 | -0.134 | -0.689 | -0.585 | -2.958 | -1.300 | -6.479 | -1.949 | -8.420 |
| | 马来西亚 | 0.007 | 0.039 | -0.020 | 0.000 | -0.121 | -0.070 | -0.190 | 0.200 |
| | 新加坡 | 0.013 | 0.065 | -0.015 | -0.059 | -0.176 | -0.756 | -0.305 | -1.243 |
| | 泰国 | 0.000 | 0.005 | -0.062 | -0.146 | -0.182 | 0.032 | -0.192 | 1.006 |
| | 哈萨克斯坦 | -0.108 | -0.548 | -0.408 | -2.006 | -0.754 | -3.281 | -0.984 | -2.681 |
| 欧洲 | 俄罗斯 | -0.232 | -1.180 | -0.656 | -3.334 | -0.787 | -3.759 | -1.039 | -2.408 |
| | 德国 | -0.020 | -0.100 | -0.108 | -0.485 | -0.206 | -0.520 | -0.231 | 0.361 |
| | 法国 | -0.046 | -0.236 | -0.232 | -1.205 | -0.551 | -2.798 | -0.830 | -3.422 |
| | 西班牙 | -0.059 | -0.303 | -0.339 | -1.717 | -0.866 | -4.310 | -1.367 | -5.862 |
| | 英国 | -0.042 | -0.214 | -0.233 | -1.138 | -0.556 | -2.538 | -0.810 | -2.962 |
| 美洲 | 加拿大 | -0.053 | -0.272 | -0.263 | -1.343 | -0.590 | -2.885 | -0.831 | -3.173 |
| | 巴西 | -0.170 | -0.864 | -0.546 | -2.614 | -0.679 | -2.376 | -0.491 | 1.034 |
| | 美国 | -0.102 | -0.523 | -0.373 | -1.876 | -0.644 | -3.122 | -0.765 | -2.804 |

## 二 对出口的效应分析

各国出口商品总量的变动趋势受技术情景的驱动表现为三类：第一类在整个动态模拟区间保持持续增长的趋势；第二类在动态模拟第一阶段表现出先下降的趋势，在后来的阶段又表现出逐年增长的趋势；第三类与第二类相反，即在动态模拟区间的前期表现为增加的趋势，在动态模拟的后期表现为逐渐下降的趋势。

符合第一类变动趋势的国家有2个，分别为巴西和印度尼西亚，这两个国家的出口商品总量在各情景作用下呈现出逐年增长的趋势，并且这种增长的幅度随着技术进步的增强愈加显著。截至2050年，ST1—ST5情景下巴西出口商品总量的增长率分别达到1.37%、2.16%、3.18%、4.38%、3.34%，同理，ST1—ST5情景下印度尼西亚出口商品总量的增长率分别达到2.62%、4.10%、6.28%、9.38%、13.54%。由此可见，中国电力行业发电技术进步对巴西出口商品总量的冲击程度明显弱于对印度尼西亚出口商品总量的冲击程度。

满足第二类变动趋势特征的国家只有中国，虽然5种情景均导致中国出口商品总量呈现出先下降后增长的趋势，但各情景下中国出口商品总量的下降趋势持续时间和变动幅度均不相同。对ST1情景而言，在其作用下，中国出口商品总量的下降趋势一直持续到2045年，截至2045年，相对应的下降率达到0.009%，自2046年开始，ST1情景下，中国出口商品总量又开始由增长转为下降，到2050年下降幅度达到0.76%；对ST2、ST3情景而言，中国出口商品总量的下降趋势一直延续到2046年，相对应的下降程度分别为0.084%和0.081%，在第二阶段2027—2050年中国出口商品总量呈现出逐年递增的趋势，增长幅度至2050年分别达到0.87%和1.48%；对ST4情景而言，中国出口商品总量第一阶段下降趋势的持续周期为2020—2044年，至2044年降幅达到0.45%后开始出现正向增长的反弹趋势，并且这种增长的趋势贯穿动态仿真区间的第二阶段2045—2050年，最终实现2050年3.36%的增长率；对ST5

情景而言，中国出口商品总量在 2020—2039 年呈现出逐年下降的趋势，于 2039 年以 1.08% 的下降幅度终止了这种下降趋势，在动态模拟的第二阶段即 2040—2050 年表现出逐年增长的态势，最终以 14.57% 的增长率增加到 2050 年。

符合第三类特征的国家有 16 个，即除巴西、印度尼西亚和中国以外的其他所有国家，虽然这些国家在不同的情景下由增长趋势转为下降趋势的时间略有差异，但相同的是，各情景的变动趋势及变动程度是随着技术进步的逐渐增强而愈加显著的，基于此，本节以 ST5 情景为准，整理了各国出口商品总量由增长趋势转为下降趋势的时间节点。对日本而言，其增长持续的时间区间为 2020—2038 年，2038 年对应的增长率为 0.41%，第二阶段为 2039—2050 年，至 2050 年下降幅度达到 5.74%。对韩国而言，初始阶段的增长趋势维持到 2040 年，相应的增长幅度达到 0.037%，后期的下降起止时间段为 2041—2050 年，至 2050 年下降率达到 2.06%。对马来西亚而言，第一阶段的增长趋势到 2035 年终止，相对应的增长率为 0.054%，自 2036 年开始呈现出下降的趋势，直到 2050 年的 1.99%。同理，新加坡、泰国、加拿大、美国、法国、德国、西班牙、英国、俄罗斯、哈萨克斯坦、伊朗、以色列、沙特阿拉伯第一阶段的增长趋势分别延续到 2033 年的 0.40%、2033 年的 0.67%、2048 年的 0.20%、2049 年的 0.079%、2043 年的 0.16%、2032 年的 0.03%、2039 年的 0.09%、2037 年的 0.06%、2047 年的 0.18%、2042 年的 0.01%、2031 年的 0.096%、2030 年的 0.06%、2029 年的 0.05%。

各国出口效应变动趋势如表 7-4 所示。

表 7-4　　ST1、ST5 情景下各国出口效应变动趋势　　单位：%

| 区域 | 国家 | 2020—2025 年 | | 2026—2035 年 | | 2036—2045 年 | | 2046—2050 年 | |
| --- | --- | --- | --- | --- | --- | --- | --- | --- | --- |
| | | ST1 | ST5 | ST1 | ST5 | ST1 | ST5 | ST1 | ST5 |
| 东亚 | 中国 | -0.480 | -2.410 | -1.065 | -4.880 | -0.485 | 0.861 | 0.424 | 11.312 |
| | 日本 | 0.116 | 0.591 | 0.278 | 1.411 | -0.034 | -0.697 | -0.495 | -4.558 |
| | 韩国 | 0.020 | 0.101 | 0.075 | 0.335 | 0.039 | -0.099 | -0.158 | -1.517 |

续表

| 区域 | 国家 | 2020—2025年 | | 2026—2035年 | | 2036—2045年 | | 2046—2050年 | |
|---|---|---|---|---|---|---|---|---|---|
| | | ST1 | ST5 | ST1 | ST5 | ST1 | ST5 | ST1 | ST5 |
| 西亚 | 伊朗 | 0.129 | 0.654 | 0.005 | 0.144 | −0.660 | −1.913 | −1.014 | −1.237 |
| | 以色列 | 0.031 | 0.153 | 0.011 | −0.043 | −0.228 | −1.850 | −0.511 | −3.936 |
| | 沙特阿拉伯 | 0.021 | 0.108 | −0.009 | −0.050 | −0.158 | −0.842 | −0.287 | −1.508 |
| 中亚东南亚 | 印度尼西亚 | 0.259 | 1.360 | 0.920 | 5.123 | 1.729 | 10.482 | 2.435 | 13.250 |
| | 马来西亚 | 0.031 | 0.158 | 0.040 | 0.213 | −0.125 | −0.578 | −0.349 | −1.678 |
| | 新加坡 | 0.021 | 0.107 | 0.020 | 0.102 | −0.198 | −1.048 | −0.512 | −2.749 |
| | 泰国 | 0.031 | 0.160 | 0.020 | 0.144 | −0.215 | −0.849 | −0.474 | −1.864 |
| | 哈萨克斯坦 | 0.016 | 0.078 | 0.034 | 0.165 | 0.012 | 0.045 | −0.015 | −0.221 |
| 欧洲 | 俄罗斯 | 0.119 | 0.601 | 0.330 | 1.659 | 0.353 | 1.264 | 0.434 | −0.030 |
| | 德国 | 0.035 | 0.180 | 0.009 | 0.071 | −0.295 | −1.456 | −0.615 | −3.068 |
| | 法国 | 0.072 | 0.372 | 0.191 | 1.003 | 0.141 | 0.501 | 0.022 | −1.362 |
| | 西班牙 | 0.062 | 0.321 | 0.133 | 0.740 | −0.028 | −0.255 | −0.222 | −2.338 |
| | 英国 | 0.028 | 0.143 | 0.050 | 0.267 | −0.050 | −0.293 | −0.171 | −1.285 |
| 美洲 | 加拿大 | 0.062 | 0.322 | 0.170 | 0.928 | 0.207 | 1.107 | 0.202 | 0.187 |
| | 巴西 | 0.272 | 1.405 | 0.791 | 4.173 | 1.091 | 5.551 | 1.313 | 4.143 |
| | 美国 | 0.070 | 0.361 | 0.156 | 0.816 | 0.168 | 0.729 | 0.214 | 0.190 |

## 第三节　技术减排情景对能源消费水平的效应分析

本节对能源消费水平的效应分析主要是对化石能源（主要是煤炭、石油、天然气三类）消费水平变动趋势的分析。

### 一　对煤炭消费量的效应分析

动态模拟仿真数据的结果显示，并非所有国家的煤炭消费水平在仿真区间内均表现出下降的趋势；相反，各国煤炭消费量的变化表现出两类极端的变动趋势：第一类在整个动态仿真区间内表现出逐年下降的趋势；第二类在整个动态区间内始终呈现出逐年增长的趋势。

满足第一类变化趋势的国家有 2 个，分别为中国和哈萨克斯坦。这两个国家的煤炭消费量在整个动态区间内始终表现出逐年下降的趋势，并且这种下降的趋势随着技术进步强度的提高而逐渐增强，截至2050年，ST1—ST5 情景下中国煤炭消费量的下降率分别达到 5.65%、8.70%、13.44%、20.99%、41.35%；同理，ST1—ST5 情景下哈萨克斯坦煤炭消费量的下降率分别达到 3.74%、5.83%、9.15%、14.20%、25.13%。通过对比分析可得，中国煤炭消费水平在其电力行业电源结构优化的情景下在未来将会持续下降，并且这种下降幅度会随着时间的推移逐渐增强，需要说明的是，中国煤炭消费水平的下降趋势比哈萨克斯坦的降幅高出了将近一倍，下降幅度较大。由此可见，若中国在未来真正严格执行本书分析的电源结构优化调整情景方案，则中国的煤炭消费水平会持续下降。

除中国和哈萨克斯坦外的其他 17 个国家的煤炭消费水平变动趋势符合第二类特征，即在整个动态仿真区间内始终保持逐年增长的趋势。各情景导致的增长趋势是一致的，只是随着技术进步程度的不同而表现出不同的增加幅度，因此，本节只讨论两个极端情景 ST1 和 ST5 对各国煤炭消费量的作用结果，其余 3 个情景的变动幅度处于两个极端情景之间。此外，按照所属洲对各国煤炭消费的增长趋势进行分类，可得如下结果。

东亚地区的日本和韩国，在 ST1 和 ST5 情景下煤炭消费增长率于 2050 年分别达到 3.80%、31.67% 和 4.59%、37.89%；西亚地区的伊朗和以色列，ST1 和 ST5 情景下，煤炭消费量增长幅度分别达到 3.42%、39.03% 和 6.28%、26.76%；中亚东南亚地区的印度尼西亚、马来西亚、新加坡、泰国、哈萨克斯坦在 ST1 和 ST5 情景下分别于 2050 年实现的增幅为 3.37%、30.64%，4.29%、35.11%，4.06%、35.87%，2.96%、21.33%，3.74%、25.13%；欧洲的俄罗斯、德国、法国、西班牙、英国受 ST1 和 ST5 情景的驱动，在 2050 年其煤炭消费水平的增长率分别达到 3.40%、25.22%、3.35%、15.07%、2.01%、9.1%、1.66%、5.09%、2.82%、21.34%；美洲的美国、加拿大、巴西在 ST1 和 ST5 情景的影响下，其煤炭消费水平增长幅度于 2050 年分别达到 2.96%、21.34%、2.94%、16.88%、2.22%、14.78%。通过对比分析可知，韩国、伊朗、哈萨克斯坦的煤炭消费水平于 2050 年在 ST5 情景的驱动下增长幅度均在 30%以上，增幅较大。

5 种情景下各国煤炭消费水平变动趋势如图 7-1 所示。

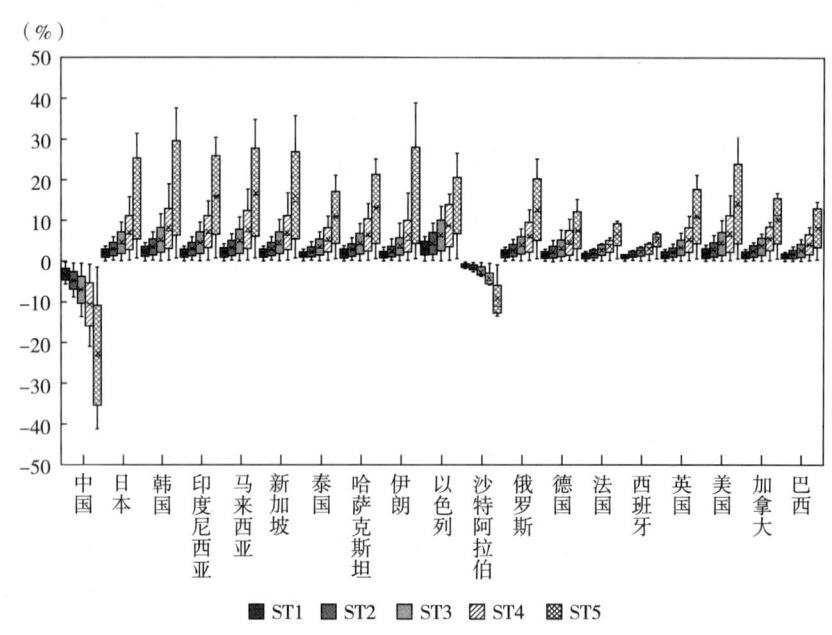

图 7-1 技术减排情景约束下各国煤炭消费水平变动趋势

## 二 对石油消费量的效应分析

对中国而言，相较于煤炭消费水平的持续下降，石油消费水平却出现了逐年增长的趋势，并且这种增长幅度相较于煤炭消费的下降幅度要显著。随着技术进步的逐渐增强，这种增长趋势也不断得以强化。截至 2050 年，ST1—ST5 情境下中国石油消费量的增长率分别达到 22.89%、33.57%、48.74%、69.08%、108.63%。由此可见，中国电力行业电源结构的优化会促使石油的消费量在整个动态仿真区间内出现较大的增长幅度，特别是在 ST5 这种极端的电源结构优化情景下，中国石油消费水平会随之增长一倍多。

与中国石油消费量出现增长的趋势类似，在部分情景的制约下，以色列石油消费量也出现了阶段性的增长趋势。其中，ST1—ST3 情景下的以色列石油消费量在整个动态仿真区间内均表现出逐年增长的趋势，2020—2046 年，这种增长的趋势随着技术进步强度的提高逐渐显著，截至 2046 年，ST1—ST3 情景下的以色列石油消费量增长率分别达到 1.17%、1.60%、1.68%，但从 2047 年开始，ST2 情景作用下的以色列石油消费量增长幅度高于 ST1 情景和 ST3 情景，截至 2050 年，ST1—ST3 情景下增长幅度分别达到 1.40%、1.86%、1.46%。与上述三个情景不同的是，ST4 和 ST5 情景只促使以色列石油消费量在动态仿真的第一个阶段出现增长的趋势，而在动态仿真区间后期出现下降的趋势，其中，ST4 情景导致的以色列石油消费量第一阶段增长趋势一直持续到 2045 年，相对应的增长率达到 0.05%，自 2046 年开始出现短暂的下降趋势，一直延续到 2050 年，相应的下降幅度达到 2.01%；ST5 情景对以色列石油消费量的增长贡献维持到 2031 年，相应的增长率达到 0.27%，自 2032 年开始，这种下降趋势一直延续到 2050 年，相应的下降率达到 7.63%。

此外，沙特阿拉伯的石油消费量虽然未在整个动态仿真区间内表现出持续的下降趋势，但在 5 种情景的驱动下也在动态模拟区间的前期表现出逐年下降的趋势，这种下降趋势在 5 种情景作用下延续到 2044 年，自 2045 年开始出现正向的反弹趋势，这种增长趋势一直保持到 2050 年。

除中国、以色列、沙特阿拉伯以外的其他 16 个国家的石油消费量在整个动态仿真区间内均表现出逐年下降的趋势，并且这种下降趋势随着技术进步的加强而愈加显著，所不同的只是各个国家下降的幅度有所差异。因此，此处也仅说明两个极端情景 ST1 和 ST5 约束下各国的石油消费量变动趋势。对于东亚的日本和韩国而言，ST1

和 ST5 情景导致的石油下降率到 2050 年分别达到 1.11%、5.31%、15.78%、49.88%；对于西亚的伊朗而言，其 2050 年石油消费量受 ST1 和 ST5 情景的约束产生的下降水平达到 10.55%、47.40%；对于印度尼西亚、马来西亚、新加坡、泰国、哈萨克斯坦而言，2050 年 ST1 和 ST5 情景导致的石油消费量下降率分别达到 2.09%、10.65%、1.77%、9.63%、25.30%、69.43%、3.11%、16.85%、0.99%、4.27%；对于欧洲的俄罗斯、德国、法国、西班牙、英国而言，其石油消费量受 ST1 和 ST5 情景的冲击产生的下降率于 2050 年分别达到 1.53%、8.79%、1.93%、9.56%、3.56%、15.60%、5.59%、25.26%、4.96%、24.30%；对于美洲的美国、加拿大、巴西而言，2050 年在 ST1 和 ST5 情景作用下产生的石油消费量下降率分别达到 6.20%、27.31%、2.49%、10.63%、2.92%、18.03%。

5 种情景下各国石油消费水平变动趋势如图 7-2 所示。

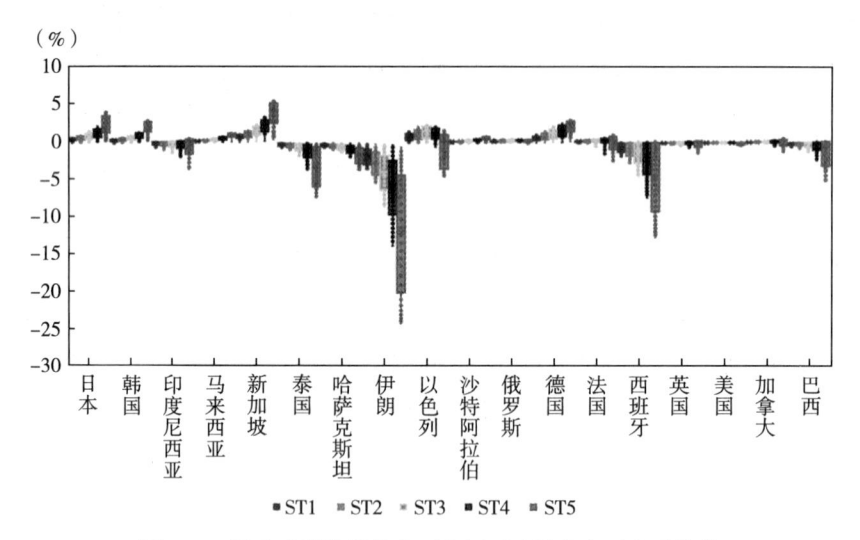

图 7-2 技术减排情景约束下各国石油消费水平变动趋势

### 三 对天然气消费量的效应分析

根据本书中情景设计，各国的天然气消费量变动趋势可以分为三类：第一类，天然气消费量在整个动态区间内保持持续的增加趋势；第二类，在动态仿真区间的前期表现出先增长的趋势，在后期又转为逐渐下降的趋势；第三类，在整个动态区间内均表现为持续的下降趋势。

满足第一类变动趋势的国家有 8 个，分别为中国、日本、韩国、马来西亚、新加坡、德国、俄罗斯、沙特阿拉伯。这些国家的天然气消费量随着技术进步的提高而不断强化，截至 2050 年，ST5 情景导致的天然气消费量的增长率分别达到 51.53%、4.11%、1.45%、1.27%、5.55%、2.92%、0.46%、0.72%。通过比较可知，中国天然气的消费量增长幅度远高于其他几个国家，增幅较大。

符合第二类特征的国家有 8 个，分别为印度尼西亚、加拿大、美国、巴西、法国、西班牙、英国、以色列。以 ST5 情景为准，这些国家天然气消费增长的第一阶段分别为 2020—2035 年、2020—2039 年、2020—2029 年、2020—2032 年、2020—2038 年、2020—2027 年、2020—2037 年、2020—2035 年，到增长趋势截止时间点，对应的增长幅度分别为 0.17%、0.09%、0.016%、0.07%、0.19%、0.05%、0.03%、0.20%，各国之后出现逐年下降的趋势，截至 2050 年，各国的下降幅度分别达到 3.58%、1.19%、0.13%、5.16%、2.54%、12.73%、1.37%、4.45%。

符合第三类变化趋势的国家有 3 个，分别为泰国、哈萨克斯坦、伊朗。这三个国家在整个动态仿真模拟区间内始终保持逐年下降的趋势，并且随着技术进步情景强度的提高这种下降的趋势愈加显著，其中，ST1 情景的作用导致上述三个国家的天然气消费量下降趋势最为平缓，ST5 情景作用导致的下降幅度最大。截至 2050 年，上述三个国家天然气消费的下降率在 ST1 和 ST5 情景下分别达到 0.61%、7.30%、0.62%、3.66%、3.54%、24.32%。通过比较可得，受中国电力行业电源结构技术进步的冲击，伊朗的天然气消费量下降趋势最为显著。

5 种情景下各国天然气消费水平变动趋势如图 7-3 所示。鉴于中国石油和天然气消费的变动程度较其他国家显著，因此特别以图

7-4 描述中国石油、天然气消费水平的变动趋势。

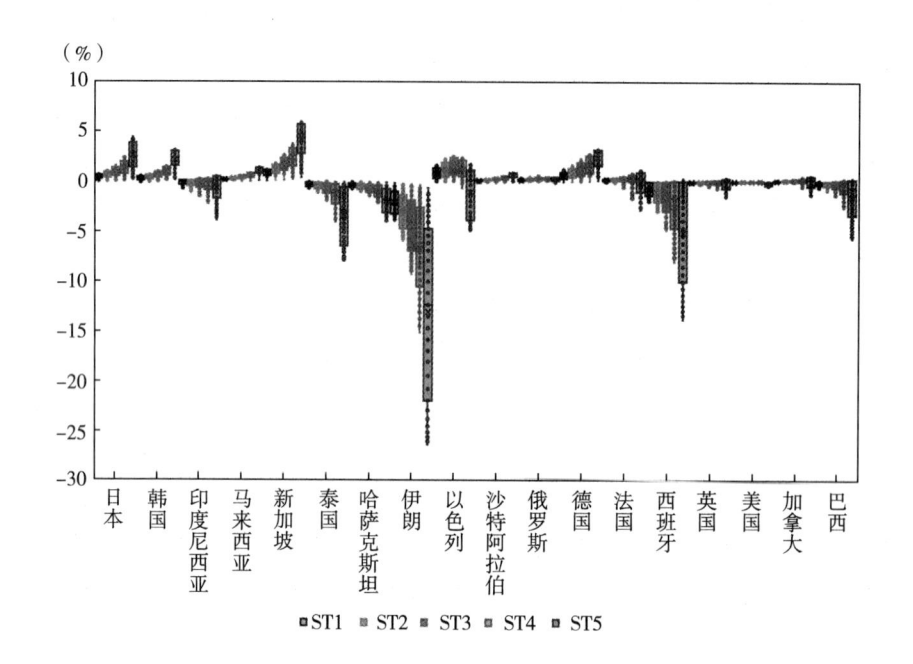

图 7-3 技术减排情景约束下各国天然气消费水平变动趋势

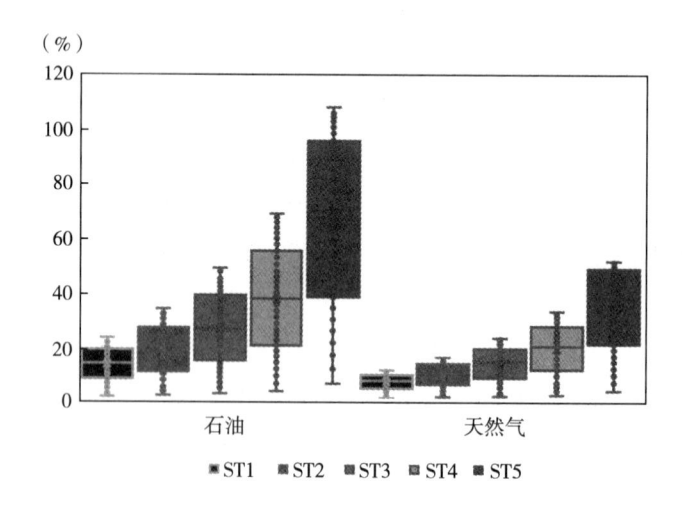

图 7-4 技术减排情景约束下中国石油天然气消费水平变动趋势

## 第四节 技术减排情景对碳排放水平的效应分析

本节把代表各国碳排放水平变化的指标分为四个方面共计6个细分指标，分别为：各国碳排放量的变动趋势、煤电碳排放的变动趋势、居民生活用气产生的碳排放变动趋势、居民生活用电产生的碳排放变动趋势、两个重点行业（交通运输与服务业、建筑业）用电产生的碳排放变动趋势。

### 一 对碳排放量的效应分析

各国碳排放量受到中国5种技术减排情景的影响，其变动趋势可分为四类：第一类为在整个动态仿真区间内始终保持持续下降的趋势；第二类为在整个动态模拟期间始终呈现出逐年增长的趋势；第三类为在动态模拟前期增长后期下降的两阶段变动特征；第四类与第三类相反，呈现为先下降后增长的两阶段变动趋势。ST1和ST5情景约束下各国碳排放量变动趋势如图7-5所示。

符合第一类变动趋势的国家有2个，分别为中国、伊朗。这两个国家碳排放量随着技术进步情景的不断增强，下降幅度也逐渐拉大，并且表现出逐年递增的下降趋势。其中，ST1情景作用下的两国碳排放量下降幅度最小，ST5情景下导致的两国碳排放下降幅度最大。截至2050年，ST1—ST5情景驱动下中国、伊朗碳排放量的下降率分别达到0.623%、1.131%、2.057%、3.713%、9.700%，2.548%、3.937%、6.336%、10.567%、18.773%。通过比较分析可得，伊朗碳排放量的下降趋势比中国碳排放量的下降趋势更为陡峭。

满足第二类变动趋势的国家有12个，分别为日本、韩国、印度尼西亚、马来西亚、新加坡、泰国、美国、德国、英国、俄罗斯、哈萨克斯坦、以色列。上述国家碳排放量随着中国电力行业技术进

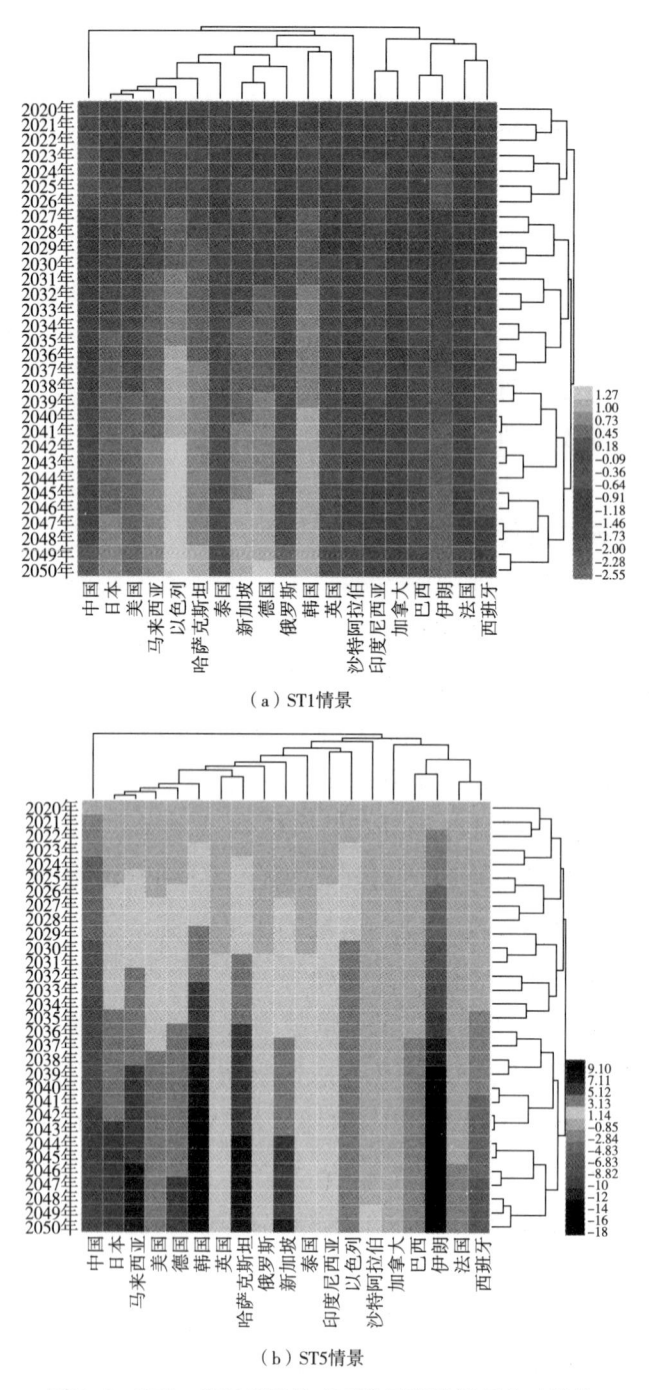

**164** 第四篇 1.5℃约束下中国电力行业碳达峰后综合效应分析

(a) ST1情景

(b) ST5情景

**图7-5 ST1、ST5情景约束下各国碳排放量变动趋势**

步情景施加强度的增大而愈加显著，即 ST1 情景对上述各国碳排放量增长的促进作用最强，而 ST5 情景对上述各国碳排放量增长的贡献度最大，ST2—ST4 情景的驱动效应数值位于 ST1 情景和 ST5 情景变动区间内。除印度尼西亚外，截至 2050 年，ST1 和 ST5 情景导致的上述各国碳排放量的增长率分别达到 0.814%、6.469%、1.118%、11.09%、0.953%、7.858%、1.259%、7.421%、0.435%、2.006%、0.664%、5.066%、1.307%、5.611%、0.229%、2.124%、0.461%、2.502%、1.014%、7.626%、1.547%、3.744%。通过比较分析可得，韩国碳排放对中国技术减排情景的变化最敏感。需要特殊说明的是，印度尼西亚碳排放在 ST1 和 ST2 情景约束下出现了先增长后下降的两阶段变动特征，而在 ST3—ST5 情景的作用下则符合第二类持续增长的变动趋势。其中，在 ST1 和 ST2 情景驱动下，该国碳排放第一阶段增长趋势分别截至 2047 年和 2049 年，相对应的终止增长幅度分别达到 0.007% 和 0.009%，截至 2050 年的下降率分别达到 0.088% 和 0.037%。此外，ST3、ST4、ST5 情景制约下的印度尼西亚碳排放量呈现出逐年递增的增长态势，并且这种增长态势随着情景间技术进步的加强而逐层递进，ST3 情景下的增幅最小，ST5 情景下的增幅最大，截至 2050 年，ST3—ST5 情景驱动下的该国碳排放量的增长率分别达到 0.135%、0.627%、2.190%。

符合第三类变动特征的国家有 4 个，分别为加拿大、巴西、法国、西班牙。对加拿大和法国而言，这两个国家在不同的情景制约下，其碳排放第一阶段的增长终止时间均不相同：ST1—ST5 情景导致的加拿大第一阶段增长趋势分别于 2045 年、2046 年、2046 年、2045 年、2042 年结束，终止时的增长率分别达到 0.009%、0.010%、0.010%、0.004%、0.018%，自上述各年之后，加拿大碳排放开始呈现出第二阶段下降的趋势，截至 2050 年下降率分别达到 0.042%、0.060%、0.114%、0.263%、0.521%。对法国而言，ST1—ST3 情景驱动下的碳排放由增长趋势转为下降趋势的时间节点均为 2038 年，而 ST4 和 ST5 情景导致的碳排放两阶段变动趋势的时间转折点分别为2037年和2034年；在ST1—ST5情景作用下，截至2050年，法国碳排放下降率分别达到0.109%、0.178%、0.349%、0.702%、1.112%。此外，ST1—ST5情景导致的巴西和西班牙碳排放量由增长转为下降的终止时间均相同，分别为2021年和2029年，截至2050年，巴西和西班牙碳排放量的下降率分别达到0.226%、0.336%、0.495%、0.757%、1.253%，0.813%、1.209%、1.938%、3.270%、5.651%。通过比较分析可知，随着中国电力行业技术减排情景的逐层增强，上述各国碳排放量在第二阶段的下降趋势也愈加明显。

满足第四类变动特征的国家仅有沙特阿拉伯。在ST1情景的驱动下，沙特阿拉伯碳排放量第一阶段的下降趋势延续到2041年，相对应的终止下降率为0.0006%；在ST2—ST5情景的作用下，该国碳排放由第一阶段的下降趋势转为第二阶段的增长趋势的转折时间均为2040年，相应的终止下降率分别为0.022%、0.030%、0.038%、0.042%；ST1—ST5情景导致的该国碳排放截至2050年的增长幅度分别达到0.249%、0.361%、0.535%、0.795%、1.401%。

## 二　对电力行业煤电碳排放的效应分析

电力行业是各国经济发展的重要保障部门，根据本书第三章的数据基础，不仅其碳排放量在各国碳排放量中均占据着较大的比重，而且其也是开展节能减排的重要行业。鉴于本章分析的国家大多都是亚洲国家，即使是美洲和欧洲的部分国家，其煤电碳排放也占据一定的比重，因此，本节仅分析技术减排情景对各国煤电碳排放的影响程度。

根据仿真数据结果，在5种情景的冲击下，各国煤电碳排放的变动趋势可总结为四类：第一类为在整个动态仿真区间内始终表现出不断加快的下降趋势；第二类为表现出先下降后增长两阶段变化的特征；第三类为在整个动态模拟区间内始终保持持续增长的趋势；

第四类为在整个动态仿真区间内始终呈现出不稳定型逐年下降的趋势。

符合第一类变动趋势的国家有 3 个，分别为中国、巴西、法国。上述各国煤电碳排放的下降幅度随着各情景间的技术递进程度的增强而不断增大，因此，本节只分析 ST1 和 ST5 情景导致的上述各国煤电碳排放量的下降趋势，截至 2050 年的下降率分别达到 10.017%和 91.99%。需要特别说明的是，对于巴西和法国而言，仅在部分情景作用下这两国煤电碳排放呈现出持续下降趋势，其中，法国煤电碳排放在 ST4 和 ST5 情景的约束下截至 2050 年的下降率分别达到 4.408%和 8.290%；而对巴西而言，仅在 ST3—ST5 情景驱动下该国煤电碳排放呈现出下降的趋势，并且这种下降趋势随着技术情景强度的增强而愈加显著，截至 2050 年的下降率分别达到 0.285%、2.472%、9.578%。通过比较分析可知，中国煤电碳排放受技术减排情景的冲击产生的下降幅度最显著。各国煤电碳排放变动趋势如图 7-6 所示。

满足第二类变动趋势的国家有 7 个，分别为日本、韩国、马来西亚、德国、西班牙、英国、沙特阿拉伯。对日本而言，只有 ST1—ST4 情景导致其煤电碳排放表现出先下降后增长的两阶段变动特征，第一阶段的下降时间节点分别为 2043 年、2044 年、2046 年、2048 年，相应的下降率分别达到 0.274%、0.318%、0.332%、0.177%。与日本类似，西班牙煤电碳排放仅在 ST1—ST3 情景作用下呈现出两阶段变动趋势，并且第一阶段的下降终止时间均为 2029 年，相应的下降率分别为 0.006%、0.008%、0.027%。对韩国、马来西亚、德国、英国、沙特阿拉伯而言，ST1—ST5 情景均能导致上述五国煤电碳排放呈现出两阶段变化特征。对韩国而言，两阶段变动特征的时间节点分别为 2028 年、2028 年、2029 年、2029 年、2036 年。对马来西亚而言，由下降转为增长的时间节点分别为 2024 年、2025 年、2025 年、2025 年、2026 年。对德国而言，ST1 和 ST2 情景导致的第一阶段下降趋势均于 2022 年终止，ST3—ST5 情景导致的第一阶段下降趋势均

(a) ST1情景

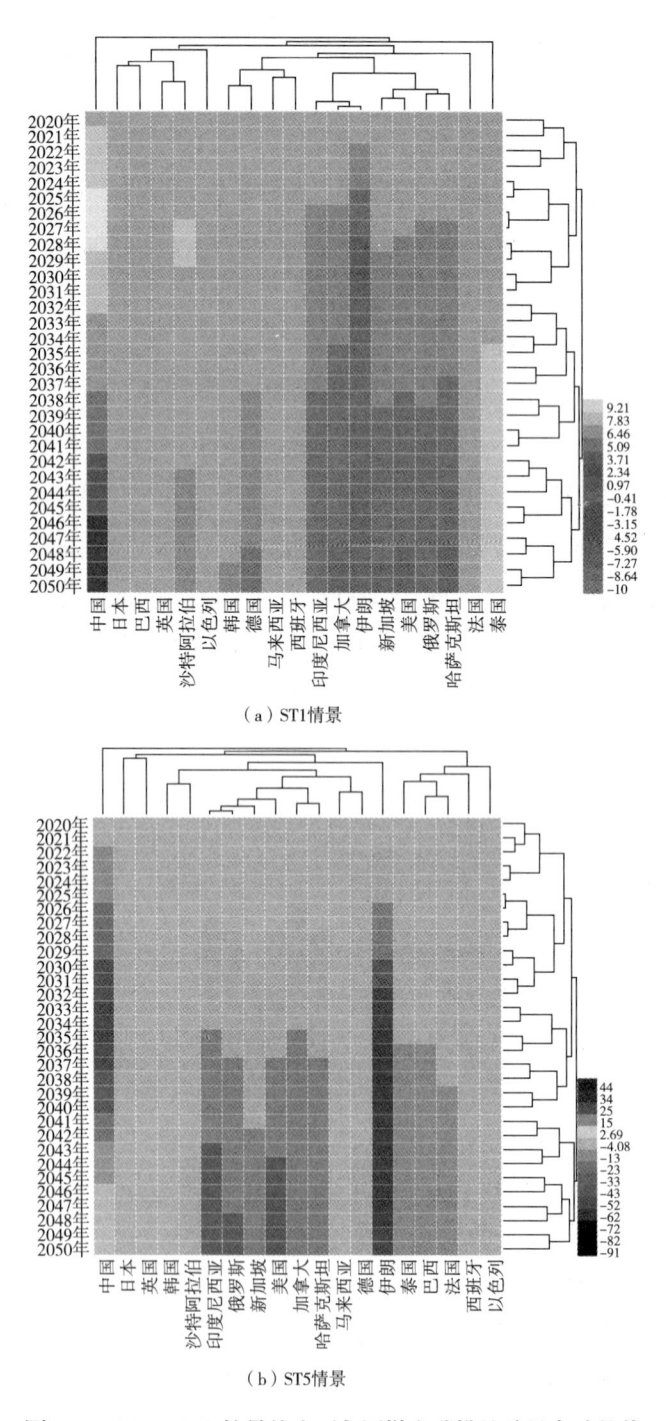

(b) ST5情景

图 7-6　ST1、ST5 情景约束下各国煤电碳排放总量变动趋势

于 2023 年结束。对英国而言，ST1—ST5 情景约束下的第一阶段碳排放下降趋势的终止时间节点分别为 2038 年、2039 年、2039 年、2041 年、2047 年。对沙特阿拉伯而言，ST1—ST3 情景导致的第一阶段下降趋势均于 2035 年终止，ST4 和 ST5 情景导致的由下降转为增长的时间节点分别为 2036 年和 2037 年。

符合第三类变动特征的国家有 7 个，分别为印度尼西亚、新加坡、加拿大、美国、俄罗斯、哈萨克斯坦、伊朗。这些国家煤电碳排放的增长随着减排技术情景的增强而逐渐增强，其中，ST1 和 ST5 情景作用下的各国煤电碳排放增长率截至 2050 年分别达到 3.376%、30.784%、3.942%、19.985%、3.867%、23.906%、4.111%、30.934%、3.558%、26.021%、4.052%、23.178%、10.579%、40.415%。通过比较分析可知，伊朗煤电碳排放的增长率受中国技术减排情景的冲击最大。

满足第四类变动趋势的国家有 2 个，分别为泰国、以色列。这两个国家煤电碳排放随着技术情景减排程度的增强而呈现出愈加显著的下降趋势，截至 2050 年，ST1 和 ST5 情景导致的泰国和以色列煤电碳排放下降率分别达到 0.547%、6.500%、0.018%、1.638%。通过比较分析可知，泰国煤电碳排放比以色列下降幅度大。

### 三 对居民生活用能碳排放量的效应分析

随着居民生活水平的提高，对于煤炭的需求量逐渐下降，因此，本节只分析各国居民生活所用的天然气和电力两种能源消费产生的碳排放量的变动趋势。

（一）居民用气碳排放

各国居民生活使用的天然气所产生的碳排放受中国技术减排情景的影响，其变动趋势可分为三类：第一类为在整个动态仿真区间内始终表现为增加的趋势；第二类为在动态模拟区间的前期先表现出下降的趋势，后期又出现增长的趋势；第三类为在整个动态模拟区间内均呈现出逐年下降的趋势。

满足第一类变动趋势的国家共计 8 个，分别为中国、马来西亚、泰国、加拿大、美国、巴西、英国、哈萨克斯坦。这些国家居民用气碳排放的增长趋势随着技术减排情景强度的增加而表现出逐年递增的态势。ST1—ST5 情景的整体变动趋势一致，只是变动的幅度随着情景的递进而逐渐增大，因此，本节只分析 ST1 和 ST5 情景对各国居民用气碳排放的影响程度，ST2—ST4 情景导致的变动幅度居于 ST1 和 ST5 情景结果的变动区间内。截至 2050 年，ST1 和 ST5 情景导致按照上述国家排序的居民用气增长率分别达到 3.91%、15.53%、1.33%、7.14%、0.72%、4.62%、1.12%、5.75%、1.02%、4.65%、0.38%、2.68%、1.01%、5.40%、0.63%、3.55%。通过比较分析可得，中国居民用气碳排放增长的趋势相较于其他国家最为显著；反之，巴西居民用气碳排放的增长幅度最小。

符合第二类变化趋势的国家只有西班牙，不同的情景导致西班牙居民用气碳排放保持下降的动态期间并不相同，同时，不同情景作用下的西班牙居民用气碳排放在动态仿真后期的增长幅度也不相同。其中，ST1—ST3 情景下下降趋势终止于 2036 年，相对应的下降率分别为 0.059%、0.089%、0.149%，ST4 和 ST5 情景下虽然这种持续下降的趋势延长到了 2037 年，但其在 2036 年时导致的西班牙居民用气碳排放下降率分别为 0.253% 和 0.703%。由此可见，西班牙居民用气碳排放在动态仿真前期的下降趋势是随着技术进步情景的不断强化而愈加显著的，同时，这种下降趋势在前期呈现出逐渐减弱的态势，因此，ST4 和 ST5 情景作用下的最终下降率于 2037 年分别达到 0.019% 和 0.248%，是整个动态仿真区间内的最小下降水平，同理，ST1—ST3 情景截止到 2036 年的下降率也是整个动态区间内最小的。自 2037 年起，西班牙居民用气碳排放由逐年下降的趋势转变为逐年增长的趋势，并且这种增长趋势随着技术的增强而愈加显著，截至 2050 年，ST1—ST5 情景导致的最终增长幅度分别达到 0.86%、1.24%、1.78%、2.57%、4.48%。根据仿真结果可知，尽管西班牙居民用气并未在整个动态模拟区间内都呈现出增长的趋势，但其最终的增长率相较于第一类型的国家并不是最低的。

满足第三类变动趋势的国家有 10 个,分别为日本、韩国、印度尼西亚、新加坡、法国、德国、俄罗斯、伊朗、以色列、沙特阿拉伯。这些国家居民用气碳排放的下降趋势随着技术情景强度的提高而表现出递增的下降趋势,其中,ST1 情景作用下的下降幅度最小,ST5 情景导致的下降幅度最大。ST1 和 ST5 情景导致按照上述国家排序的居民用气碳排放的下降率截至 2050 年分别达到 4.51%、29.62%、0.63%、7.70%、0.87%、4.70%、0.48%、6.49%、6.70%、37.71%、4.94%、28.14%、4.64%、20.48%、3.02%、13.06%、1.07%、7.02%、8.71%、45.04%。通过比较分析可得,哈萨克斯坦受中国技术减排的冲击产生的居民用气碳排放下降幅度最显著。

(二) 居民用电碳排放

居民用电是电力行业终端消费的重要方式,各国因此种能源消费模式产生的碳排放是碳排放量的重要组成部分。受中国电力行业技术减排政策的冲击,各国居民用电碳排放的变动趋势可分为三类:第一类为在整个动态区间内保持持续增加的趋势;第二类为在动态模拟的前期保持增长的趋势,后期转变为下降的趋势;第三类为在整个动态模拟期内均保持持续下降的趋势。

符合第一类特征的国家有 11 个,分别为中国、日本、韩国、马来西亚、新加坡、美国、德国、英国、俄罗斯、以色列、沙特阿拉伯。这些国家居民用电碳排放的增长幅度随着技术进步的强化而逐渐显著,其中,按照上述排序方式的各国居民用电碳排放截至 2050 年的增长率分别在 ST1 和 ST5 情景的驱动下达到 23.95%、141.93%、1.22%、7.81%、3.13%、21.89%、2.90%、19.92%、2.27%、11.79%、1.36%、7.29%、1.71%、3.44%、0.63%、2.90%、0.77%、5.27%、2.71%、19.30%、0.89%、4.49%。通过比较分析可得,中国居民用电碳排放的增长幅度相比于上述各国,表现出最显著的态势。

符合第二类特征的国家有 4 个,分别为加拿大、法国、西班牙、哈萨克斯坦。对加拿大而言,5 种情景导致其居民用电碳排放的变动趋势并不相同,其中,ST1—ST3 情景作用下的加拿大居民用电碳排放在 2020—2050 年始终表现出逐年增长的趋势，并未出现下降趋势，截至 2050 年，ST1—ST3 情景的增长率分别达到 0.15%、0.22%、0.22%。仅在 ST4 和 ST5 情景的驱动下在动态模拟的后期出现由增长转为下降的方向变动，ST4 情景作用下产生的增长趋势维持的时间区间较长，从 2020 年到 2046 年，于 2046 年达到 0.045% 的增长幅度，自 2047 年开始下降直至 2050 年下降幅度达到 0.19%。ST5 情景导致增长趋势的变化区间为 2020—2034 年，于 2034 年以 0.027% 的增幅终止增长，并于 2035 年开始下降，直至 2050 年达到 2.57% 的降幅。与加拿大居民用电碳排放的变动轨迹类似的是哈萨克斯坦，所不同的是各情景导致的变化幅度不同，对哈萨克斯坦而言，ST1—ST4 情景均未导致其居民用电碳排放出现下降趋势，直至 2050 年分别以 0.86%、1.25%、1.63%、1.24% 的增长率达到最高增长幅度，但 ST5 情景使得这种增长趋势于 2042 年停止，相对应的增长幅度达到 0.20%，2043—2050 年始终保持下降趋势，并于 2050 年达到 2.63% 的最高降幅。也就是说，对加拿大和哈萨克斯坦而言，仅有一两个情景导致其居民用电碳排放出现符合第二类特征的趋势，大部分情景的作用使得其变动趋势符合第一类特征。而对法国和西班牙而言，5 种情景均导致其用电碳排放的变动趋势满足第二类特征，对法国而言，ST1—ST4 情景分别导致这种增长趋势一直延续到 2031 年，相对应的增长率分别达到 0.002%、0.0009%、0.001%、0.0009%，自 2032 年开始转变为下降趋势，截至 2050 年，下降幅度分别达到 0.15%、0.23%、0.37%、0.72%。ST5 情景导致的增长趋势于 2029 年以 0.011% 的增幅终止，2030—2050 年始终保持逐年下降的趋势，最终实现 2.36% 的下降率。对西班牙而言，5 种情景作用下的增长趋势维持时间和相应的增幅均不相同，ST1—ST5 情景导致其居民用电碳排放的增长趋势分别维持到 2031 年、2030 年、2030 年、2029 年和 2027 年，相对应的增长率分别为 0.00005%、0.0029%、0.0016%、0.008%、0.012%，自达到最大增长值后，各情景导致其居民用电碳排放表现出逐年下降的趋势，这种下降趋势随着技术情景的增强而愈加显著，直至 2050 年分别达到 0.23%、0.35%、0.62%、1.34%、3.90%。由数据结果可知，5 种情景对法国和西班牙居民用电碳排放前期的增长幅度产生的影响十分平缓。

符合第三类特征的国家有 4 个，分别为印度尼西亚、泰国、巴西、伊朗。这些国家的居民用电碳排放下降趋势随着减排情景的逐层递进而表现出愈加显著的下降态势，ST1 和 ST5 情景分别为 5 种情景中导致上述各国居民用电碳排放下降实现最小幅度和最大幅度的情景，其中，ST1 和 ST5 情景于 2050 年分别促使印度尼西亚、泰国、巴西、伊朗的居民用电碳排放的下降率达到 0.15%、0.50%，0.54%、54.94%，0.39%、3.02%，0.56%、37.94%。通过比较分析可知，泰国受中国技术减排的冲击产生的居民用电碳排放下降幅度最大。

## 四 对重点行业碳排放量的效应分析

随着全球一体化程度的逐渐加强，交通运输与服务业和建筑业不仅是发展中国家经济发展、城镇化、工业化进程中重要的支柱行业，也是发达国家部门经济发展中的重要组成部分，为经济发展注入不竭动力，是未来国民经济各部门发展中最具潜力的行业。因此，本节主要分析交通运输与服务业和建筑业用电碳排放受中国电力行业电源结构优化的技术减排冲击而产生的变动趋势。

### （一）交通运输与服务业

交通运输与服务业用电碳排放受情景影响产生的变动趋势大体上表现为四类：第一类是在整个动态仿真区间内始终表现出增长的趋势；第二类是在动态仿真模拟的前期表现出下降的趋势，后期又表现出增长的趋势；第三类的变化趋势与第二种相反，即在动态模拟的初期首先表现为增长的趋势，后又呈现出下降的趋势；第四类是在整个动态仿真区间内保持持续下降的趋势。

符合第一类特征的国家有 12 个，分别为中国、日本、韩国、印度尼西亚、马来西亚、新加坡、泰国、美国、德国、英国、俄罗斯、哈萨克斯坦。这些国家交通运输与服务业用电碳排放的增长趋势随着技术冲击强度的增大而愈加显著，截至 2050 年，在 ST1 和 ST5 情景的约束下，按照上述排序方式排序的国家交通运输与服务业碳排放的增长幅度分别达到 56.23%、534.14%，0.44%、3.44%，3.51%、25.50%，1.83%、14.33%，3.94%、30.49%，1.21%、6.17%，1.89%、13.37%，1.32%、8.26%，1.48%、4.86%，0.81%、4.59%，1.03%、6.79%，0.59%、3.16%。通过比较分析可知，中国交通运输与服务业碳排放的增长幅度相比于其他国家表现得最为显著。

符合第二类特征的国家仅有沙特阿拉伯。在 ST1 情景的作用下，该国交通运输与服务业用电碳排放的下降趋势延续到 2043 年，相对应的下降率达到 0.025%，自 2044 年开始直到 2050 年，其下降趋势转为逐年增长的上升趋势，直到 2050 年达到 0.22% 的增长幅度。在 ST2—ST4 情景作用下该国交通运输与服务业碳排放的下降趋势延续到 2044 年，相对应的下降率分别为 0.017%、0.029%、0.024%，之后开始以逐年递增的趋势延续到 2050 年，相应的增长率于 2050 年分别达到 0.30%、0.45%、0.71%。在 ST5 情景的约束下，初始时期的下降趋势于 2042 年终止，相应的下降率达到 0.11%，自 2043 年开始转为正向增长的趋势，直至 2050 年达到 1.67% 的增长水平。

满足第三类变动趋势的国家有 4 个，分别为加拿大、巴西、法国、西班牙。对于加拿大和西班牙而言，并不是所有的情景均能导致其交通运输与服务业碳排放的变动趋势符合第三类特征，另有部分情景导致其变动趋势满足第一类变动特征，即在整个动态仿真区间内始终表现出逐年增长的趋势。对加拿大而言，ST1—ST3 情景导致其交通运输与服务业碳排放在整个动态模拟区间内均表现为逐年增长的趋势，至 2050 年增长率分别达到 0.050%、0.089%、0.016%；而 ST4 情景则导致其增长趋势以 0.025% 的增长率终止于 2045 年，自 2046 年开始直至 2050 年，加拿大交通运输与服务业碳排放由增长趋势转为逐年显著的下降趋势，截至 2050 年实现 0.62% 的下降率；ST5 情景作用下的交通运输与服务业碳排放增长趋势终止于 2035 年，相应的增幅为 0.12%，之后表现出逐年下降的趋势，直至2050年下降到4.31%。对西班牙而言，ST2和ST3情景作用下的变动趋势符合第一类特征，截至2050年的增长率分别达到0.013%和0.024%；ST1和ST4情景导致的增长趋势分别以0.008%和0.054%于2047年截止，之后开始逐年下降，于2050年分别达到0.024%和0.15%；ST5情景作用下的这种增长趋势维持至2039年，相应的增长率为0.06%，之后开始逐年下降，直至2050年达到2.20%的下降率。对巴西和法国而言，5种情景均导致其交通运输与服务业碳排放的变动趋势满足第三类特征，所不同的只是变化幅度有区别。其中，ST1—ST5情景作用下的巴西交通运输与服务业碳排放的增长趋势均延续到2023年，相应的增长幅度分别达到0.003%、0.004%、0.005%、0.007%、0.014%，截至2050年的下降率分别达到1.46%、2.10%、3.00%、4.16%、6.62%。同理，对法国而言，ST1—ST5情景导致的增长趋势持续时间分别为2020—2040年、2020—2041年、2020—2042年、2020—2042年、2020—2038年，相应的年均增长率分别为0.003%、0.010%、0.026%、0.021%、0.042%，截至2050年的下降率分别达到0.14%、0.18%、0.25%、0.46%、2.17%。

满足第四类变动趋势的国家仅有伊朗。其交通运输与服务业用电碳排放在ST1—ST5情景的作用下产生的下降趋势随着技术进步的强化而愈加显著，于2050年实现的下降幅度分别为0.91%、2.05%、5.18%、12.87%、31.54%。由此可见，中国电力行业的技术进步对伊朗交通运输与服务业用电碳排放的抑制作用较明显。各国交通运输与服务业用电碳排放变动趋势如图7-7所示。

（二）建筑业

各国建筑业用电碳排放受5种情景影响产生的变动趋势可以分为三类：第一类是在动态仿真的前期首先呈现出下降的趋势，之后又由下降转为正向的增长趋势；第二类是在整个动态模拟期间始终保持持续增长的趋势；第三类与第二类的变动趋势相反，即在整个动态仿真区间内始终表现出逐年下降的趋势。

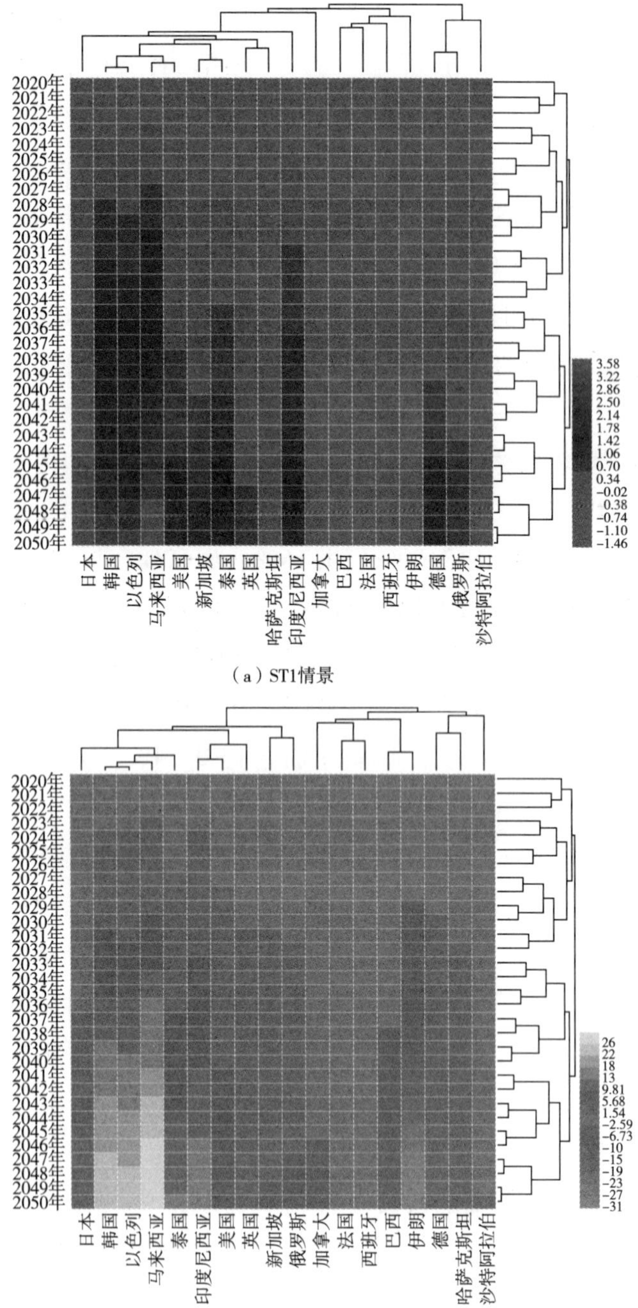

(a) ST1情景

(b) ST5情景

**图7-7 ST1、ST5情景约束下各国交通运输与服务业碳排放量变动趋势**

符合第一类变动特征的国家只有以色列。其中，ST1 情景导致其建筑业用电碳排放的下降期间为 2020—2042 年，截至 2042 年的下降幅度为 0.013%；ST2 情景作用下的下降趋势持续到 2040 年，相应的下降率为 0.025%；ST3 情景使得其下降趋势保持到 2038 年，相应的下降率为 0.015%；ST4 情景导致该国建筑业用电碳排放下降的终止时间为 2035 年，相应的下降率为 0.003%；ST5 情景则使得这种下降趋势结束于 2030 年，相应的下降率为 0.027%，之后开始出现增长趋势，相应的增长幅度于 2050 年达到 6.56%。由此可见，以色列建筑业用电碳排放的变动趋势随着技术冲击强度的提高而愈加显著。

符合第二类变动趋势的国家有 4 个，分别为中国、韩国、马来西亚、泰国。截至 2050 年，ST1 和 ST5 情景导致上述各国建筑业用电碳排放的增长率分别达到 52.39%、429.12%、1.83%、19.25%、2.72%、23.46%、1.18%、13.47%。通过比较分析可知，中国建筑业用电碳排放受自身电力行业技术减排情景的冲击产生的反应最为显著。

符合第三类变动趋势的国家有 14 个，分别为日本、印度尼西亚、新加坡、加拿大、美国、巴西、法国、德国、西班牙、英国、俄罗斯、哈萨克斯坦、伊朗、沙特阿拉伯。截至 2050 年，在 ST1 和 ST5 情景下除沙特阿拉伯以外的上述国家的下降率分别达到 1.53%、3.94%、1.70%、1.96%、0.56%、0.93%、2.52%、15.45%、0.97%、2.10%、3.04%、19.93%、3.18%、14.33%、0.50%、3.44%、3.16%、15.40%、1.48%、4.68%、0.91%、1.09%、0.94%、6.67%、1.28%、26.15%。需要说明的是，导致沙特阿拉伯建筑业用电碳排放下降幅度最小和最大的情景分别为 ST5 和 ST4 情景，截至 2050 年的下降率分别达到 0.56% 和 2.16%。通过比较分析可知，相比于上述其他国家，伊朗建筑业用电碳排放的下降幅度受中国电力行业技术减排产生的冲击效应最强。各国建筑业用电碳排放变动趋势如图 7-8 所示。此外，技术减排情景下中国交通运输与服务业和建筑业电力碳排放量变动较其他国家显著，故特别将中国交通运输与服务业和建筑业用电碳排放变动趋势单独以图 7-9 展示。

(a) ST1情景

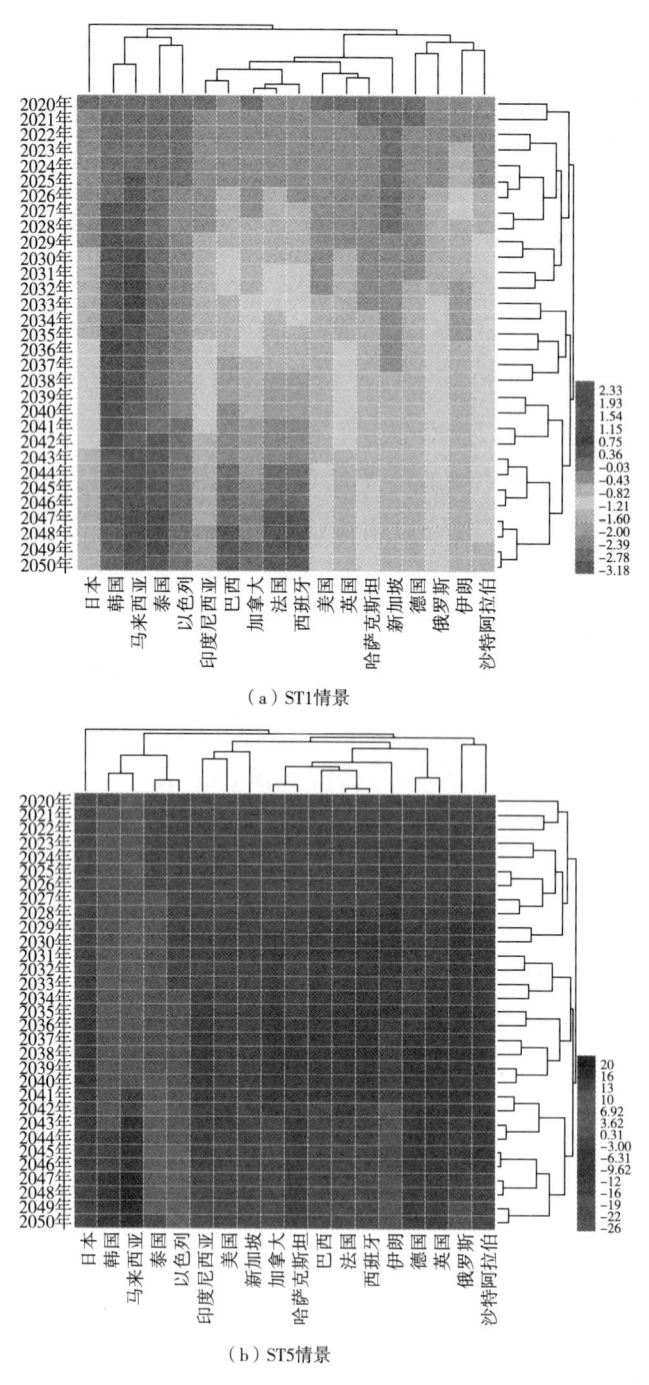

(b) ST5情景

图7-8 ST1、ST5情景约束下各国建筑业碳排放量变动趋势

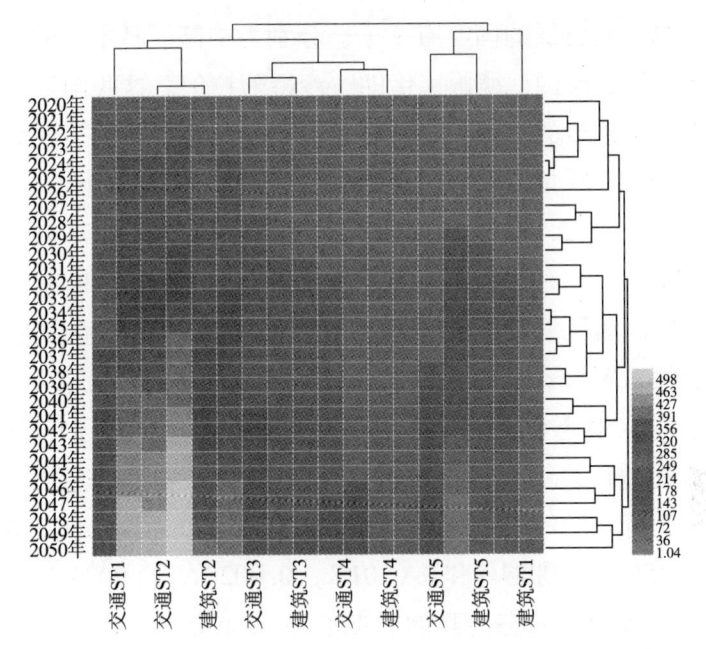

图 7-9  中国交通运输与服务业、建筑业碳排放量变动趋势

## 第五节  技术减排情景对居民生活的效应分析

任何一项政策的实施都会或直接或间接地以不同形式影响到居民的生活水平。本节所分析的居民生活的变化主要指中国电力行业技术进步情景对居民消费水平和居民福利的影响程度。

### 一  对居民消费的效应分析

各国居民消费量在受到技术减排情景的作用后,在整个动态仿真区间内表现出四类不同的变动趋势:第一类是在整个动态仿真区间内始终呈现出逐年增加的趋势;第二类是在初始时期表现出增长的趋势,后又表现出下降的趋势;第三类与第二类相反,即在动态仿真的第一阶段首先呈现出下降的趋势,随后又出现增长的趋势;第四类是在整个动态仿真区间内始终呈现出逐年下降的趋势。

符合第一类特征的国家有 9 个，分别为中国、日本、韩国、马来西亚、新加坡、泰国、德国、伊朗、沙特阿拉伯。这些国家的居民消费量随着技术进步的增强而愈加显著，ST1 和 ST5 情景下各国的居民消费水平增长幅度于 2050 年分别达到 2.36%、8.64%、0.12%、0.93%、0.35%、2.52%、0.41%、2.59%、0.91%、4.73%、0.37%、2.90%、0.30%、1.91%、0.46%、5.39%、0.63%、3.12%。通过比较可知，中国居民消费量受技术进步情景驱动的增长幅度最为显著。

符合第二类变动趋势的国家有 2 个，分别为英国、以色列。这两个国家均在动态仿真区间的 2020—2024 年表现出逐年增长的趋势，相应的增长趋势随着技术进步情景的不断强化而逐渐显著，在 ST1 和 ST5 情景的约束下，英国和以色列在 2024 年的增长幅度分别达到 0.0015%、0.0084% 和 0.0001%、0.002%，自 2025 年开始，两国的居民消费量在动态仿真的后期始终保持持续下降的趋势，这种下降趋势一直延续到 2050 年，在 ST1 和 ST5 情景约束下，截至 2050 年英国和以色列的居民消费量下降幅度分别达到 0.31%、1.26% 和 0.002%、0.30%。通过比较可知，尽管以色列在整个动态模拟期间表现出两种截然相反的变化趋势，但 ST1 和 ST5 两种情景对其居民消费量变动趋势的影响均十分平缓。

满足第三类特征的国家仅有伊朗。ST1—ST5 情景导致伊朗居民消费量下降趋势的持续区间分别为 2020—2032 年、2020—2031 年、2020—2031 年、2020—2030 年、2020—2028 年，终止时间点的相应下降率分别达到 0.002%、0.008%、0.004%、0.015%、0.028%，此后，各情景作用下的伊朗居民消费量开始呈现出正向的增长趋势，截至 2050 年，ST1—ST5 情景下最终居民消费量增长幅度分别达到 0.46%、0.73%、1.27%、2.36%、5.39%。

符合第四类变动趋势的国家有 8 个，分别为印度尼西亚、加拿大、美国、巴西、法国、西班牙、俄罗斯、哈萨克斯坦。这些国家的下降趋势随着技术进步的加强而愈加显著，因此，本节只分析 ST1 和 ST5 情景作用下上述国家的居民消费量下降幅度。截至 2050

年，ST1 和 ST5 情景下上述各国居民消费量的下降率分别达到 1.23%、6.46%，0.26%、1.11%，0.19%、0.79%，0.25%、0.88%，0.25%、1.00%，0.48%、2.00%，0.37%、1.31%，0.22%、0.80%。通过比较可知，中国电力行业发电结构导致的技术进步情景对印度尼西亚居民消费量的影响较为显著。

## 二 对居民福利的效应分析

本书中，居民福利变动趋势是指 GTAP-E 模型中等价性变量指标（EV）的变化情况。受中国电力行业技术减排情景的驱动，各国居民福利的变动趋势大体上可分为三类：第一类是在动态模拟区间内呈现出先下降后增加的趋势；第二类是在整个动态模拟区间内居民福利均表现出逐年增加的趋势；第三类是在整个动态模拟区间均呈现出逐年下降的趋势。

符合第一类型变动趋势的国家只有伊朗。ST1 和 ST2 情景导致伊朗的居民福利水平在 2020—2035 年始终保持下降趋势，但这种下降的增速逐渐减小，直至 2035 年下降为 89.30 百万美元、58.10 百万美元；ST3 和 ST4 情景作用下的伊朗居民福利水平均于 2034 年结束其逐年下降的趋势，相对应的下降水平分别为 240.5 百万美元、99.70 百万美元；ST5 情景下的伊朗居民福利水平于 2032 年达到最终的下降水平，相应的下降幅度达到 69.70 百万美元。至此，5 种情景分别在各自下降趋势的终止时间之后开始呈现出逐年增长的趋势，2050 年，ST1 与 ST5 情景下的伊朗居民福利增长量分别达到 6250.3 百万美元、66145.6 百万美元。

符合第二类变动趋势的国家有 7 个，分别为日本、韩国、马来西亚、新加坡、泰国、德国、沙特阿拉伯。鉴于各情景下各国居民福利的变动趋势基本一致，只是变动幅度有所差异，因此，本节只分析两种极端情景即 ST1 和 ST5 情景下的居民福利变动趋势。截至 2050 年，ST1 和 ST5 情景导致上述各国的居民福利累计增长水平分别达到 9454.22 百万美元、81851.9 百万美元，11665.7 百万美元、87118.9

百万美元、3365.2 百万美元、21514.2 百万美元, 8490 百万美元、44679.7 百万美元、2249.77 百万美元、16254.2 百万美元, 13896.2 百万美元、90049.3 百万美元、19371.8 百万美元、99867.7 百万美元。通过比较分析可得, 技术减排情景对促进中国和沙特阿拉伯居民福利做出的贡献最为显著。

满足第三种类别的国家有 10 个, 分别为印度尼西亚、加拿大、美国、巴西、法国、西班牙、英国、俄罗斯、哈萨克斯坦、以色列。由于这些国家各情景下的变动趋势基本一致, 因此本节只将 ST1 和 ST5 情景下的上述各国（除以色列）居民福利减少量进行说明。截至 2050 年, 各国居民福利的减少幅度分别达到 39592.8 百万美元、202293 百万美元, 16216.7 百万美元、73569.2 百万美元, 74927 百万美元、329388 百万美元, 17651.8 百万美元、63103.7 百万美元, 15772.8 百万美元、67340.2 百万美元, 10663.2 百万美元、45249.7 百万美元, 15679.6 百万美元、67005.5 百万美元, 38308.8 百万美元、152086 百万美元、3536.8 百万美元、15764.8 百万美元。对以色列而言, 导致其居民福利减少量最多的情景为 ST4, 在 ST1 和 ST4 情景下, 2050 年的居民福利减少量分别达到 640.003 百万美元、1852 百万美元。通过比较分析可知, 技术减排情景对抑制印度尼西亚和美国的居民福利水平表现得最为显著。截至 2050 年, ST1 和 ST5 情景约束下各国居民福利变化水平如图 7-10 所示。

本章根据第六章构建的 GTAP-E 模型, 从五大方面分析了基于第五章 IPCC 1.5℃ 中国电力行业技术减排情景约束下的 19 个国家的宏观经济发展水平、进出口贸易情况、能源消费水平、碳排放水平、居民生活水平的变动趋势。其中, 每一方面的发展状况均由多个代表性细分指标在整个动态仿真模拟区间的综合变化趋势分析进行说明。并且, 本章比较分析了 5 个技术减排情景作用下的各个指标在不同国家间的变动情况, 较为全面地分析了截至 21 世纪中叶中国电力行业技术减排情景对世界各国产生的冲击效应, 并从技术减排层面提出了相对应的政策建议, 为本书选取最优的中国电力行业电源

第七章 1.5℃约束下中国电力行业碳达峰后技术减排情景综合效应分析 183

结构优化方案奠定了分析基础。

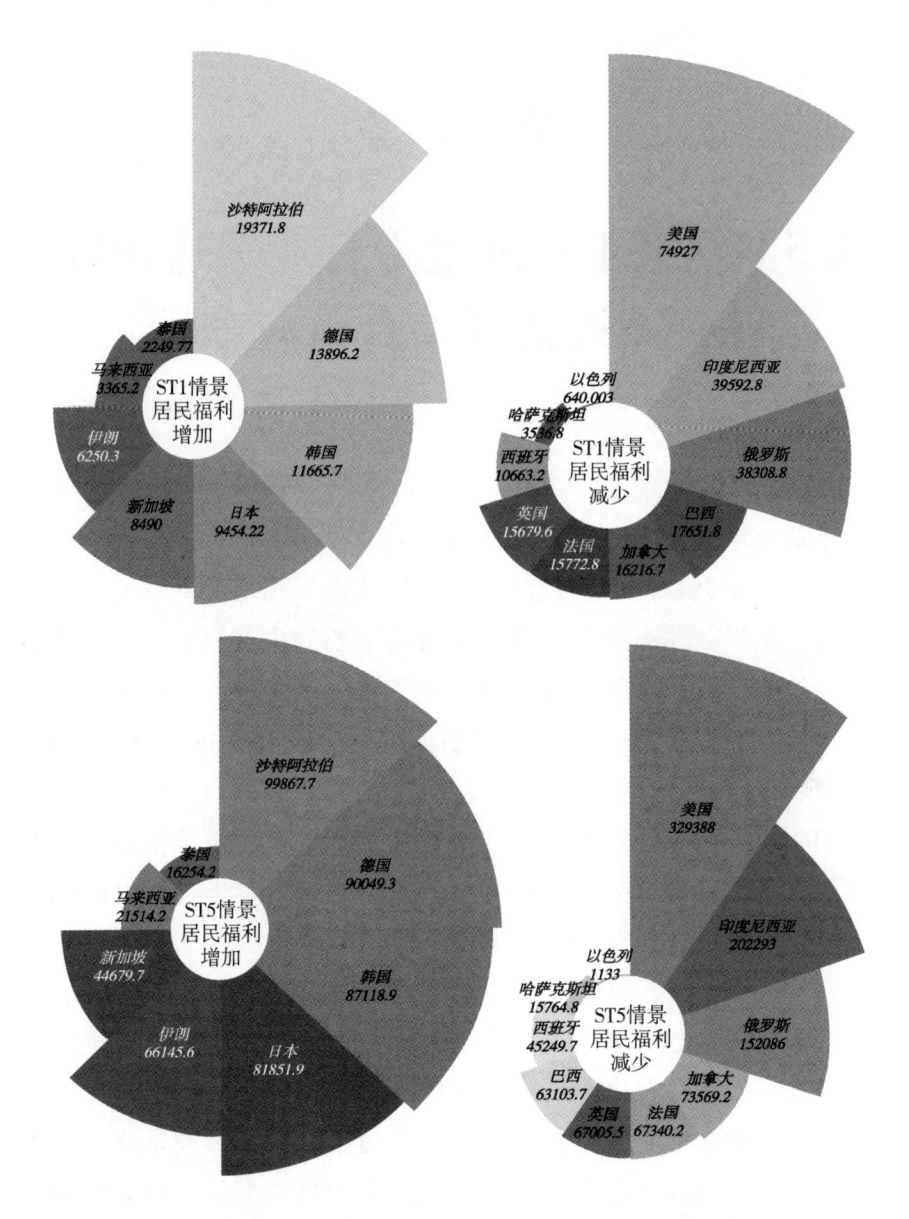

**图 7-10 2050 年 ST1、ST5 情景约束下各国居民福利变动趋势**

注：单位为百万美元。

# 第 八 章

# 1.5℃约束下中国电力行业碳达峰后经济减排情景综合效应分析

本章与第七章的整体分析思路基本一致，不同的是本章分析的综合效应是在 IPCC 1.5℃经济减排情景约束下得出的动态 GTAP-E 模型仿真结果。动态递归 GTAP-E 模型主要的内在原理为：在动态 GTAP-E 模型中引入碳定价机制这种经济减排手段，由其作为冲击变量对所有行业的碳排放进行限制，进而实现对碳排放量的控制。直观表现就是通过分析三种不同情景下的中国电力行业从碳排放达峰到 2050 年这一期间的碳排放变化轨迹，探究三种不同情景的冲击对全球各方面的综合效应。需要特殊说明的是，鉴于三种中国电力行业碳达峰后经济减排情景的区别主要是碳排放从 2025 年达峰到 2050 年这一期间变动趋势的差异，本章的动态仿真区间限定在 2026—2050 年，这与第七章的仿真区间有所不同。由于三种经济减排情景之间并不存在类似技术减排情景之间强度逐渐增强的递进关系，所以本章将分别讨论三种经济减排情景产生的影响。此外，为与第七章分析的经济主体一致化，以碳定价机制为外生冲击构建的动态 GTAP-E 模型在模拟本章的经济减排情景时包含的国家和行业主体与第七章完全相同，均为东亚三国（中国、日本、韩国）、西亚三国（伊朗、以色列、沙特阿拉伯）、中亚和东南亚五国（印度尼西亚、马来西亚、新加坡、泰国、哈萨克斯坦)、欧洲五国(俄罗斯、德国、法国、西班牙、英国)、美洲三国(美国、加拿大、巴西)。

## 第一节 经济减排情景对宏观经济的效应分析

本节主要分析三种不同的实现碳排放达峰至2050年之间的变动趋势对各国GDP、投资、不同行业总产出的主要影响,并比较分析各国的上述三个指标的变动情况。此外,鉴于中国电力行业碳达峰后经济减排情景是通过碳定价的形式实现的,本节还将对中国在2026—2050年碳定价的相关情况进行说明。

### 一 对碳定价的效应分析

近年来,中国积极推动全国统一碳交易市场的建设,并于2017年年底开始在全国范围内试运行,并将电力行业优先纳入碳排放交易体系。不仅中国试图通过构建碳交易市场的手段促进节能减排,欧盟、美国、韩国、澳大利亚、日本等世界上其他国家和地区为促进低碳发展,也将碳交易市场作为一项重要的减排政策工具。碳交易市场为何如此行之有效,可从经济学的角度出发进行解释:在未推行碳交易市场制度之前,生产产品的企业不会将碳排放的后果纳入考虑范围,是因为企业不需要为碳排放的后果付出代价,即对企业而言,碳排放是不具备任何价值的产物;但当碳交易市场机制创建后,碳排放被赋予了商品应有的价值,所不同的只是碳排放属于一种特殊的无形商品,被赋予了"碳排放权"的商品属性,至此,碳排放也就同其他商品一样在碳交易市场上具备了经济价值,企业也会因此充分考虑并合理规划生产环节产出的碳排放,进而从根源上遏制并减少碳排放。碳交易机制和碳税本质上均属于同一类型的碳定价减排工具,均是从企业控制生产成本来获取最大利润的经济视角出发衍生出来的不同表现形式,都属于经济减排手段的范畴。

本书将碳交易和碳税统称为碳定价机制，但中国的碳交易市场目前尚不完善，并且未将所有涉及碳排放的行业均纳入其碳交易体系，这会导致结果不够具备说服力。虽然本书将采用的经济减排手段称为碳定价手段，但其原理与包含所有行业的碳交易市场体系涉及的原理是一致的，只是将目前中国碳交易市场中仅对单一电力行业采取的碳排放定价形式转变为对所有行业碳排放均采取定价的形式，这样一来，对中国所有行业均实行碳定价机制，能纳入所有的排放部门，从长远角度又符合中国经济减排发展潮流。

在 SE1 情景约束下，碳定价是按照逐年递增的价格趋势从 2026 年变动到 2050 年的，由 2026 年的 0.26 美元/吨 $CO_2$ 激增到 2030 年的 11.06 美元/吨 $CO_2$，这五年的年均增长速率达到了 216.13%，即平均每增加一年对每吨碳排放的定价需比上一年多两倍以上。但 2031—2050 年，对每吨碳排放的定价仅从 11.09 美元增长到 12.57 美元，20 年仅增加了不到 2 美元，年均增速回落到 7.4% 的低增速阶段。而在 SE2 情景的作用下，碳价的变动趋势在整个动态仿真期间出现了两次高峰，第一次小高峰是 2026—2030 年，每吨碳排放由 0 美元增长到 8.27 美元，年均增速为 165.37%，仅次于 SE1 情景，但这种增长的趋势并未在下一个发展阶段持续下去，而是出现了短暂的下降趋势，由 2030 年的每吨 8.27 美元下降到 2035 年的每吨 5.74 美元，自 2036 年开始直至 2050 年的 15 年里，碳价始终表现为持续增长的趋势，于 2050 年增长为每吨碳排放 12.60 美元，比 SE1 情景最终达到的增幅还大。与 SE1 和 SE2 情景下碳定价的方式均不相同，SE3 情景导致的碳价上涨和下调的浮动趋势较为显著，基本上以前一阶段增长后一阶段下降的交互方式波动：由 2026 年的每吨 1.52 美元迅速增长到 2030 年的 28.73 美元，再由 2031 年的 25.57 美元下降到 2035 年的 8.85 美元，之后又从 2036 年的 11.55 美元增加到 2040 年的 25.20 美元，接着自 2041 年的 21.72 美元又下降到 2045 年的 8.00 美元，最后从 2046 年的 8.49 美元回升至 2050 年的 10.48 美元。由此可见，尽管初始阶段 SE3 的碳定价起点比 SE1 和 SE2 情景都高，但到 21 世纪中叶的碳价水平是最低的。三种情景下中国在 2026—2050 年碳定价的具体情况如表 8-1 所示。

表 8-1　　2026—2050 年 SE1—SE3 情景下中国碳定价情况

| 阶段 | 年份 | 阶段性数值（美元/吨） | | | 阶段性变动速率（%） | | |
| --- | --- | --- | --- | --- | --- | --- | --- |
| | | SE1 | SE2 | SE3 | SE1 | SE2 | SE3 |
| 2026—2030 年 | 2026 | 0.26 | 0.00 | 1.52 | 216.13 | 165.37 | 544.12 |
| | 2030 | 11.06 | 8.27 | 28.73 | | | |
| 2031—2035 年 | 2031 | 11.09 | 7.73 | 25.57 | 2.76 | -39.83 | -334.36 |
| | 2035 | 11.22 | 5.74 | 8.85 | | | |
| 2036—2040 年 | 2036 | 11.28 | 6.04 | 11.55 | 5.51 | 27.93 | 272.82 |
| | 2040 | 11.55 | 7.43 | 25.20 | | | |
| 2041—2045 年 | 2041 | 11.64 | 7.84 | 21.72 | 7.68 | 36.76 | -274.23 |
| | 2045 | 12.02 | 9.67 | 8.00 | | | |
| 2046—2050 年 | 2046 | 12.13 | 10.20 | 8.49 | 8.71 | 47.91 | 39.79 |
| | 2050 | 12.57 | 12.60 | 10.48 | | | |

## 二　对 GDP 的效应分析

各国 GDP 受中国经济减排情景的影响，其波动趋势整体上可分为四类：第一类为在整个动态仿真区间内始终保持持续下降的趋势；第二类为在动态模拟初始阶段先表现为下降趋势，在动态模拟的后期又表现为增长趋势；第三类为在动态模拟的前期表现为增长趋势，之后又转为下降趋势，其变动趋势与第二类完全相反；第四类为在整个动态仿真区间内均呈现出逐年增长的趋势。

符合第一类变动趋势的国家仅有中国，即三种经济减排情景的驱动会抑制中国 GDP 的增长，GDP 在三种情景的作用下均呈现出逐年下降的趋势，根据表 8-1 可知，三种经济减排手段在不同的发展阶段施加的强度不同，且基本不存在情景间递进增长的关系，因此这与第七章的渐进式增长有所差别。其中，SE1 和 SE2 情景均导致中国 GDP 在整个动态仿真区间内始终呈现出逐年下降的趋势，所不同的只是 SE1 和 SE2 导致的下降幅度不同：截至 2050 年，SE1 和 SE2 作用下的中国 GDP 下降幅度分别达到 0.36% 和 0.29%。SE3 情景驱动下的中国 GDP 的下降幅度虽然在 2026—2040 年均保持逐年递增的态势，但自 2041 年开始直至 2050 年，这种逐年递增的下降趋势开始表现为逐年递减的下降趋势，截至 2050 年，这种下降幅度递减为 0.34%。由此可见，虽然中国采取碳定价的经济减排手段会抑制其 GDP 的增长速度，但这种抑制作用表现得十分微弱，三种情景下最高的抑制幅度也未超过 1%，即经济减排手段给中国 GDP 增长造成的损失几乎可以忽略不计。

符合第二类特征的国家只有印度尼西亚，三种经济减排情景均导致其 GDP 于 2026 年和 2027 年出现短暂的下降趋势，但自 2028 年开始，始终保持增长的趋势一直延续到 2050 年。其中，SE1—SE3 情景在 2026 年和 2027 年导致的 GDP 下降趋势极为平缓，截至 2027 年的下降率分别为 0.0005%、0.0006% 和 0.0001%。自 2028 年开始，三种经济减排情景均促使印度尼西亚的 GDP 呈现出逐年增长的趋势，其中，SE1 和 SE2 情景导致的增长趋势是逐年递增的，SE3 导致的增长趋势在 2044 年之前是逐年递增的，于 2046 年开始这种递增的增长趋势变为递减的增长趋势，但尽管 2046—2050 年 SE3 情景导致的印度尼西亚 GDP 增长趋势有所减缓，但最终截至 2050 年，SE1—SE3 情景作用下的 GDP 增长幅度分别达到 0.10%、0.07%、0.13%，SE3 情景仍表现为最高的增长幅度。基于上述分析可知，尽管经济减排情景对印度尼西亚的 GDP 并未在整个动态仿真区间内均产生正向影响，但这并不影响其 GDP 朝着不断增长的趋势变动的大方向。

符合第三类变动趋势的国家有 2 个，分别为哈萨克斯坦和伊朗。需要特殊说明的是，这两个国家的 GDP 变动趋势仅在 SE3 的作用下符合第三类变动趋势，SE1 和 SE2 情景作用下的这两国 GDP 均符合第四类变化特征。SE3 情景导致的哈萨克斯坦和伊朗 GDP 增长趋势终止的时间点分别为 2049 年和 2044 年，相应的增长幅度分别为

0.001%和0.009%，截至2050年的下降率分别为0.008%和0.054%。此外，SE1和SE2情景分别导致哈萨克斯坦和伊朗的GDP于2050年增长至0.017%、0.021%，0.010%、0.040%。通过比较分析可知，SE2情景对两国的GDP增长做出的贡献最大。

满足第四类变动趋势的国家为除上述国家以外的所有国家，分别为东亚的日本和韩国，西亚的以色列和沙特阿拉伯，中亚东南亚的马来西亚、新加坡、泰国，欧洲五国，美洲三国。在SE1—SE3情景的驱动下，截至2050年，东亚的日本和韩国GDP增长幅度分别为0.10%、0.09%、0.09%，0.23%、0.19%、0.24%；西亚的以色列和沙特阿拉伯分别为0.05%、0.052%、0.027%，0.014%、0.015%、0.0002%；中亚东南亚的马来西亚、新加坡、泰国分别为0.26%、0.20%、0.31%，0.28%、0.21%、0.32%，0.30%、0.24%、0.31%；欧洲五国的俄罗斯、德国、法国、西班牙、英国分别为0.103%、0.111%、0.059%，0.084%、0.075%、0.06%，0.068%、0.054%、0.065%，0.086%、0.068%、0.088%，0.087%、0.073%、0.079%；美洲三国的加拿大、美国、巴西分别为0.048%、0.038%、0.050%，0.030%、0.025%、0.025%，0.048%、0.043%、0.031%。通过比较分析可知，SE2情景对各国GDP增长的贡献度最高，同时，尽管各国的GDP受中国经济减排情景的冲击均表现出不同程度的增长态势，但不管是三种情景中的哪种情景，对各国GDP增长的促进作用均非常有限。各国GDP变动趋势如表8-2所示。

表8-2　　　　SE1—SE3情景约束下各国GDP的变动趋势　　　　单位:%

| 区域 | 国家 | 2026—2035年 | | | 2036—2050年 | | |
|---|---|---|---|---|---|---|---|
| | | SE1 | SE2 | SE3 | SE1 | SE2 | SE3 |
| 东亚 | 中国 | -0.154 | -0.105 | -0.345 | -0.372 | -0.247 | -0.534 |
| | 日本 | 0.041 | 0.029 | 0.088 | 0.107 | 0.073 | 0.149 |
| | 韩国 | 0.071 | 0.049 | 0.148 | 0.214 | 0.145 | 0.311 |

续表

| 区域 | 国家 | 2026—2035年 | | | 2036—2050年 | | |
| --- | --- | --- | --- | --- | --- | --- | --- |
| | | SE1 | SE2 | SE3 | SE1 | SE2 | SE3 |
| 西亚 | 伊朗 | 0.079 | 0.056 | 0.157 | 0.055 | 0.045 | 0.034 |
| | 以色列 | 0.034 | 0.023 | 0.069 | 0.065 | 0.045 | 0.081 |
| | 沙特阿拉伯 | 0.014 | 0.010 | 0.034 | 0.030 | 0.020 | 0.042 |
| 中亚东南亚 | 印度尼西亚 | 0.019 | 0.014 | 0.047 | 0.086 | 0.056 | 0.138 |
| | 马来西亚 | 0.056 | 0.040 | 0.121 | 0.224 | 0.149 | 0.339 |
| | 新加坡 | 0.058 | 0.042 | 0.122 | 0.236 | 0.160 | 0.353 |
| | 泰国 | 0.086 | 0.061 | 0.184 | 0.288 | 0.194 | 0.419 |
| | 哈萨克斯坦 | 0.027 | 0.019 | 0.062 | 0.049 | 0.032 | 0.066 |
| 欧洲 | 俄罗斯 | 0.054 | 0.038 | 0.114 | 0.105 | 0.078 | 0.122 |
| | 德国 | 0.037 | 0.026 | 0.078 | 0.091 | 0.063 | 0.124 |
| | 法国 | 0.022 | 0.015 | 0.048 | 0.066 | 0.044 | 0.097 |
| | 西班牙 | 0.025 | 0.017 | 0.057 | 0.082 | 0.054 | 0.121 |
| | 英国 | 0.030 | 0.021 | 0.066 | 0.089 | 0.060 | 0.126 |
| 美洲 | 加拿大 | 0.015 | 0.011 | 0.035 | 0.047 | 0.031 | 0.071 |
| | 巴西 | 0.024 | 0.017 | 0.054 | 0.059 | 0.039 | 0.082 |
| | 美国 | 0.014 | 0.009 | 0.030 | 0.035 | 0.023 | 0.049 |

### 三 对投资的效应分析

经济减排情景对各国投资的影响趋势大体上可分为四类：第一类为在整个动态仿真区间内总体上呈现出下降的趋势；第二类为在动态仿真区间的初始阶段表现出增长趋势，中间的阶段又表现出下降的趋势，在模拟后期再次以增长趋势结束的总体变动态势不稳定型；第三类为在动态模拟区间前期首先表现出增长的趋势，之后又表现为下降的趋势；第四类为在整个动态仿真区间内始终保持持续增长的趋势。

符合第一类变动趋势的国家只有中国。在 SE1 和 SE2 情景的作用下，中国投资在整个动态模拟区间内均呈现出逐年下降的变动趋势，而在 SE3 情景的制约下，中国投资于 2026—2044 年表现为逐年下降的趋势，但自 2045 年起，开始由下降趋势转为增长趋势，并且这种增长趋势一直延续到 2050 年。其中，SE1 情景导致的这种下降趋势在 2026—2032 年呈现出逐年递增的态势，2033—2050 年这种下降趋势的幅度开始呈现出逐年递减的态势，2032 年的最大下降幅度达到 1.06%，而截至 2050 年的降幅仅为 0.24%。SE2 情景的下降趋势与 SE1 情景的下降趋势整体上较为一致，但其逐年递增的下降趋势仅保持到 2030 年，自 2031 年起下降趋势表现为逐年递减的态势，2032 年的最大下降率达到 0.74%，截至 2050 年的降幅递减为 0.49%。SE3 情景导致 2044 年前的下降趋势的变动速率表现出递增递减交替式变化的趋势，2026—2030 年先逐年递增，2031—2036 年又逐年递减，之后 2037—2040 年再次递增，最后 2041—2044 年呈现出最终逐年递减的下降趋势，2045—2050 年中国投资由负向下降转为正向增长，截至 2050 年的增长率达到 0.38%。

符合第二类变动趋势的国家有 2 个，分别为俄罗斯和伊朗。对俄罗斯而言，SE1 和 SE3 情景导致其投资出现上下波动的不稳定变化趋势，而 SE2 则导致其投资在整个动态仿真区间内始终呈现出逐年增长的趋势。其中，SE1 导致的不稳定型变动趋势可分解为三个阶段：第一阶段为增速由大变小的增长阶段，持续时间为 2026—2041 年；第二阶段为下降阶段，对应的时间为 2042—2046 年；第三阶段为再次逐年递增的增长阶段，对应的时间为 2047—2050 年，至 2050 年增长率达到 0.10%。SE3 导致的波动型发展阶段可分为四个：2026—2035 年增长，之后于 2036—2038 年下降，再于 2039—2042 年增长，最后于 2043—2050 年持续下降。对伊朗而言，只有 SE2 情景作用下的投资变动趋势符合不稳定型特征，SE1 和 SE3 情景导致其变动趋势满足第三类特征，其中，SE2 情景导致的变化阶段可分解为三个：初始时期的增长阶段，截至 2035 年；第二阶段的下降阶段，持续时间截至 2045 年；最终的再次增长阶段，截至 2050 年，增速达到 0.08%。

满足第三类变化特征的国家有 13 个，分别为日本、印度尼西亚、泰国、加拿大、美国、巴西、法国、德国、西班牙、英国、哈萨克斯坦、以色列、沙特阿拉伯。除印度尼西亚、哈萨克斯坦、沙特阿拉伯的投资在所有情景作用下均呈现出符合第三类变化特征的变动趋势外，上述其他国家的投资在动态期间表现出此种变动趋势均是由 SE3 情景导致的，而 SE1 和 SE2 情景导致的各国投资变动趋势满足第四类特征。其中，SE3 作用下上述各国投资出现下降的时间点分别为 2044 年、2041 年、2046 年、2045 年、2044 年、2044 年、2046 年、2043 年、2046 年、2045 年、2041 年、2044 年、2042 年，截至 2050 年的下降率分别达到 0.19%、0.24%、0.25%、0.09%、0.13%、0.20%、0.10%、0.21%、0.08%、0.19%、0.45%、0.15%、0.28%。由此可见，在 SE3 情景的驱动下，上述各国的投资由增长转为下降的趋势大多集中在 2040 年以后，而且相应的下降幅度均较小。

满足第四类变动趋势的国家有 3 个，分别为韩国、马来西亚、新加坡。这三个国家的增长率在三种情景也均不相同，其中，SE1 情景导致的增长速度在整个动态期间内可分为先逐年递增后逐年递减的增长趋势，由递增转为递减的时间节点分别为 2035 年、2037 年、2038 年，相应的最大增长幅度分别为 0.63%、0.66%、0.69%。SE2 情景则在整个动态模拟期间始终表现出逐年递增的增长趋势，截至 2050 年的增幅分别达到 0.46%、0.50%、0.502%。SE3 情景导致的上述三个国家的增长速率处于不断波动的状态，虽然前期投资增长幅度为三个经济减排情景中最大的，但之后的反复波动使得截至 2050 年韩国、马来西亚、新加坡的投资增长率在三个经济减排情景中是最低的，分别为 0.05%、0.12%、0.08%。由此可见，尽管三种经济减排情景对各国的影响趋势有正向的推动作用，也包括负向的抑制作用，但根据上述数据分析结果可知，总体上经济减排情景是助力各国投资增长的，但这种贡献度较小。各国投资变动趋势如表 8-3 所示。

表8-3　　　SE1—SE3情景下各国各阶段投资水平的变动幅度　　　单位:%

| 区域 | 国家 | 2026—2035年 | | | 2036—2050年 | | |
|---|---|---|---|---|---|---|---|
| | | SE1 | SE2 | SE3 | SE1 | SE2 | SE3 |
| 东亚 | 中国 | -0.759 | -0.502 | -1.508 | -0.547 | -0.440 | -0.388 |
| | 日本 | 0.325 | 0.213 | 0.624 | 0.218 | 0.187 | 0.122 |
| | 韩国 | 0.425 | 0.285 | 0.821 | 0.516 | 0.387 | 0.552 |
| 西亚 | 伊朗 | 0.461 | 0.299 | 0.805 | -0.163 | -0.033 | -0.489 |
| | 以色列 | 0.283 | 0.187 | 0.546 | 0.178 | 0.151 | 0.100 |
| | 沙特阿拉伯 | 0.171 | 0.110 | 0.348 | -0.013 | 0.010 | -0.135 |
| 中亚东南亚 | 印度尼西亚 | 0.078 | 0.048 | 0.189 | -0.018 | -0.010 | -0.100 |
| | 马来西亚 | 0.432 | 0.291 | 0.827 | 0.572 | 0.428 | 0.629 |
| | 新加坡 | 0.389 | 0.264 | 0.731 | 0.589 | 0.444 | 0.646 |
| | 泰国 | 0.625 | 0.421 | 1.194 | 0.602 | 0.470 | 0.539 |
| | 哈萨克斯坦 | 0.212 | 0.136 | 0.422 | -0.079 | -0.034 | -0.250 |
| 欧洲 | 俄罗斯 | 0.273 | 0.176 | 0.509 | 0.050 | 0.108 | -0.160 |
| | 德国 | 0.324 | 0.213 | 0.624 | 0.189 | 0.166 | 0.085 |
| | 法国 | 0.199 | 0.130 | 0.415 | 0.189 | 0.141 | 0.162 |
| | 西班牙 | 0.219 | 0.143 | 0.452 | 0.219 | 0.162 | 0.196 |
| | 英国 | 0.277 | 0.182 | 0.552 | 0.226 | 0.179 | 0.160 |
| 美洲 | 加拿大 | 0.146 | 0.096 | 0.302 | 0.110 | 0.084 | 0.084 |
| | 巴西 | 0.197 | 0.129 | 0.405 | 0.126 | 0.102 | 0.060 |
| | 美国 | 0.207 | 0.136 | 0.408 | 0.100 | 0.084 | 0.041 |

## 四　对不同行业总产出的效应分析

为便于最终结论的推导，本节分析的各部门总产出将与第七章中涉及的部门一致，分别包括农林牧渔、化工、制造、电力、建筑、交通运输与服务六大行业。

（一）农林牧渔业

各国农林牧渔业受到中国经济减排情景的冲击，其总产出的变动趋势可分为两类：第一类为在整个动态仿真期间内始终呈现出单调的变化趋势，包括单调增长和单调下降两种趋势；第二类为在整个动态模拟区间内呈现出不稳定波动型变化特征。

符合第一类变化特征的国家有6个，其中，呈现出单调增长趋势的国家包括印度尼西亚、沙特阿拉伯，呈现出单调下降趋势的国家包括马来西亚、新加坡、泰国、美国。对于在动态仿真区间内表现为单调增长趋势的印度尼西亚和沙特阿拉伯而言，SE1情景导致两国农林牧渔业总产出的增长趋势呈现出逐年缓慢递增的态势，SE2情景作用下两国农林牧渔业总产出的增长趋势则是相对较快的递增型，SE3情景则是在整个动态区间内增长趋势呈现出上下浮动型的递增递减，即呈现出的增长趋势是不稳定的。截至2050年，SE1—SE3情景导致印度尼西亚和沙特阿拉伯农林牧渔业总产出的增长率分别达到0.0238%、0.0235%、0.0239%，0.16%、0.14%、0.13%。反之，对始终表现为下降趋势的国家而言，SE1—SE3情景对上述四个国家产生的负向影响与对印度尼西亚和沙特阿拉伯产生的正向贡献的总体趋势是一致的，即在三种经济减排情景作用下，这种下降趋势的波动速率与上述两国增长趋势下的波动速率表现相同，截至2050年，SE1—SE3情景导致马来西亚、新加坡、泰国、美国的这种下降率分别达到0.034%、0.037%、0.015%，0.108%、0.107%、0.043%，0.042%、0.046%、0.017%，0.053%、0.059%、0.010%。

满足第二类变动趋势的国家可继续细分为两类：第一类是在动态模拟区间内的不稳定型变动趋势仅能分解为两个波动阶段的国家，有8个，分别为中国、韩国、加拿大、巴西、法国、西班牙、英国、以色列；第二种是在整个动态模拟区间内的变动趋势可分为三个及以上变动阶段的国家，有5个，分别为日本、德国、俄罗斯、哈萨克斯坦、伊朗。对第一类型的8个国家而言，加拿大、巴西、法国、西班牙、英国的农林牧渔业总产出的两个发展阶段均为第一阶段下降、第二阶段增长，而中国、韩国、以色列农林牧渔业总产出两个阶段的变动趋势与上述5个国家截然相反。无论各国农林牧渔业总产出在两个阶段内表现出何种变动趋势，导致这种变化趋势的情景和两个发展阶段的持续时间均不同：对上述5国而言，SE1和SE2

情景作用下的农林牧渔业总产出是单调下降的,属于第一类变动趋势,各国仅在 SE3 情景的作用下出现先下降后增长的两阶段变化趋势,转折时间点分别为 2044 年、2042 年、2041 年、2044 年、2043 年,截至 2050 年的增长幅度达到 0.063%、0.097%、0.066%、0.031%、0.011%。对中国、韩国、以色列而言,其农林牧渔业总产出的两阶段变化趋势为第一阶段增长第二阶段下降。其中,对中国而言,SE1—SE3 情景导致的这种两阶段变动趋势的分界时间点均为 2031 年,相应的增长率分别达到 0.010%、0.006%、0.014%,截至 2050 年的下降率分别达到 0.18%、0.11%、0.24%。对韩国而言,SE1 和 SE3 情景作用下的该国农林牧渔业总产出在整个动态仿真区间内均表现出单调递增的趋势,符合第一大类变动趋势,只有 SE2 情景作用下的该国农林牧渔业总产出自 2048 年开始至 2050 年出现短暂的下降趋势,下降幅度十分平缓,截至 2050 年的下降率达到 0.002%。对以色列而言,SE1—SE3 情景导致的两种变动趋势的分界时间点分别为 2041 年、2041 年、2040 年,截至 2050 年相应的下降率分别为 0.02%、0.015%、0.025%。通过比较分析可知,变动趋势分为三个及以上发展阶段的国家受经济减排情景的冲击出现了较为波动的发展特征,但仿真结果数据显示,尽管这些国家在不同的发展阶段受到不同的变动冲击,但总体上看,无论是增长的趋势还是下降的趋势,这种变动的幅度都非常平缓,均不足 1%。

(二) 化工行业

与各国农林牧渔业总产出受到冲击表现出的不稳定型波动趋势不同,各国化工行业总产出受到冲击时的变动趋势在各情景下均表现出相对整齐的态势,除日本、巴西、法国、西班牙、以色列、伊朗这 6 个国家化工行业总产出表现出相同的两阶段变化特征以外,其余各国在整个动态仿真区间内始终表现为单调变化的趋势,其中,中国表现出单调下降的趋势,其他国家均表现出单调增长的趋势。

对日本和巴西而言,SE1—SE3 情景导致其化工行业总产出分别于 2030 年和 2031 年结束下降趋势,相对应的下降率分别为

0.024%、0.017%、0.074%、0.005%、0.001%、0.010%，两国分别自 2031 年和 2032 年开始出现增长的趋势，直至 2050 年的增长率分别达到 0.50%、0.33%、0.67%、0.24%、0.17%、0.29%。对法国而言，SE1—SE3 情景作用下的该国化工行业总产出分别于 2036 年、2034 年、2033 年终止下降趋势，相应的下降率分别为 0.002%、0.012%、0.038%，截至 2050 年的增长率分别达到 0.19%、0.09%、0.32%。对西班牙而言，SE1 和 SE2 情景均导致该国化工行业总产出的下降趋势于 2033 年截止，相应的下降率分别为 0.016% 和 0.005%，而 SE3 情景作用下则于 2032 年终止其下降趋势，对应的下降率为 0.03%，截至 2050 年 SE1—SE3 情景下导致的该国化工行业总产出的增长率分别达到 0.22%、0.12%、0.34%。对以色列而言，SE2 和 SE3 情景作用下的该国化工行业总产出的下降趋势于 2031 年结束，SE1 情景于 2032 年结束，相应的下降幅度分别为 0.0007%、0.009%、0.005%，截至 2050 年的增长率分别为 0.19%、0.11%、0.26%。此外，与上述 5 个国家两阶段变化趋势不同的是伊朗，该国化工行业总产出仅在 SE3 情景下首先在 2026—2043 年表现为增长的趋势，之后于 2044—2049 年表现出下降的趋势，最后于 2050 年又出现再次增长的趋势，最终以 2050 年的 0.10% 的增幅结束变动趋势。

对中国而言，SE1 情景使得其化工行业总产出的下降趋势以逐年递增的态势变动，SE2 情景导致其下降趋势呈现出弱于 SE1 情景递增速度的缓慢递增型下降趋势，SE3 情景则在整个动态模拟区间内使其下降速度表现出递增递减交替变化的波动型下降趋势，截至 2050 年，SE1—SE3 情景下导致的中国化工行业总产出的下降率分别达到 0.85%、0.71%、0.84%。同理，对在整个动态模拟区间内始终表现为单调增长趋势的其他国家而言，SE1—SE3 情景导致的各国化工行业总产出的增长速度与导致的中国化工行业的下降速度是一致的，只是由下降趋势变为了增长趋势，截至 2050 年，SE1—SE3 情景作用下的韩国、印度尼西亚、马来西亚、新加坡、泰国、加拿大、美国、德国、英国、俄罗斯、哈萨克斯坦、沙特阿拉伯化工行业总产出增长率分别达到 0.70%、0.54%、0.86%、0.66%、0.60%、0.64%、0.64%、0.53%、0.70%、1.111%、0.98%、1.16%、0.98%、0.87%、0.95%、0.40%、0.31%、0.47%、0.28%、0.22%、0.31%、0.37%、0.29%、0.40%、0.28%、0.20%、0.34%、0.72%、0.69%、0.50%、0.72%、0.66%、0.66%、0.32%、0.31%、0.23%。由此可见，新加坡化工行业总产出受中国经济减排情景的冲击产生的变动较为显著，并且上述各国化工行业总产出的变动趋势相对于各国农林牧渔业总产出的变动趋势更为显著。

（三）制造业

各国制造业总产出受中国经济减排情景的冲击，其变动趋势可分为两种类型：第一种为在整个动态仿真区间内始终保持增长的趋势；第二种为在整个动态仿真区间内表现出先下降后增长的两阶段变化趋势。

满足第一种类型的国家有 5 个，分别为印度尼西亚、俄罗斯、哈萨克斯坦、伊朗、沙特阿拉伯。SE1 和 SE2 情景导致上述各国制造业总产出的增长趋势以逐年递增的形式变化，并且，SE1 情景导致的增长幅度比 SE2 情景导致的增长幅度更大，而 SE3 情景作用下的上述各国制造业总产出的增长趋势以不稳定的上下波动型增速呈现。截至 2050 年，SE1—SE3 导致的上述各国化工行业总产出分别达到 0.69%、0.60%、0.70%、0.45%、0.41%、0.34%、0.85%、0.69%、0.93%、0.33%、0.36%、0.26%、0.49%、0.37%、0.55%。由此可见，各国制造业总产出受经济减排情景的驱动产生的变动幅度均不十分显著。

符合第二类变动趋势的国家为除上述 5 个国家以外的其余 14 个国家，除中国制造业总产出两阶段变动趋势为先增长后下降外，其余 13 个国家的两阶段变动趋势均为先下降后增长。对中国而言，SE3 情景导致的第一阶段增长幅度最大，于 2031 年达到 0.11%，同时，在第二阶段的下降过程中，该情景作用下的中国制造业总产出的下降幅度也最显著，截至 2050 年的下降率达到 0.90%。同理，对其余 13 个国家而言，SE3 的作用程度相比 SE1 和 SE2 情景的作用程度都显著，这 13 个国家的第一阶段下降趋势基本上都于 2035 年左右截止，同时，在第二阶段的增长过程中，在 SE1—SE3 情景的作用下，这 13 个国家制造业总产出均表现出逐年递增的增长趋势，其中 SE3 情景导致的增幅最大。

（四）电力行业

各国电力行业总产出受中国经济减排情景的冲击，其变动趋势可分为四类：第一类为在动态模拟前期先下降，在动态仿真后期再增长的变动趋势；第二类为在动态模拟初始阶段先增长，后期又出现下降的趋势；第三类为在整个动态模拟区间内始终保持下降的趋势；第四类为在整个动态模拟区间内保持持续增长的变动趋势。

满足第一类变动趋势的国家有 2 个，分别为巴西和西班牙。对巴西而言，SE1 和 SE2 情景均导致其电力行业总产出于 2033 年结束下降趋势，而 SE3 情景则于 2032 年结束下降趋势，三种情景下的下降率分别达到 0.010%、0.0001%、0.021%，三种情景导致该国电力行业总产出在第二阶段的增长过程中均表现为逐年递增的增长趋势，其中，SE3 情景对该国电力行业总产出产生的冲击强度均高于 SE1 和 SE2 情景。截至 2050 年，SE1—SE3 情景下的巴西电力行业总产出增长率分别达到 0.092%、0.047%、0.12%。对西班牙而言，SE1、SE2、SE3 情景导致该国电力行业总产出第一阶段下降过程的持续时间均不相同，时间节点分别为 2030 年、2031 年、2029 年，之后三种情景均导致西班牙电力行业总产出呈现出增长的趋势，但这种增长趋势的变动轨迹与巴西不一致，在增长过程中其增速先表现为逐年递增，后又表现为逐年递减的趋势。其中，SE3 仍为增长最显著的情景，截至 2050 年，其导致西班牙电力行业总产出达到 0.12%。由此可见，巴西和西班牙电力行业总产出受中国经济减排政策的冲击程度类似。

符合第二类变动趋势的国家有 2 个，分别为伊朗和沙特阿拉伯。

对这两个国家而言，SE1 和 SE2 情景导致其电力行业总产出的变动趋势符合第四类特征，只有 SE3 情景导致其电力行业总产出变动趋势符合先增长后下降的变动趋势，其中 SE1 和 SE2 情景制约下的伊朗和沙特阿拉伯电力行业总产出截至 2050 年的增长率分别达到 0.037%、0.092%，0.015%、0.051%。由此可见，SE2 情景的作用强度较高。SE3 情景驱动下的两国增长趋势分别于 2042 年和 2043 年终止，相应的增长率分别为 0.049%和 0.024%。SE3 情景导致两国第二阶段下降过程均以逐年递减的形式变动，截至 2050 年的下降率分别为 0.023%和 0.049%。通过对比分析可得，伊朗和沙特阿拉伯电力行业受到中国经济减排的冲击产生的影响十分有限。

符合第三类变动趋势的国家仅有法国，SE1、SE2、SE3 情景在不同阶段对法国电力行业总产出的抑制作用幅度均不相同：对 SE1 情景而言，在 2026—2032 年，其导致的下降趋势为逐年递增的冲击方式，而在 2033—2050 年则转为逐年递减的下降趋势，在此期间最大的下降率为 2032 年的 0.22%，而截至 2050 年则下降率为 0.19%。对 SE2 情景而言，这种下降趋势可分解为三个阶段：第一阶段为 2026—2030 年，此阶段为逐年递增的下降阶段；第二阶段为 2031—2035 年，此阶段为逐年递减的下降阶段；第三阶段为 2036—2050 年，在此期间法国电力行业总产出再次以逐年递增的下降趋势变动，直至 2050 年下降率达到 0.24%。对 SE3 情景而言，其导致的下降趋势与 SE2 基本相同，只是在 SE2 基础上又多出一个再次递减的下降过程，为 2041—2050 年，因此，截至 2050 年，SE3 作用下的电力行业总产出的下降幅度最小，为 0.096%。

符合第四类变动特征的国家为除上述 5 个国家以外的其余 14 个国家。这些国家电力行业总产出的变动趋势受三种经济减排情景的驱动，虽然在整个动态仿真区间内始终表现为增长的趋势，但这种增长的幅度可分为两种类型：第一种为在 SE1 和 SE2 情景驱动下的逐年递增的增长趋势，其中，SE1 情景的递增强度高于 SE2 情景；另一种为 SE3 情景作用下的不稳定型增长趋势，此情景导致各国电力行业增长幅度截至 2050 年为三个情景中最低的。

（五）建筑业

各国建筑业总产出受不同经济减排情景的冲击，其变动趋势各不相同。总体上，可分为三类变动趋势：第一类为在 SE1 和 SE2 情景的驱动下，建筑业总产出的变动趋势呈现出单调增长或单调下降的轨迹，而同时在 SE3 情景的驱动下，建筑业总产出表现为两阶段的变动趋势。第二类为仅在 SE1 和 SE2 情景的制约下变动趋势与第一类类型表现略有不同，由单调的变化趋势变为两阶段变化趋势。第三类为建筑业总产出在 SE1—SE3 情景的驱动下均表现为单一的变化趋势。

符合第一类变动趋势的国家有 11 个，分别为日本、泰国、加拿大、美国、巴西、法国、德国、西班牙、英国、俄罗斯、以色列。以 SE3 情景的两阶段变动趋势为切入点，上述这些国家在 SE3 情景的驱动下由增长转为下降的时间节点分别为 2044 年、2045 年、2044 年、2043 年、2043 年、2045 年、2043 年、2045 年、2044 年、2042 年、2043 年，相应的最终增长率分别为 0.004%、0.058%、0.034%、0.058%、0.082%、0.014%、0.11%、0.031%、0.072%、0.046%、0.11%，截至 2050 年的下降率分别达到 0.14%、0.21%、0.077%、0.081%、0.19%、0.082%、0.15%、0.055%、0.14%、0.012%、0.12%。中国在 SE3 情景的驱动下表现出的两阶段变动趋势与上述国家相反，即在 SE3 情景的驱动下先表现为下降的趋势，之后表现为增长的趋势，这种变动趋势的转折时间点为 2044 年，相应的终止下降率为 0.14%，截至 2050 年的增长率达到 0.36%。

满足第二类变动趋势的国家有 4 个，分别为印度尼西亚、哈萨克斯坦、伊朗、沙特阿拉伯。这些国家在 SE1 和 SE2 情景的驱动下表现为两阶段变化趋势。对印度尼西亚而言，在 SE1 和 SE2 情景的作用下，其建筑业总产出在 2042 年之前表现出逐年递减的增长趋势，2042—2050 年，开始以逐年递增的下降趋势变动，截至 2050 年的下降率分别为 0.099% 和 0.045%，SE1 情景导致的下降幅度较大。

对哈萨克斯坦而言，在 SE1 和 SE2 情景的驱动下，两阶段变化趋势的分界时间点为 2043 年，相应的最终增长率分别达到 0.011% 和 0.018%。对伊朗而言，SE1 情景和 SE2 情景导致增长过程的持续时间并不相同，分别截止到 2037 年和 2035 年，相应的增幅分别达到 0.048% 和 0.064%，需要特殊说明的是，SE2 情景在 2044 年终止伊朗建筑业总产出的增长后于 2045—2050 年再次导致其表现出增长的趋势，截至 2050 年的增幅达到 0.082%。对沙特阿拉伯而言，这种增长趋势在 SE1 和 SE2 情景作用下分别于 2042 年和 2044 年结束，但相比于其他国家，经济减排情景对沙特阿拉伯建筑业总产出的影响程度最小。

对于符合第三类变化特征的韩国、马来西亚、新加坡而言，SE3 导致的韩国建筑业总产出增加幅度最大，尽管在整个动态仿真区间内的增速不稳定，但截至 2050 年的增长幅度最大，达到 0.056%。对新加坡和马来西亚而言，SE2 情景导致的增长幅度最显著，截至 2050 年分别达到 0.31% 和 0.46%。

（六）交通运输与服务业

各国交通运输与服务业总产出受经济减排情景的冲击，产生的变动趋势分为三类：第一类是在 SE3 情景的驱动下表现出先增长后下降的两阶段变化特征；第二类是在整个动态仿真区间内始终表现为下降的趋势；第三类是在整个动态模拟期间保持持续增长的趋势。

符合第一类变动趋势的国家有 3 个，分别为哈萨克斯坦、伊朗和沙特阿拉伯。SE3 情景导致三国均于 2043 年结束前期的增长趋势，相对应的最终增长率分别为 0.031%、0.10% 和 0.06%，截至 2050 年的下降率分别达到 0.12%、0.071% 和 0.021%。

满足第二类变动趋势的国家只有中国，在 SE1 和 SE2 情景的作用下，中国交通运输与服务业总产出呈现出逐年递增的下降趋势，其中，SE1 导致的下降趋势较为显著，于 2050 年分别达到 0.65% 和 0.61%。而 SE3 情景驱动下的中国交通运输与服务业总产出在下降过程中表现为不稳定的下降趋势，即在不同阶段的下降速率是上下浮动的，以先递增后递减再次递增递减交替的方式变动，截至2050年的下降率达到0.53%，在三个情景中的下降幅度最小。

符合第三类变动趋势的国家有15个，分别为日本、韩国、印度尼西亚、马来西亚、新加坡、泰国、加拿大、美国、巴西、法国、德国、西班牙、英国、俄罗斯、以色列。三种情景对上述各国的作用程度与对中国的作用程度基本一致，所不同的是对中国是表现为抑制作用，而对上述各国则表现为促进作用。

通过对各国GDP、投资、六大行业总产出变动趋势的分析，可知，整体上看中国通过碳定价的三种情景经济减排方式对各国宏观经济的影响无论是发挥促进作用还是抑制作用，产生的冲击均十分平缓。

## 第二节　经济减排情景对进出口贸易的效应分析

本节将详细阐述三种经济减排情景对各国进口商品总量和出口商品总量的影响。

### 一　对进口的效应分析

各国进口商品总量受到中国经济减排情景的冲击，表现出四类不同的变动趋势：第一类为在整个动态仿真区间内始终保持增长的趋势；第二类为在整个动态模拟区间内保持持续下降的趋势；第三类为在某种特定减排情景的制约下出现两阶段变化特征；第四类为在某种特定减排情景的作用下呈现出三个及以上的阶段性变化趋势。

符合第一类变化趋势的国家有9个，分别为韩国、马来西亚、新加坡、泰国、法国、德国、西班牙、英国、以色列。这些国家在SE1情景作用下的增长趋势经历了先逐年递增后逐年递减的过程；SE2情景产生的促进作用是逐年递增的，但这种递增速度相对于SE1

和 SE3 情景的前期递增阶段的增速较为平缓；而 SE3 情景则导致上述各国进口商品总量的增长趋势以先递增后递减的交替方式变动，尽管 SE3 情景在前期的递增幅度最大，但由于同样幅度的递减趋势，其作用下的上述各国进口商品总量的增幅最小。截至 2050 年，SE1—SE3 情景下上述各国进口商品总量的增长率分别达到 0.35%、0.34%、0.29%、0.42%、0.38%、0.37%、0.42%、0.33%、0.43%、0.39%、0.37%、0.30%、0.08%、0.10%、0.02%、0.09%、0.13%、0.02%、0.13%、0.14%、0.05%、0.10%、0.13%、0.02%、0.12%、0.14%、0.06%。

满足第二类变动趋势的国家有 3 个，分别为印度尼西亚、哈萨克斯坦、沙特阿拉伯。这三个国家在 SE1—SE3 情景的驱动下均呈现出逐年递增的下降趋势，并且 SE3 情景作用下的下降幅度最显著，截至 2050 年，SE1—SE3 情景导致的上述三个国家的下降率分别达到 0.18%、0.14%、0.27%、0.45%、0.35%、0.57%、0.24%、0.18%、0.30%。通过比较分析可得，SE2 情景对上述三个国家进口总量的抑制作用最小，同时，哈萨克斯坦在三个国家中受经济减排情景的冲击导致进口商品总量的下降最显著。

符合第三类特征的国家有 5 个，分别为中国、日本、加拿大、美国、巴西。对中国而言，三种情景均导致其进口商品总量表现为先下降后增长的两阶段变化特征，其中，SE1—SE3 情景导致的中国进口商品总量停止下降的时间节点分别为 2040 年、2037 年、2041 年，相应的下降率分别为 0.024%、0.007%、0.223%，截至 2050 年的增长率分别达到 0.38%、0.10%、1.02%，通过比较分析可知 SE3 情景对中国进口商品总量的增长贡献度最高。对日本而言，只有 SE3 情景导致其进口商品总量的变动趋势呈现出先增长后下降的两阶段特征，SE1 和 SE2 情景导致其进口商品总量变动趋势符合第一类变动趋势，SE3 情景作用下的日本两阶段变化趋势的时间节点为 2043 年，相应的终止增长幅度达到 0.094%。对加拿大、美国、巴西而言，SE1—SE3 情景均导致其进口商品总量呈现出先增长后下降的两阶段变动趋势，只是各情景下维持的增长过程长短不一致。其中，SE1 情景下的三国增长趋势持续阶段分别为 2026—2044 年、2026—2037 年、2026—2042 年；SE2 情景导致的增长趋势持续区间分别为 2026—2049 年、2026—2036 年、2026—2048 年；SE3 情景作用下的增长趋势分别于 2042 年、2034 年、2041 年终止。

满足第四类变化特征的国家有伊朗和俄罗斯 2 个。这两个国家的进口商品总量仅在 SE2 情景的驱动下表现出先增长后下降再增长的三阶段变动趋势。其中，对俄罗斯而言，SE2 情景作用下的三个变动阶段分别为 2026—2034 年、2035—2044 年、2045—2050 年，截至 2050 年的增长率达到 0.10%；对伊朗而言，SE2 情景驱动下的三个增长阶段分别为 2026—2035 年、2036—2045 年、2046—2050 年，截至 2050 年的增长幅度达到 0.016%。

各国进口效应变动趋势如表 8-4 所示。

表 8-4　　SE1—SE3 情景约束下各国进口效应变动趋势　　单位:%

| 区域 | 国家 | 2026—2035 年 | | | 2036—2050 年 | | |
|---|---|---|---|---|---|---|---|
| | | SE1 | SE2 | SE3 | SE1 | SE2 | SE3 |
| 东亚 | 中国 | −0.315 | −0.163 | −0.806 | 0.103 | 0.072 | 0.404 |
| | 日本 | 0.266 | 0.173 | 0.486 | 0.180 | 0.162 | 0.094 |
| | 韩国 | 0.212 | 0.143 | 0.401 | 0.358 | 0.263 | 0.444 |
| 西亚 | 伊朗 | 0.258 | 0.176 | 0.403 | −0.100 | −0.021 | −0.270 |
| | 以色列 | 0.120 | 0.081 | 0.226 | 0.149 | 0.113 | 0.166 |
| | 沙特阿拉伯 | −0.049 | −0.035 | −0.087 | −0.199 | −0.135 | −0.304 |
| 中亚东南亚 | 印度尼西亚 | −0.011 | −0.010 | 0.007 | −0.117 | −0.086 | −0.194 |
| | 马来西亚 | 0.201 | 0.138 | 0.388 | 0.417 | 0.297 | 0.551 |
| | 新加坡 | 0.122 | 0.086 | 0.239 | 0.368 | 0.255 | 0.527 |
| | 泰国 | 0.200 | 0.137 | 0.400 | 0.418 | 0.295 | 0.543 |
| | 哈萨克斯坦 | −0.083 | −0.064 | −0.119 | −0.368 | −0.258 | −0.559 |

续表

| 区域 | 国家 | 2026—2035年 | | | 2036—2050年 | | |
|---|---|---|---|---|---|---|---|
| | | SE1 | SE2 | SE3 | SE1 | SE2 | SE3 |
| 欧洲 | 俄罗斯 | 0.117 | 0.074 | 0.183 | -0.113 | -0.012 | -0.327 |
| | 德国 | 0.115 | 0.076 | 0.218 | 0.128 | 0.101 | 0.126 |
| | 法国 | 0.077 | 0.050 | 0.155 | 0.102 | 0.076 | 0.105 |
| | 西班牙 | 0.112 | 0.073 | 0.225 | 0.157 | 0.114 | 0.173 |
| | 英国 | 0.106 | 0.070 | 0.213 | 0.140 | 0.104 | 0.148 |
| 美洲 | 加拿大 | 0.045 | 0.029 | 0.095 | 0.014 | 0.014 | -0.010 |
| | 巴西 | 0.180 | 0.116 | 0.350 | -0.002 | 0.024 | -0.146 |
| | 美国 | 0.069 | 0.044 | 0.133 | -0.065 | -0.035 | -0.152 |

## 二 对出口的效应分析

各国出口商品总量受到三种经济减排情景的冲击，产生的变动趋势可分为三类：第一类为在整个动态仿真区间内始终保持增长的趋势；第二类为在动态仿真的前期表现出下降的趋势，在后期又表现出增长的趋势；第三类变动趋势与第二类完全相反，即表现出先增长后下降的趋势。

符合第一类特征的国家仅有印度尼西亚。该国家出口商品总量在 SE1 和 SE2 情景的制约下在整个动态仿真区间内均呈现出逐年递增的趋势，只是 SE2 情景驱动下的递增幅度小于 SE1 情景下的递增幅度，而 SE3 情景作用下的该国出口商品总量的增长速度以先逐年递增后逐年递减的交替方式变动，截至 2050 年，在 SE1—SE3 情景下该国出口商品总量的增长率分别达到 1.09%、0.91%、1.29%。通过比较分析可知，SE3 情景对印度尼西亚出口商品总量的增长贡献最显著。

满足第二类变动轨迹的国家有 17 个，分别为日本、韩国、马来西亚、新加坡、泰国、加拿大、美国、巴西、法国、德国、西班牙、英国、俄罗斯、哈萨克斯坦、伊朗、以色列、沙特阿拉伯。在 SE1—SE3 情景的约束下这些国家的下降趋势的终止时间大多集中于

2040年之前，较早的在2035年左右。通过比较分析可知，上述国家出口商品总量在SE3情景的制约下变动趋势较为显著。因此，以SE3情景为准，上述各国出口商品总量由下降转为增长的时间节点分别为2033年、2034年、2031年、2031年、2031年、2030年、2032年、2034年、2033年、2031年、2033年、2032年、2031年、2029年、2031年、2033年、2032年，相应的终止下降率分别为0.25%、0.036%、0.02%、0.05%、0.13%、0.010%、0.086%、0.16%、0.07%、0.066%、0.038%、0.021%、0.16%、0.003%、0.14%、0.007%、0.020%，截至2050年的增长幅度分别达到0.73%、0.71%、0.62%、0.64%、0.73%、0.38%、0.25%、0.43%、0.31%、0.34%、0.32%、0.26%、0.53%、0.19%、0.15%、0.17%、0.057%。

符合第三类变化趋势的国家仅有中国。SE1和SE2情景均导致中国的出口商品总量于2038年终止增长趋势，而SE3情景下则于2034年终止其增长趋势，相对应的最终增长幅度分别为0.079%、0.009%、0.231%；仿真数据结果显示，中国出口商品总量受三种减排情景的影响，在后期的下降过程中均表现为逐年递增的下降趋势，截至2050年的下降率分别达到0.76%、0.17%、1.55%。通过比较分析可得，SE3情景对中国出口商品总量的作用程度无论在增长阶段还是下降阶段都是最显著的。

各国出口效应变动趋势如表8-5所示。

表8-5　　　　　SE1—SE3情景下各国出口效应变动趋势　　　　　单位:%

| 区域 | 国家 | 2026—2035年 | | | 2036—2050年 | | |
| --- | --- | --- | --- | --- | --- | --- | --- |
| | | SE1 | SE2 | SE3 | SE1 | SE2 | SE3 |
| 东亚 | 中国 | 0.726 | 0.494 | 1.152 | -0.367 | -0.090 | -1.176 |
| | 日本 | -0.240 | -0.148 | -0.397 | 0.277 | 0.129 | 0.647 |
| | 韩国 | -0.157 | -0.099 | -0.266 | 0.179 | 0.086 | 0.440 |
| 西亚 | 伊朗 | 0.031 | 0.038 | 0.077 | 0.349 | 0.225 | 0.530 |
| | 以色列 | -0.042 | -0.025 | -0.063 | 0.094 | 0.047 | 0.197 |
| | 沙特阿拉伯 | -0.011 | -0.006 | -0.014 | 0.022 | 0.008 | 0.062 |

续表

| 区域 | 国家 | 2026—2035 年 | | | 2036—2050 年 | | |
|---|---|---|---|---|---|---|---|
| | | SE1 | SE2 | SE3 | SE1 | SE2 | SE3 |
| 中亚东南亚 | 印度尼西亚 | 0.452 | 0.311 | 0.812 | 0.966 | 0.686 | 1.391 |
| | 马来西亚 | 0.012 | 0.013 | 0.050 | 0.328 | 0.207 | 0.555 |
| | 新加坡 | 0.002 | 0.005 | 0.025 | 0.312 | 0.197 | 0.539 |
| | 泰国 | -0.019 | -0.007 | 0.009 | 0.411 | 0.253 | 0.710 |
| | 哈萨克斯坦 | 0.008 | 0.005 | 0.031 | 0.097 | 0.056 | 0.181 |
| 欧洲 | 俄罗斯 | 0.017 | 0.026 | 0.035 | 0.439 | 0.282 | 0.702 |
| | 德国 | -0.003 | 0.002 | 0.017 | 0.218 | 0.132 | 0.377 |
| | 法国 | -0.055 | -0.033 | -0.098 | 0.092 | 0.046 | 0.224 |
| | 西班牙 | -0.043 | -0.026 | -0.075 | 0.111 | 0.061 | 0.248 |
| | 英国 | -0.011 | -0.006 | -0.009 | 0.126 | 0.075 | 0.234 |
| 美洲 | 加拿大 | 0.027 | 0.021 | 0.051 | 0.198 | 0.130 | 0.333 |
| | 巴西 | -0.205 | -0.130 | -0.395 | 0.051 | 0.004 | 0.261 |
| | 美国 | -0.036 | -0.020 | -0.064 | 0.130 | 0.081 | 0.240 |

## 第三节 经济减排情景对能源消费水平的效应分析

为与第七章能源消费部分分析的指标一致，本节主要分析煤炭、石油、天然气三种化石燃料的消费量受中国三种经济减排情景冲击的影响。

### 一 对煤炭消费量的效应分析

各国煤炭消费量受经济减排情景的冲击产生的变动趋势可分为三种类型：第一种为在整个动态仿真区间内始终保持下降的趋势；第二种为在动态仿真的前期出现下降的趋势，在后期又表现为增长的趋势；第三种为在整个动态仿真区间内始终保持增长的趋势。

符合第一种变化趋势的国家只有中国。SE1—SE3 情景导致中国煤炭消费量的下降趋势均经历了先以逐年递增式下降后又以逐年递减式下降的变动过程，其中，SE3 情景在前期下降过程中的递增幅度最显著，于 2040 年达到最高的下降率，为 3.52%，但由于其后期下降过程中的递减幅度相比 SE1 和 SE2 情景也较显著，因此截至 2050 年的下降幅度变为三个情景中最小的，SE1—SE3 情景下中国煤炭消费量于 2050 年的下降率分别达到 1.02%、0.99%、0.74%。

符合第二种变动趋势的国家仅有沙特阿拉伯，三种情景导致沙特阿拉伯煤炭消费量第一阶段下降趋势维持的时间均不相同，分别为 2026—2041 年、2026—2042 年、2026—2043 年，相应的终止下降率分别为 0.022%、0.016%、0.010%。三种情景在第二阶段均导致沙特阿拉伯的煤炭消费量呈现出逐年递增的增长趋势，截至 2050 年的增长率分别达到 0.16%、0.14%、0.045%，通过比较分析可知 SE1 情景导致的增长幅度最显著。

满足第三种变动特征的国家是除中国和沙特阿拉伯以外的其他所有国家，共有 17 个国家。SE2 情景导致上述各国煤炭消费量的增长趋势在整个动态仿真区间内均表现为缓慢递增的态势，SE1 和 SE3 情景作用下的增长趋势则经历了先逐年递增后逐年递减的增长过程。通过比较分析可知，SE1 情景对上述大部分国家的增长趋势的促进作用较为显著。

各国煤炭消费的变动趋势如图 8-1 所示。

## 二 对石油消费量的效应分析

各国石油消费量受中国经济减排情景的影响，其变动趋势可分为四种类型：第一种为在动态仿真区间分两阶段变动，先下降后增长；第二种为在 SE3 情景的制约下，在动态仿真的前期表现出增长的趋势，后期又表现为下降的趋势；第三种为在整个动态仿真区间内始终表现为下降的趋势；第四种为在整个动态仿真区间保持持续增长的趋势。

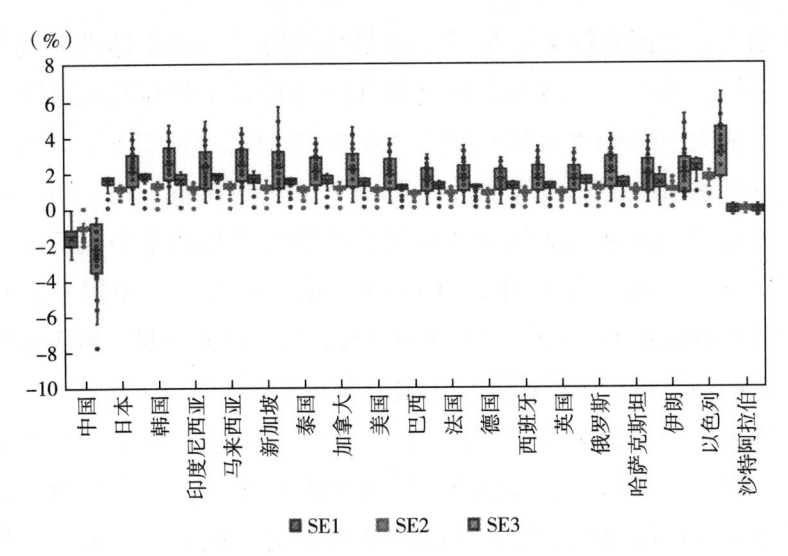

图 8-1 经济减排情景约束下各国煤炭消费水平变动趋势

符合第一种类型变动趋势的国家仅有马来西亚。该国石油消费量在 SE1—SE3 情景的驱动下均于 2030 年终止第一阶段的下降趋势，相应的下降率分别为 0.019%、0.013%、0.013%，第二阶段的增长趋势于 2031 年开始至 2050 年结束，截至 2050 年 SE1—SE3 情景下的增长幅度分别达到 0.19%、0.17%、0.18%。通过比较分析可知，SE1 情景在整个动态仿真区间对马来西亚石油消费量的冲击程度相对于 SE2 和 SE3 情景较为显著。

满足第二种类型特征的国家有 2 个，分别为伊朗和沙特阿拉伯。这两个国家石油消费量表现出的先增长后下降的趋势仅在 SE3 情景的驱动下呈现，SE3 情景导致伊朗和沙特阿拉伯的增长趋势维持时间区间分别为 2026—2048 年和 2026—2043 年，终止时对应的增长率分别为 0.27% 和 0.017%，截至 2050 年的下降率分别为 0.25% 和 0.07%。此外，SE1 和 SE2 情景作用下的伊朗和沙特阿拉伯石油消费量在整个动态仿真区间内始终呈现出增长的趋势，截至 2050 年相应的增长幅度分别达到 0.28%、0.25%、0.01%、0.056%。

符合第三种类型变化轨迹的国家仅有中国。在 SE1 和 SE3 情景的驱动下，中国石油消费量的下降趋势经历了先逐年递增后逐年递减的过程，其中，递增的下降过程在两种情景下均作用到 2030 年，相应的最大下降幅度分别达到 6.4% 和 12.1%，自 2031 年开始，始终以逐年递减的下降趋势变动。而 SE2 情景则在整个动态仿真区间内始终以较 SE1 和 SE3 情景相对缓和的递增趋势使得中国石油消费量逐年下降。截至 2050 年，SE1—SE3 情景作用下的中国石油消费量下降率分别达到 3.08%、3.00%、3.14%。由此可见，SE3 情景对中国石油消费量产生的抑制作用最显著。

满足第四类变动趋势的国家有 15 个，为除上述国家以外的其他所有国家。这些国家的石油消费量在 SE1 和 SE2 情景的作用下始终保持逐年递增的增长趋势，而在 SE3 情景的约束下则表现出以先逐年递增后又逐年递减的增长趋势。通过比较各国的仿真数据结果可知，SE1 情景作用下的各国石油消费量增长幅度最大，而 SE3 情景对各国石油消费量增长的促进程度贡献最小。

各国石油消费量变动趋势如图 8-2 所示。

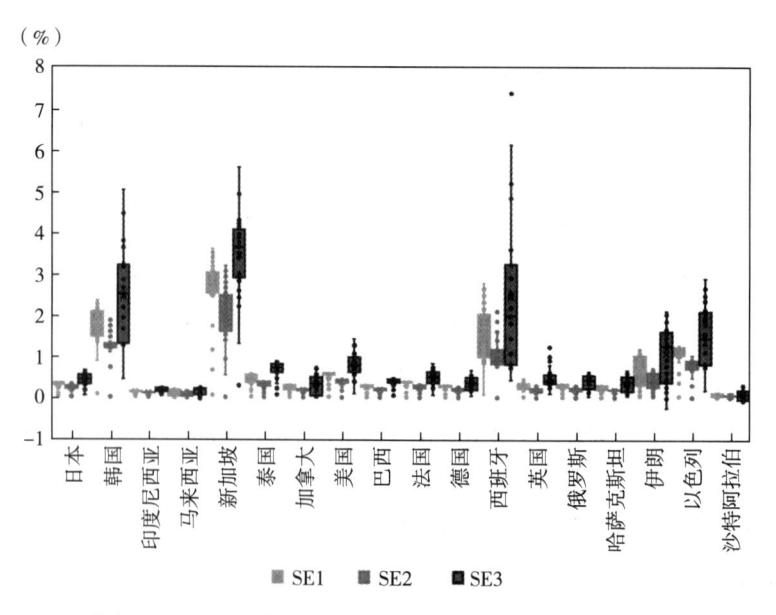

图 8-2　经济减排情景约束下各国石油消费水平变动趋势

### 三 对天然气消费量的效应分析

各国天然气消费量受三种经济减排情景的冲击，产生的变动趋势可分为四种类型：第一种为在整个动态仿真区间内持续下降；第二种为在动态仿真区间内先下降后增长；第三种为在整个动态仿真区间内始终保持增长的趋势；第四种为在整个动态仿真区间内表现出先下降后增长再次下降趋势的多阶段变动特征。

符合第一种变动趋势的国家有6个，分别为中国、日本、印度尼西亚、法国、伊朗、沙特阿拉伯。这些国家在SE1和SE3情景的驱动下，其天然气消费量经历了先逐年递增后逐年递减的下降趋势，而SE2情景导致上述各国天然气消费量的下降幅度虽然相比SE1和SE3情景较低，但其在整个动态仿真区间内均呈现出平缓的逐年递增趋势。截至2050年，SE3情景导致的下降幅度最大，各国分别下降51.49%、0.15%、0.089%、0.17%、1.01%、0.063%。通过比较分析可知，中国天然气消费量受经济减排情景影响的变动幅度最为显著。

满足第二种变动趋势的国家有8个，分别为韩国、马来西亚、加拿大、巴西、德国、西班牙、英国、俄罗斯。这些国家天然气消费量在SE1和SE2情景驱动下的第一阶段变动区间基本是一致的，而在SE3情景作用下的第一阶段下降区间短于SE1和SE2情景。以SE3情景为对比依据，上述各国第一阶段下降区间分别于2032年、2033年、2033年、2034年、2040年、2035年、2031年、2030年终止，相应的终止下降率分别为0.092%、0.03%、0.05%、0.02%、0.01%、0.008%、0.026%、0.08%，截至2050年的增长幅度分别达到0.27%、0.20%、0.02%、0.005%、0.011%、0.06%、0.14%、0.22%。

符合第三种变动轨迹的国家有4个，分别为新加坡、泰国、哈萨克斯坦、以色列。SE1—SE3情景均导致上述各国天然气消费量在整个动态仿真区间内始终表现为逐年递增的增长趋势，其中，SE3

情景作用下的上述各国天然气消费量截至2050年的增长率最高,分别达到0.65%、0.41%、0.14%、0.59%。

满足第四种阶段性特征变动趋势的国家仅有美国。该国天然气消费量的变动趋势仅在SE2情景的作用下满足第四种变动趋势,而SE1和SE3情景作用下的该国天然气消费量变动趋势为先下降后增长,分别于2032年和2031年终止第一阶段的下降过程,相应的下降率分别达到0.001%和0.007%,截至2050年的增长率分别达到0.004%和0.005%。SE2情景则导致美国天然气消费量的变动趋势呈现出先下降后增长再次下降的三阶段变动趋势,第一阶段为2026—2031年,相应的终止下降率为0.006%;第二阶段为2032—2047年,相应的终止增长率为0.001%;第三阶段为2048—2050年,截至2050年的下降率达到0.006%。通过比较分析可知,美国天然气消费量受经济减排情景的冲击程度较为平缓。

各国天然气消费变动趋势如图8-3所示。此外,中国石油消费和天然气消费变动趋势较为显著,因此特别以图8-4进行说明。

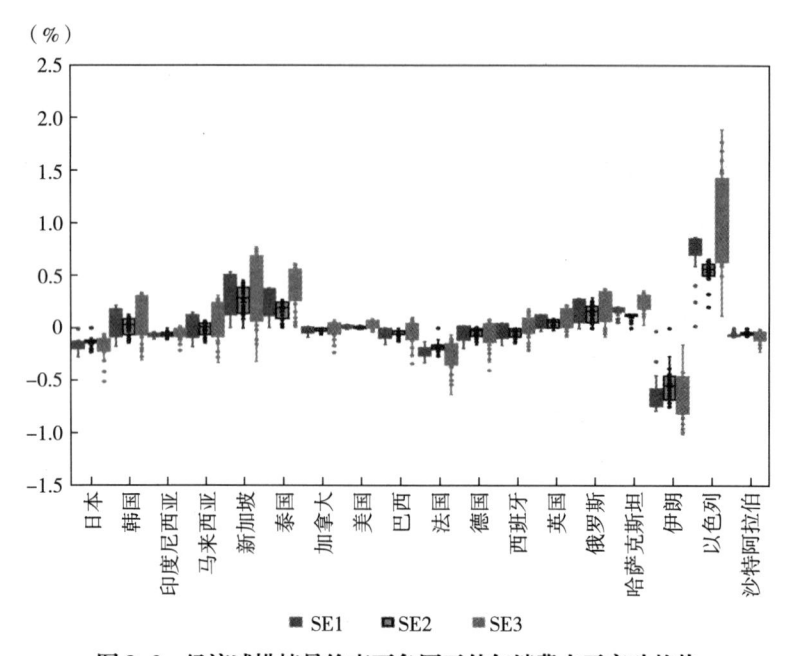

图8-3 经济减排情景约束下各国天然气消费水平变动趋势

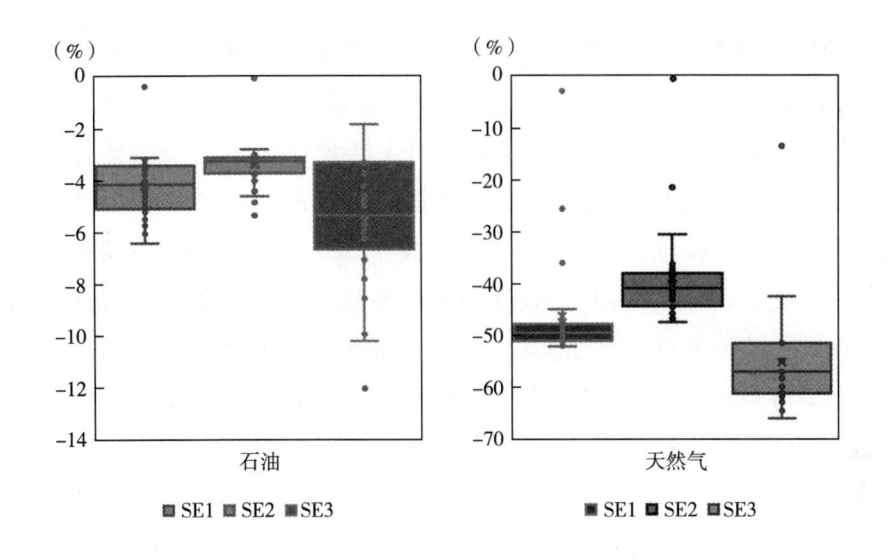

图 8-4　经济减排情景约束下中国石油、天然气消费水平变动趋势

## 第四节　经济减排情景对碳排放水平的效应分析

本节分析的碳排放水平指标与第七章中包含的碳排放水平指标一致，在此不再重复赘述。

### 一　对碳排放总量的效应分析

各国碳排放总量受中国经济减排情景的影响，其 2026—2050 年的变动趋势可分为三种类型：第一种为在整个动态仿真区间内始终呈现出下降的趋势；第二种为在整个动态模拟期间均表现为增长的趋势；第三种为在某种特定情景下表现为两阶段变动的趋势。

符合第一种变动趋势的国家有 2 个，分别为中国、伊朗。对中国而言，在 SE1 情景的驱动下，中国碳排放总量的下降趋势呈现出先逐年递增后逐年递减的态势，其中，这种下降趋势于 2030 年达到最高下降幅度，对应的最高下降率为 7.13%；SE2 情景约束下的中国碳排放则在整个动态模拟区间内始终呈现出逐年递增的下降趋势，于 2050 年达到最大下降幅度，相应的下降率为 6.47%，但在前期的下降趋势比 SE1 情景表现得更为平缓，故截至 2050 年的最终下降率也小于 SE1 情景下 6.48% 的降幅；SE3 情景作用下的中国碳排放于 2030 年之前始终保持逐年递增的显著下降趋势，并在 2030 年达到最高水平的下降幅度，为 12.28%，远高于 SE1 和 SE2 情景对应的下降率，但在 2030 年之后开始表现出逐年递减的下降趋势，并且这种递减的幅度较为波动，截至 2050 年的下降率达到 6.64%，仍高于 SE1 和 SE2 情景作用下的下降率。对伊朗而言，SE1—SE3 情景导致该国碳排放总量在整个动态仿真区间内始终表现为逐年递增的下降态势，截至 2050 年的下降幅度分别达到 0.52%、0.48%、0.71%，通过比较分析可知，SE3 情景作用下伊朗碳排放下降幅度最显著。

满足第二种变动趋势的国家有 16 个，分别为日本、韩国、印度尼西亚、马来西亚、新加坡、泰国、加拿大、美国、巴西、法国、德国、西班牙、英国、俄罗斯、哈萨克斯坦、以色列。由此可见，绝大部分国家因受中国经济减排情景的冲击，其碳排放总量表现为增长的趋势，但模型动态仿真数据结果显示，尽管中国的经济减排情景导致了上述国家碳排放的增长，但三种情景驱动下的各国碳排放增长幅度均十分平缓，均未超过一个百分点的增长幅度。其中，SE1 情景和 SE3 情景导致这种增长过程表现出先逐年递增后逐年递减的态势，而 SE2 情景作用下的上述各国碳排放总量则在整个动态仿真区间内始终呈现出逐年递增的增长趋势。SE1—SE3 情景下各国碳排放总量变动趋势如图 8-5 所示。

符合第三类变动趋势的国家仅有沙特阿拉伯。其中，SE1 和 SE2 情景作用下的沙特阿拉伯碳排放总量的变动趋势符合第二类变动特征，即在整个动态仿真区间内始终呈现出增长的趋势，均表现出先逐年递增后逐年递减的增长态势，截至 2050 年的增长率分别达到 0.009% 和 0.035%。而在 SE3 情景的驱动下沙特阿拉伯碳排放表现出先增长后下降的两阶段变动特征，由第一阶段的增长趋势变为第二阶段下降趋势的转折点为 2043 年，相应的终止增长率达到 0.023%，

(a) SE1情景

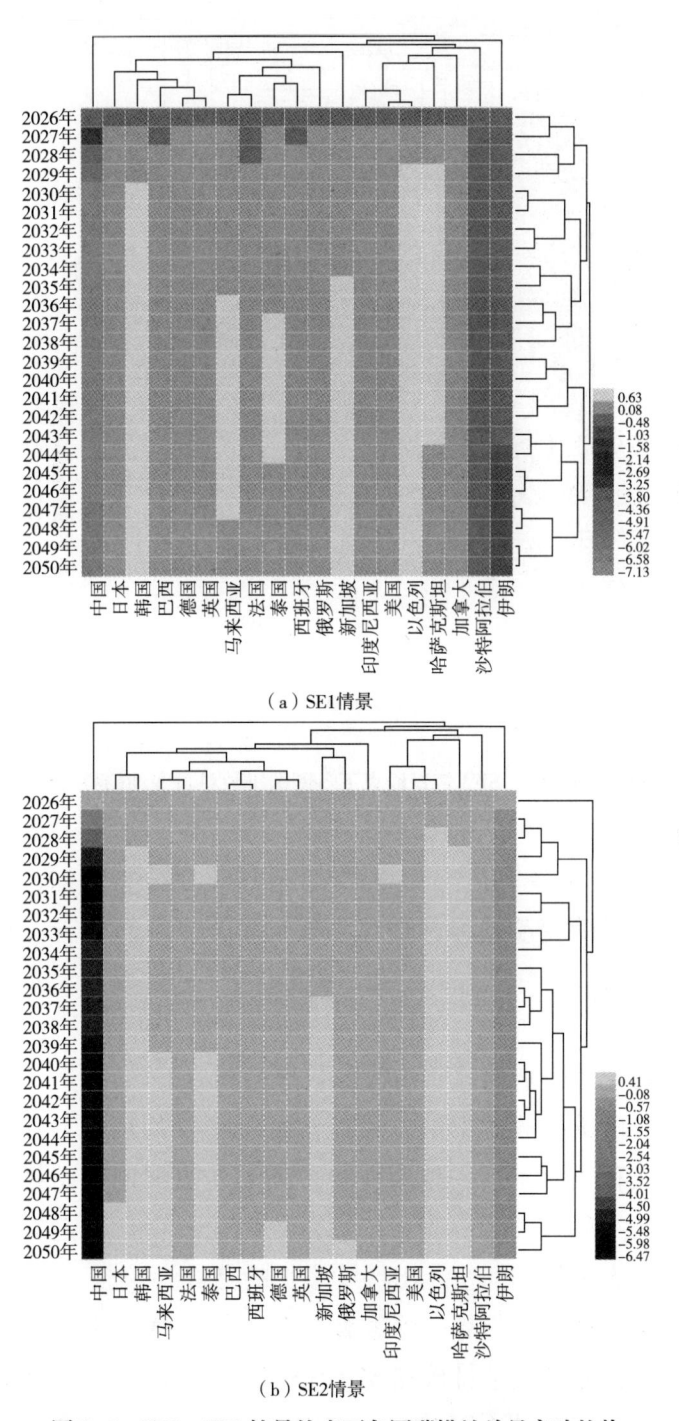

(b) SE2情景

图 8-5　SE1—SE3 情景约束下各国碳排放总量变动趋势

(c) SE3情景

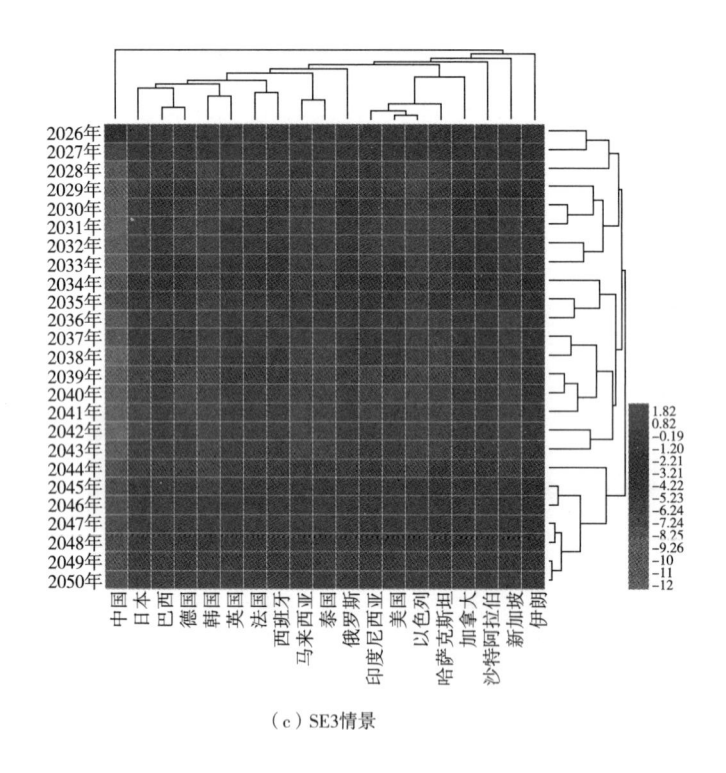

**图 8-5　SE1—SE3 情景约束下各国碳排放总量变动趋势（续）**

截至 2050 年的下降率达到 0.042%。通过比较分析可知，沙特阿拉伯碳排放总量的变动趋势虽然在不同的情景下表现各异，但其变动幅度十分平缓。

## 二　对电力行业煤电碳排放的效应分析

各国煤电碳排放受中国三种经济减排情景的影响，其变动趋势可归纳为三种类型：第一种为在整个动态仿真区间内始终保持下降的趋势；第二种为表现出先下降后增长两阶段变动的趋势；第三种为在整个动态模拟期间呈现出持续增长的趋势。

符合第一种变动趋势的国家有 4 个，分别为中国、日本、泰国、巴西。这些国家煤电碳排放在 SE1—SE3 情景的驱动下均表现出先逐年递增后逐年递减的下降趋势，其中，呈现出逐年递增的下降趋势的阶段为 2026—2030 年，2030 年三种情景作用下的上述四个国家煤电碳排放均达到最高的下降率，而 2031—2050 年开始以逐年递减的态势不断下降，其中，SE1 情景的递减趋势最平缓，因此，SE1 情景下的上述各国煤电碳排放下降率最高。截至 2050 年在 SE1 情景的约束下，上述四国煤电碳排放的下降率分别达到 0.57%、0.36%、0.20%、0.08%，通过比较分析可知，中国煤电碳排放的下降幅度较其他三国更为显著。

满足第二类变动趋势的国家有 7 个，分别为韩国、新加坡、法国、西班牙、英国、以色列、沙特阿拉伯。对韩国而言，SE1 情景导致的两阶段变动趋势的时间节点为 2034 年，而 SE2 和 SE3 情景则均导致 2033 年第一阶段下降趋势终止，截至 2050 年，SE1—SE3 情景作用下的韩国煤电碳排放增长率分别为 0.14%、0.12%、0.15%。对新加坡、法国而言，SE1 和 SE3 情景导致的两阶段分界点均相同，分别为 2032 年和 2030 年，而 SE2 情景则分别为 2031 年和 2029 年，在 SE1—SE3 情景下截至 2050 年两国煤电碳排放增长率分别达到 0.71%、0.67%、1.01%、0.119%%、0.10%、0.123%。对西班牙和英国而言，SE2 和 SE3 情景导致第一阶段下降趋势的持续时间相同，分别为 2034 年和 2036 年，而 SE1 情景导致第一阶段下降趋势则分别于 2035 年和 2037 年终止。对以色列和沙特阿拉伯而言，其第一阶段的下降趋势持续的时间均较长，在 SE1—SE3 情景的制约下，以色列煤电碳排放第一阶段下降趋势分别于 2047 年、2046 年和 2047 年终止，沙特阿拉伯煤电碳排放第一阶段下降过程则分别于 2044 年、2043 年和 2046 年结束。各国煤电碳排放变动趋势如图 8-6 所示。

符合第三种变动特征的国家有 8 个，分别为印度尼西亚、马来西亚、加拿大、美国、德国、俄罗斯、哈萨克斯坦、伊朗。在 SE1 和 SE3 情景的驱动下，上述各国煤电碳排放均表现出先逐年递增后逐年递减的增长趋势，而 SE2 情景作用下的上述各国煤电碳排放则在 2030 年达到最高增长率，2031—2035 年这种增长幅度表现为下降

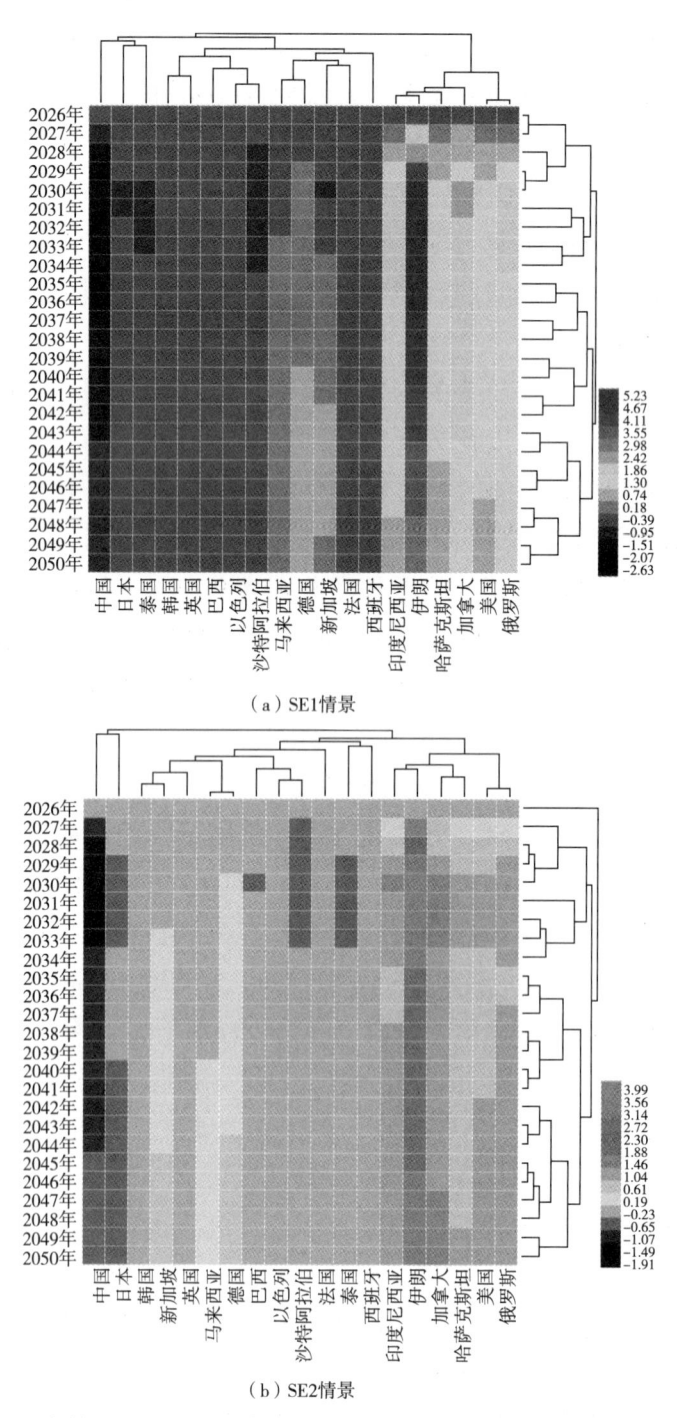

**218** 第四篇 1.5℃约束下中国电力行业碳达峰后综合效应分析

(a) SE1情景

(b) SE2情景

**图 8-6 SE1—SE3 情景约束下各国煤电碳排放变动趋势**

(c) SE3情景

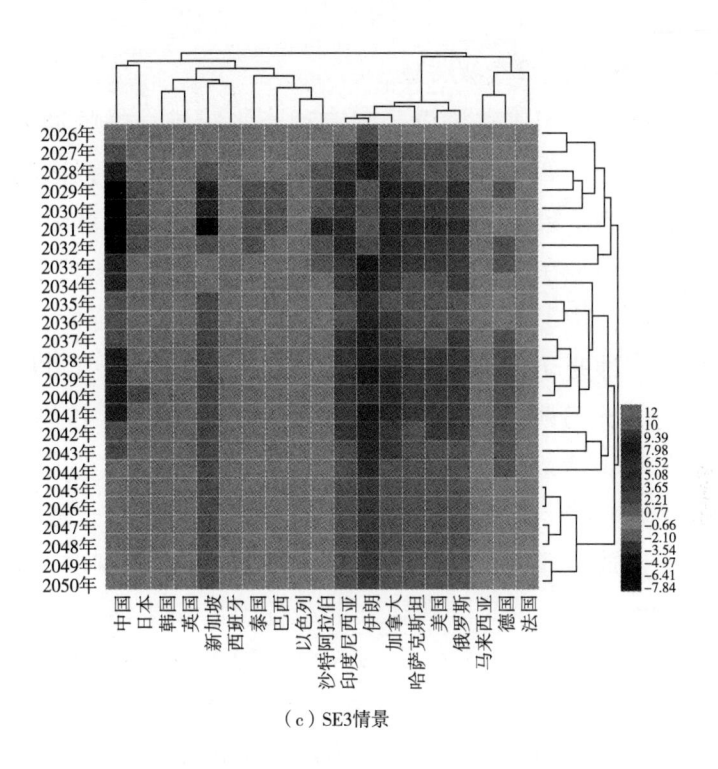

**图 8-6  SE1—SE3 情景约束下各国煤电碳排放变动趋势（续）**

的趋势，但 2036—2050 年又恢复逐年递增的增长态势，因此，总体上观察，SE2 情景导致上述各国煤电碳排放虽然在 2030 年的增长率相对 SE1 和 SE3 情景下的增长率较低，但截至 2050 年却显现出最高的增长率，上述各国煤电碳排放在该情景驱动下的增长率分别达到 1.17%、0.27%、1.52%、1.18%、0.82%、1.32%、1.05%、3.24%，通过比较分析可知，伊朗煤电碳排放受中国经济减排情景冲击产生的变动趋势最显著。

## 三 对居民生活用能碳排放量的效应分析

本节与第七章分析的居民生活用能碳排放指标一致，在此不再重复赘述。

(一) 居民生活用气碳排放

各国居民生活用气碳排放受到三种经济减排情景的冲击，其变动趋势可大体分为四种类型：第一种是在整个动态模拟区间内始终保持下降的趋势；第二种是在整个动态仿真区间内呈现出逐年增长的趋势；第三种是在某种特定情景的冲击下表现出三阶段变化特征；第四种是在某种特定情景的约束下呈现出两阶段变化特征。

符合第一种变动趋势的国家有 9 个，分别为中国、印度尼西亚、加拿大、美国、巴西、俄罗斯、哈萨克斯坦、伊朗、沙特阿拉伯。这些国家在 SE1 情景的作用下其居民生活用气碳排放经历了先逐年递增后逐年递减的下降过程，而 SE2 和 SE3 情景导致上述各国居民生活用气碳排放在整个动态模拟区间内表现出波动型的下降态势，截至 2050 年，SE1—SE3 情景导致上述各国居民生活用气碳排放的下降率分别达到 13.53%、13.61%、12.91%，0.49%、0.45%、0.51%，0.12%、0.10%、0.14%，0.11%、0.09%、0.12%，0.041%、0.021%、0.08%，0.96%、1.01%、1.02%，0.29%、0.26%、0.32%，1.18%、1.16%、1.39%，0.36%、0.50%、0.35%。通过比较分析可知，中国居民生活用气碳排放受经济减排情景冲击产生的下降幅度最显著。

满足第二种变动趋势的国家有 5 个，分别为日本、韩国、法国、德国、西班牙。这些国家居民生活用气碳排放在 SE1 和 SE2 情景的作用下表现出先逐年递增后逐年递减的增长趋势，而 SE3 情景导致这种增长趋势的变动速率呈现出不稳定的变动态势，截至 2050 年，上述各国居民生活用气碳排放在 SE1—SE3 情景的驱动下增长幅度分别达到 0.53%、0.41%、0.72%，0.84%、0.85%、0.80%，1.51%、1.39%、1.82%，0.27%、0.22%、0.31%，0.85%、0.87%、0.90%。通过比较分析可知，法国居民生活用气碳排放增长幅度受中国经济减排情景冲击的影响最大。

符合第三种变动特征的国家有 2 个，分别为马来西亚、新加坡。对马来西亚而言，其居民生活用气碳排放产生的三阶段变动趋势仅在 SE3 情景的驱动下出现，而 SE1 和 SE2 情景均导致其变动趋势呈现为先下降后增长的两阶段变动趋势。在 SE3 情景的制约下，马来西亚居民生活用气碳排放的三个变动阶段分别为：2026—2032 年为持续下降的第一阶段；2033—2047 年为持续增长的第二阶段；2048—2050 年为再次下降的第三阶段。SE1 情景和 SE2 情景作用下的马来西亚居民生活用气碳排放第一阶段的下降趋势分别于 2035 年和 2039 年终止，相对应的下降率分别为 0.003% 和 0.002%，截至 2050 年的增长率分别达到 0.018% 和 0.021%。对新加坡而言，SE1 和 SE2 情景在整个动态仿真区间内均使其居民生活用气碳排放呈现出逐年下降的趋势，截至 2050 年，两种情景导致的下降率分别达到 0.038%、0.031%。在 SE3 情景的驱动下，新加坡居民生活用气碳排放表现出三阶段变化特征，分别为 2026—2027 年第一阶段的下降过程、2028—2033 年第二阶段的增长过程、2034—2050 年的再次下降过程，截至 2050 年的下降幅度达到 0.075%。

满足第四种两阶段变动趋势的国家有 3 个，分别为泰国、英国、以色列。对泰国而言，其居民生活用气碳排放在 SE1 和 SE2 情景的制约下在整个动态仿真区间内始终表现为逐年增长的趋势，截至 2050 年相应的增长率分别达到 0.022% 和 0.044%。而 SE3 情景的驱动使得其变动趋势呈现出先增长后下降的两阶段变化特征：第一阶段为 2026—2044 年的增长趋势；第二阶段为 2045—2050 年的下降过程。对英国而言，在 SE1—SE3 情景的作用下，其居民生活用气碳排放均表现出先下降后增长的两阶段变化特征，由下降转为增长的时间节点分别为 2034 年、2033 年、2033 年，相对应的最终下降率分别为 0.0025%、0.0020%、0.0039%，截至 2050 年的增长率分别达到 0.048%、0.56%、0.027%。对以色列而言，SE1—SE3 情景导致其居民生活用气碳排放表现出先增长后下降的两阶段特征：第一阶段的增长趋势分别于 2034 年、2033 年和 2033 年结束，相对应的最终增长幅度分别达到 0.01%、0.004%、0.041%；第二阶段的下降趋势一直延续到 2050 年才终止，截至 2050 年的下降率分别为

0.058%、0.055%、0.068%。由此可见,上述各国居民生活用气碳排放的变动幅度在整个动态模拟区间内均不十分显著。

(二) 居民生活用电碳排放

各国居民生活用电碳排放受中国三种经济减排情景的影响,产生的变动趋势可分成四类:第一类为在整个动态仿真区间内始终呈现出下降的趋势;第二类为在整个动态模拟区间内保持持续增长的趋势;第三类为表现出两阶段的变动趋势;第四类为在整个动态模拟区间内表现为三阶段的变化特征。

满足第一类变动趋势的国家仅有中国。在 SE1 情景的驱动下,2026—2030 年,中国居民生活用电碳排放是以逐年递增的速度下降的,于 2030 年达到最高下降幅度,为 1.26%;2031—2050 年,在该情景的作用下,这种下降趋势由逐年递增转为逐年递减,直至 2050 年下降率达到 0.37%。在 SE2 情景的驱动下,这种下降趋势则经历了三阶段的变化,分别为:第一阶段的逐年递增下降过程,截至 2030 年,达到的最高下降率为 0.92%,第二阶段的递减下降过程为 2031—2044 年,第三阶段自 2045 年至 2050 年又出现逐年递增的下降趋势,于 2050 年实现 0.42%的下降幅度。对 SE3 情景而言,中国居民生活用电碳排放在整个动态仿真区间内表现为不稳定的下降趋势,以递增递减交替式下降变动,截至 2050 年的下降率为 0.17%。相对于中国居民生活用气碳排放的变动趋势,中国居民生活用电产生的碳排放变动趋势相对平缓。

符合第二类变化特征的国家有 14 个,分别为日本、韩国、马来西亚、新加坡、泰国、加拿大、美国、巴西、法国、德国、西班牙、英国、哈萨克斯坦、以色列。这些国家居民生活用电碳排放的增长在 SE1 和 SE2 情景的驱动下均经历了先逐年递增后逐年递减的变动过程,而 SE3 情景作用下的这种增长趋势却表现出不稳定的上下浮动过程,仿真数据结果显示,SE2 情景导致的上述各国居民生活用电碳排放增长幅度最显著。

满足第三类变动趋势的国家有 3 个,分别为印度尼西亚、伊朗、沙特阿拉伯。对印度尼西亚而言，SE2情景导致其居民生活用电碳排放在整个动态仿真区间内始终保持持续增长的趋势，截至2050年的增长幅度达到0.003%。在SE1和SE3情景的驱动下，该国居民生活用电碳排放表现出两阶段变动特征，先增长后下降，第一阶段的增长趋势分别于2043年和2041年终止，相对应的最终增长率分别达到0.0006%和0.041%，截至2050年的下降率分别达到0.03%和0.10%。沙特阿拉伯居民生活用电碳排放受三种情景的影响，其变动趋势与印度尼西亚一致，不同的是在SE1和SE3情景制约下的第一阶段增长过程的持续时间不同。对伊朗而言，SE1—SE3情景均导致其居民生活用电碳排放呈现出先增长后下降的两阶段变动趋势，第一阶段的终止时间分别为2037年、2037年和2034年，截至2050年的下降率分别达到0.042%、0.0043%和0.072%。

符合第四类变动特征的国家仅有俄罗斯。该国居民生活用电碳排放在SE1、SE2情景的约束下于整个动态仿真区间内始终呈现出逐年增长的趋势，截至2050年的增长率分别达到0.10%、0.13%。在SE3情景的驱动下该国居民生活用电碳排放表现出先增长后下降再次增长的三阶段变化特征：第一阶段为2026—2044年，该阶段表现为先逐年递增后逐年递减的增长态势；第二阶段为短暂的下降过程，仅在2045年和2046年出现下降趋势；第三阶段的再次增长趋势一直延续到2050年，相应的增长率在2050年达到0.11%。

### 四 对重点行业碳排放量的效应分析

本节与第七章分析的重点行业用电产生的碳排放指标一致，在此不再重复赘述。其中，交通运输与服务业和建筑业用电碳排放变动趋势分别如图8-7和图8-8所示。

（一）交通运输与服务业

各国交通运输与服务业用电碳排放受中国经济减排情景的冲击，其变动趋势可分为三类：第一类为先下降后增长的变动趋势；第二类

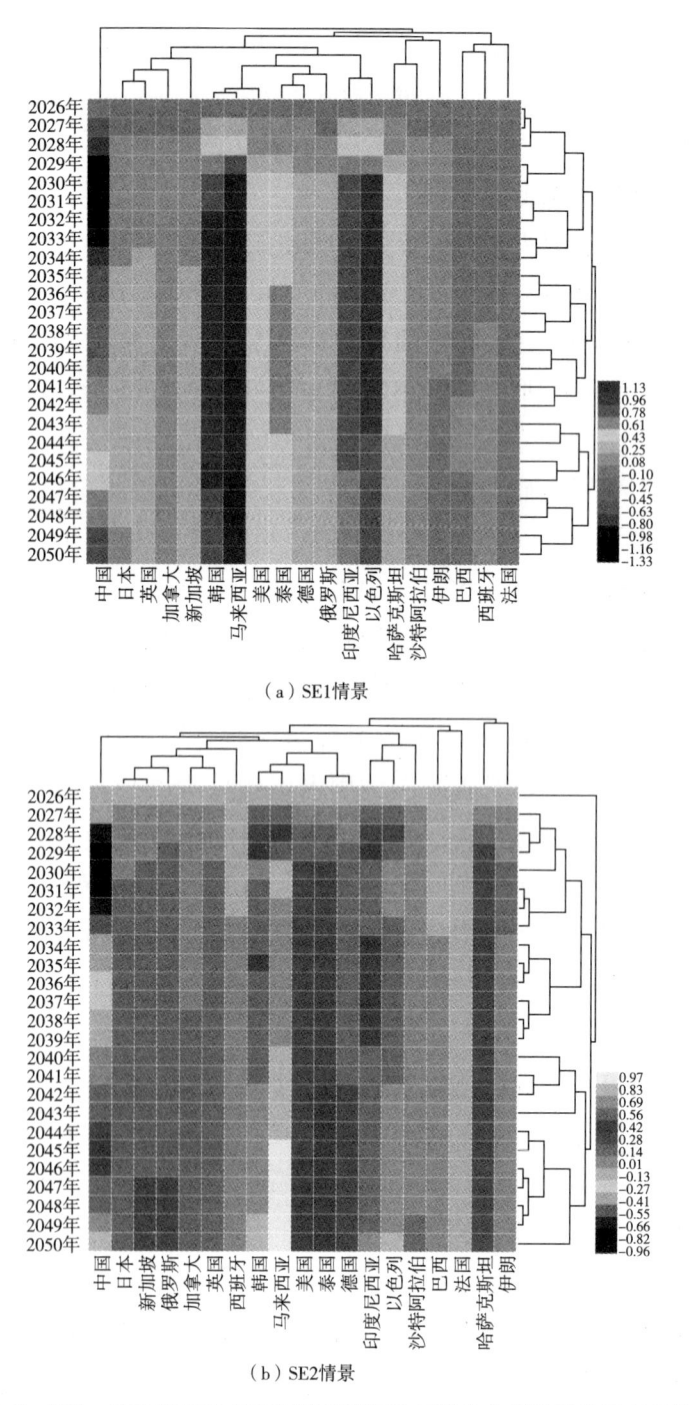

**224** 第四篇 1.5℃约束下中国电力行业碳达峰后综合效应分析

(a) SE1情景

(b) SE2情景

**图 8-7 SE1—SE3 情景约束下各国交通运输与服务业碳排放总量变动趋势**

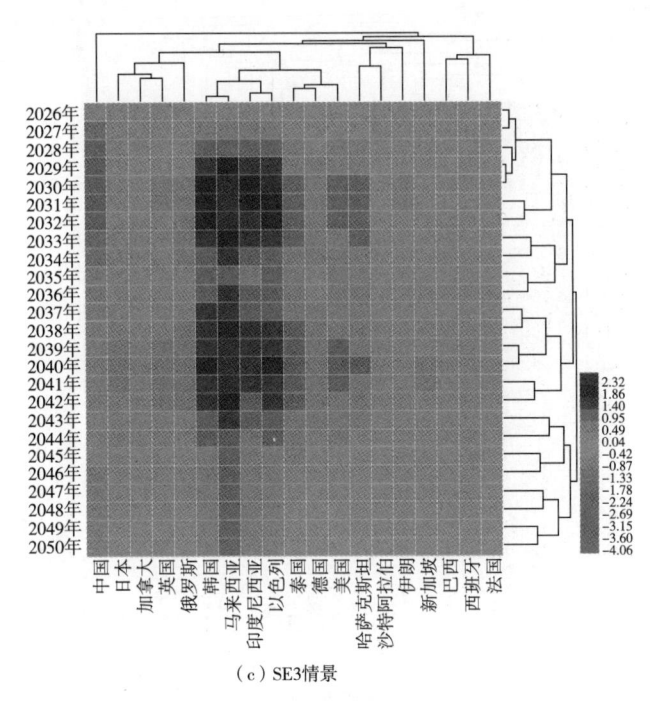

第八章 1.5℃约束下中国电力行业碳达峰后经济减排情景综合效应分析 225

(c) SE3情景

图 8-7 SE1—SE3 情景约束下各国交通运输与服务业碳排放总量变动趋势（续）

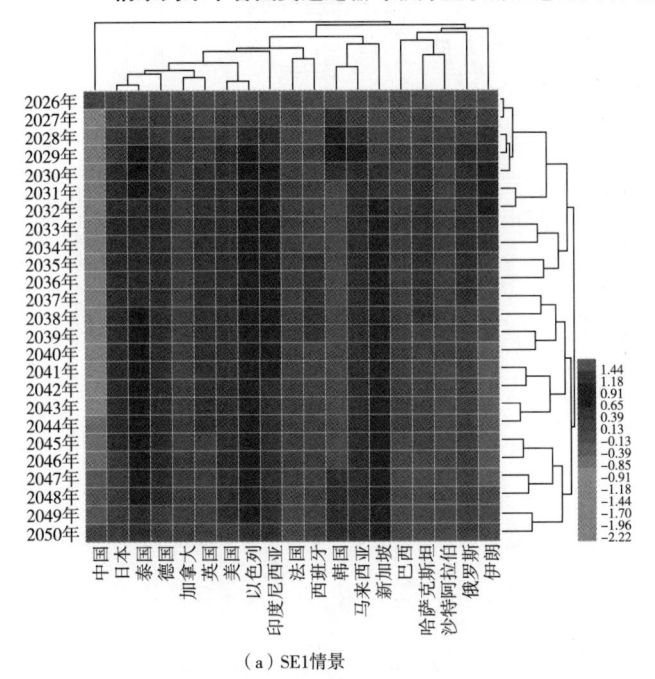

(a) SE1情景

图 8-8 SE1—SE3 情景约束下各国建筑业碳排放总量变动趋势

(b) SE2情景

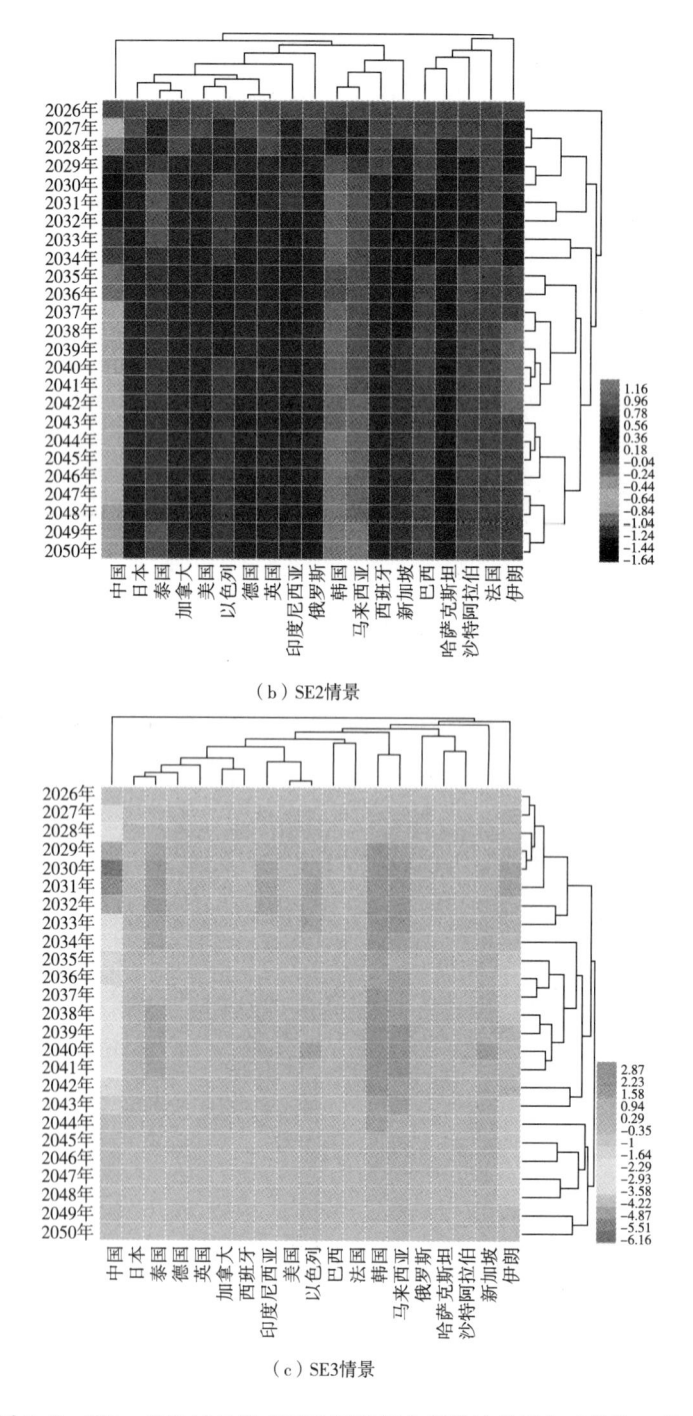

(c) SE3情景

**图 8-8　SE1—SE3 情景约束下各国建筑业碳排放总量变动趋势（续）**

为在整个动态仿真区间内保持持续增长的趋势；第三类为在 SE3 情景的制约下呈现出先增长后下降的趋势。

符合第一类变动趋势的国家有 3 个，分别为中国、巴西、法国。对中国而言，SE1—SE3 情景作用下的第一阶段下降趋势分别于 2040 年、2039 年和 2040 年终止，在第一阶段的下降过程中，SE3 导致的中国交通运输与服务业用电碳排放的下降强度最显著，三种情景导致的最高下降率均在 2030 年实现，分别为 1.33%、0.96%、4.06%。截至 2050 年，SE1—SE3 导致的中国交通运输与服务业碳排放的增长率分别达到 0.87%、0.88%、0.92%。相比于中国，巴西和法国交通运输与服务业碳排放在第一阶段的下降过程持续的时间较短，对巴西而言，SE1—SE3 情景约束下的第一阶段下降趋势仅保持到了 2033 年、2032 年和 2032 年，相对应的终止下降率分别达到 0.01%、0.013%、0.014%。对法国而言，三种情景作用下的第一阶段下降过程分别为 2026—2039 年、2026—2041 年、2026—2033 年，相应的最终下降幅度分别达到 0.002%、0.0001%、0.03%。截至 2050 年，SE1—SE3 情景导致巴西和法国交通运输与服务业碳排放的增长率分别达到 0.053%、0.012%、0.073%、0.03%、0.001%、0.07%。

满足第二类变动趋势的国家有 14 个，分别为日本、韩国、印度尼西亚、马来西亚、新加坡、泰国、加拿大、美国、德国、西班牙、英国、俄罗斯、哈萨克斯坦、以色列。上述这些国家的交通运输与服务业在 SE1 情景的作用下表现出先逐年递增后逐年递减的增长趋势；在 SE2 情景的作用下始终以逐年递增的态势在整个动态仿真区间内持续增长；在 SE3 情景的约束下则表现出递增递减上下浮动式的增长趋势。通过仿真数据结果间的比较分析可知，SE2 情景导致的最终增长幅度最显著。

符合第三类变动特征的国家有 2 个，分别为伊朗和沙特阿拉伯。这两个国家在 SE1 和 SE2 情景的驱动下在整个动态仿真区间内始终表现出增长的趋势，截至 2050 年的增长率分别达到 0.061%、0.13%、0.098%、0.15%；仅在 SE3 情景的约束下呈现出先增长后下降的两阶段变动趋势，第一阶段的增长趋势分别延续到 2042 年和 2044 年，相应的终止增长幅度分别达到 0.058%、0.019%，截至 2050 年的下降率分别达到 0.018% 和 0.014%。

（二）建筑业

各国建筑业用电碳排放的变动趋势在中国经济减排情景的冲击下分别表现出三类特征：第一类为在某种特定情景制约下出现两阶段变动特征；第二类为在整个动态仿真区间内始终保持持续增长的趋势；第三类为在某种特定情景的约束下呈现出三阶段变动特征。

满足第一类变动趋势的国家有 6 个，分别为中国、巴西、法国、俄罗斯、哈萨克斯坦、沙特阿拉伯。上述各国除中国外，其建筑业用电碳排放均表现出先增长后下降的两阶段变动趋势，其中，除沙特阿拉伯以外的其余各国的两阶段变动趋势仅在 SE3 情景的驱动下呈现，SE1 和 SE2 情景导致巴西、法国、俄罗斯建筑业用电碳排放在整个动态仿真区间内始终呈现出逐年增长的趋势。在 SE3 情景的驱动下，巴西、法国、俄罗斯建筑业用电碳排放第一阶段的增长趋势分别终止于 2044 年、2047 年、2043 年，截至 2050 年的下降率分别为 0.16%、0.043%、0.19%。对沙特阿拉伯而言，SE1 和 SE3 情景均能导致其建筑业用电碳排放呈现出两阶段变动趋势，第一阶段的增长过程分别持续到 2045 年和 2042 年，截至 2050 年的下降率分别达到 0.048% 和 0.24%，而其在 SE2 情景的驱动下在整个动态仿真区间内始终呈现出逐年增长的趋势，截至 2050 年的增长率达到 0.073%。对中国而言，在 SE1 和 SE2 情景的约束下，其建筑业用电碳排放始终表现为逐年下降的趋势，仅在 SE3 情景的作用下呈现出先下降后增长的趋势。其中，SE1 和 SE2 情景导致的中国建筑业用电碳排放截至 2050 年的下降率分别达到 0.13%、0.38%；SE3 情景导致的第一阶段的下降趋势于 2044 年终止，相应的下降率为 0.23%，截至 2050 年的增长率达到 0.60%。

符合第二类变动特征的国家有 12 个，分别为日本、韩国、印度尼西亚、马来西亚、新加坡、泰国、加拿大、美国、德国、西班牙、英国、以色列。这些国家建筑业用电碳排放在 SE1 和 SE2 情景的驱动下表现出先逐年递增后逐年递减的增长趋势，SE3 情景则导致上述各国建筑业用电碳排放的增长率呈现出递增递减交替变动的趋势，通过数据仿真结果的比较分析可知，SE2 情景导致的最终增长幅度最大。

满足第三类变动趋势的国家仅有伊朗。该国建筑业用电碳排放仅在 SE2 情景下表现出三阶段的变动趋势，分别为：第一阶段的增长过程，截至 2036 年；第二阶段的下降过程，持续到 2044 年；第三阶段的再次增长过程，一直延续到 2050 年。而 SE1 和 SE2 情景作用下的伊朗建筑业用电碳排放表现为两阶段变动趋势，第一阶段表现为增长趋势，分别结束于 2037 年和 2034 年，第二阶段表现为下降趋势，一直延续到 2050 年，相应的下降率分别达到 0.043%、0.034%。

## 第五节　经济减排情景对居民生活的效应分析

本节与第七章分析的居民生活代表性指标一致，在此不再重复赘述。

### 一　居民生活消费的效应分析

各国居民生活消费受中国经济减排情景的影响，其变动趋势可分为三类：第一类表现为两阶段变动特征；第二类为在整个动态仿真区间内始终保持持续增长的趋势；第三类为在整个动态仿真区间内始终保持持续下降的趋势。

符合第一类变动趋势的国家有 5 个，分别为中国、美国、巴西、德国、伊朗。对中国而言，其居民消费先下降后增长的两阶段变动特征仅在 SE3 情景的驱动下出现，第一阶段的下降趋势于 2046 年终止，相应的下降率达到 0.004%，截至 2050 年的增长率达到 0.021%；在 SE1 和 SE2 情景驱动下在整个动态区间内表现出逐年下降的趋势，截至 2050 年的下降率分别达到 0.026%、0.036%。对美国而言，SE1 和 SE2 情景对其居民生活消费的变动趋势与对中国一样，均始终表现为逐年下降的趋势，截至 2050 年的下降率分别达到 0.024% 和 0.019%；SE3 情景导致的美国居民消费表现出的两阶段变动趋势与中国相反，表现为先增长后下降，由增长转为下降的时间节点为 2034 年，截至 2050 年的下降率达到 0.031%。对巴西和德国而言，其居民生活消费的两阶段变动趋势均在 SE3 情景的驱动下产生，第一阶段的增长趋势分别延续到 2047 年和 2044 年，相应的增长幅度分别达到 0.003% 和 0.006%，之后至 2050 年则表现为下降的趋势。对伊朗而言，SE1—SE3 情景均导致其居民消费呈现出先增长后下降的两阶段变动趋势，由增长转为下降的时间节点分别为 2036 年、2035 年和 2034 年，截至 2050 年的下降率分别达到 0.066%、0.038%、0.097%。

满足第二类变动趋势的国家有 9 个，分别为日本、韩国、马来西亚、新加坡、泰国、法国、西班牙、英国、以色列。这些国家居民生活消费在 SE1 情景的驱动下表现出先递增后递减的增长趋势，SE2 情景作用下的变动趋势则在整个动态仿真区间内均表现出递增的增长趋势，SE3 情景作用下的变动趋势则表现出上下浮动的增长过程。通过仿真数据结果间的比较可知，SE2 情景导致的上述各国居民生活消费增长幅度最为显著。

满足第三类变动趋势的国家有 5 个，分别为印度尼西亚、加拿大、俄罗斯、哈萨克斯坦、沙特阿拉伯。上述各国居民生活消费在 SE1 和 SE2 情景的作用下始终保持逐年递增的下降趋势，截至 2050 年的下降幅度分别达到 0.32%、0.29%、0.037%、0.031%；0.087%、0.068%、0.14%、0.12%、0.10%、0.075%。而 SE3 情景作用下的该国居民生活消费则表现出上下浮动的不稳定型下降趋势，截至 2050 年的下降率达到 0.34%、0.044%、0.1%、0.17%、0.13%。

## 二 对居民福利的效应分析

各国居民福利受中国经济减排情景的冲击,其变动趋势可分为三类:第一类表现出两阶段变化的趋势;第二类为在整个动态仿真区间内持续增长;第三类为在整个仿真区间内保持持续下降的趋势。截至 2050 年,SE1—SE3 情景约束下各国居民福利变动趋势分别如图 8-9、图 8-10、图 8-11 所示。

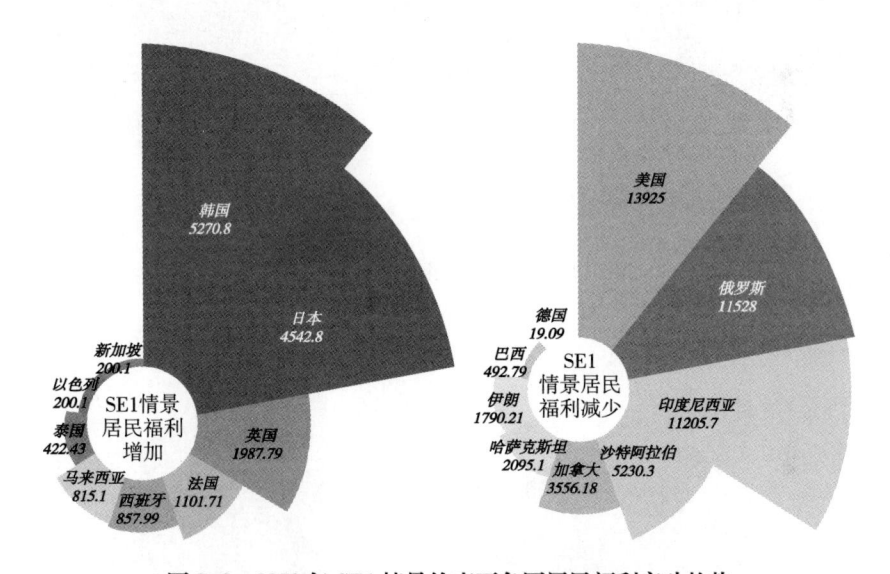

**图 8-9　2050 年 SE1 情景约束下各国居民福利变动趋势**

注:单位为百万美元。

符合第一类变动趋势的国家有 8 个,分别为中国、新加坡、美国、巴西、法国、德国、伊朗、以色列。对中国而言,SE1—SE3 情景均导致其居民福利呈现出先下降后增长的两阶段变动趋势,由下降转为增长的时间节点分别为 2045 年、2046 年、2043 年,相对应的终止下降幅度分别为 167 百万美元、554 百万美元、1955 百万美元,截至 2050 年的增长幅度分别达到 16511 百万美元、2729 百万美元、57213 百万美元。由此可见,尽管中国居民福利受到经济减排的冲击在前期会出现下滑,但当经济系统适应这种减排体制后会在这种

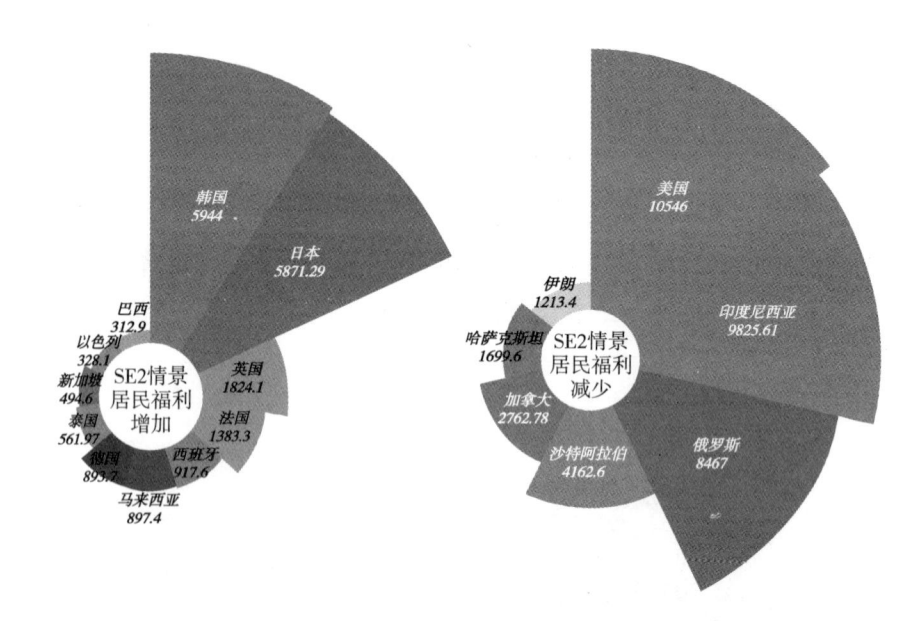

**图 8-10　2050 年 SE2 情景约束下各国居民福利变动趋势**

注：单位为百万美元。

SE2情景居民福利增加：韩国 5944；日本 5871.29；巴西 312.9；以色列 328.1；新加坡 494.6；泰国 561.97；德国 893.7；英国 1824.1；法国 1383.3；西班牙 917.6；马来西亚 897.4

SE2情景居民福利减少：美国 10546；印度尼西亚 9825.61；伊朗 1213.4；哈萨克斯坦 1699.6；加拿大 2762.78；沙特阿拉伯 4162.6；俄罗斯 8467

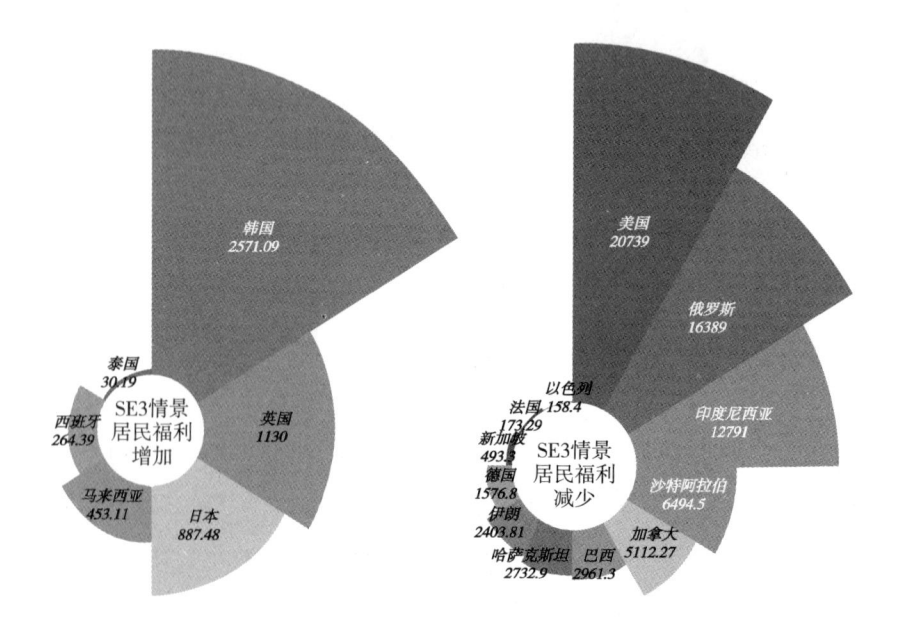

**图 8-11　2050 年 SE3 情景约束下各国居民福利变动趋势**

注：单位为百万美元。

SE3情景居民福利增加：韩国 2571.09；泰国 30.19；西班牙 264.39；马来西亚 453.11；英国 1130；日本 887.48

SE3情景居民福利减少：美国 20739；俄罗斯 16389；印度尼西亚 12791；沙特阿拉伯 6494.5；加拿大 5112.27；巴西 2961.3；哈萨克斯坦 2732.9；伊朗 2403.81；德国 1576.8；新加坡 493.3；法国 173.29；以色列 158.4

变革下寻求新的发展机遇,进而导致居民福利也随着政府和企业的新均衡状态得以提高。对新加坡、巴西、法国、德国、以色列而言,这些国家居民福利仅在 SE3 情景下呈现出先增长后下降的两阶段变动趋势,第一阶段增长过程终止的时间节点分别为 2044 年、2044 年、2048 年、2043 年、2045 年,相应的居民福利增长幅度分别达到 13.4 百万美元、494.89 百万美元、146.2 百万美元、202.99 百万美元、57.69 百万美元,截至 2050 年的下降幅度分别达到 493.3 百万美元、2961.3 百万美元、173.29 百万美元、1576.8 百万美元、158.4 百万美元。对美国而言,在 SE3 情景的驱动下,其居民福利变动趋势表现为先下降再增长后又下降的三阶段变化特征,第一阶段的下降过程延续到 2029 年,相应的下降幅度达到 82 百万美元,第二阶段的增长过程保持到 2035 年,相应的增长幅度达到 279 百万美元,第三阶段的下降过程一直延续到 2050 年,相应的下降幅度于 2050 年达到 20739 百万美元。

满足第二类变动趋势的国家有 8 个,分别为日本、韩国、马来西亚、泰国、西班牙、英国、俄罗斯、哈萨克斯坦。这些国家居民福利的增长趋势在 SE1 情景的驱动下表现出先递增后递减的增长过程;在 SE2 情景的作用下始终表现出逐年递增的增长趋势;在 SE3 情景的驱动下呈现出上下浮动的不稳定型增长趋势。通过仿真数据结果的比较分析可知,SE2 情景导致的截至 2050 年上述各国居民福利增长幅度最显著。

符合第三类变动趋势的国家有 3 个,分别为印度尼西亚、加拿大、沙特阿拉伯。这三个国家居民福利水平在 SE1 和 SE2 情景的驱动下在整个动态仿真区间内始终保持逐年递增的下降趋势,在 SE3 情景的约束下则呈现出先递增后递减的下降趋势,截至 2050 年,SE1—SE3 情景导致此三国居民生活福利的下降幅度分别达到 11205.7 百万美元、9825.61 百万美元、12791 百万美元、3556.18 百万美元、2762.78 百万美元、5112.27 百万美元、5230.3 百万美元、4162.6 百万美元、6494.5 百万美元。

本章采取与第七章技术减排情景相一致的分析思路，分析了中国采取三种不同的经济减排手段控制电力行业达峰后趋势对全球宏观经济发展水平、进出口贸易状况、能源消费水平、碳排放水平等宏微观代表性指标在 2026 年至 21 世纪中叶前的仿真区间内的动态变动趋势，并以动态 GTAP-E 模型包含的 19 个主要国家为实证分析对象，较为全面地分析讨论了在中国通过对各行业实行碳定价的经济减排手段所达到的经济—能源—社会及减排的综合效应，并从经济减排层面提出了针对性的政策建议，为本书得出最终的适合中国电力行业的最佳经济减排方案提供了仿真数据结果和评估结果信息。

# 第五篇
# 1.5℃约束下中国电力行业碳减排政策建议

  本篇分为两部分：第一部分基于上述研究内容得出的1.5℃约束下中国电力行业碳达峰后趋势重要研究结论，分别从不同的视角进行了梳理总结，在模型构建的局限性以及研究内容篇幅的限制下，对相关1.5℃约束下的研究主题进行了拓宽与展望，为本领域研究同行的下一步研究抛砖引玉。第二部分基于不同减排情景的仿真结果，分别从技术减排层面与经济减排层面提出了政策建议，旨在为政策制定者分析实现IPCC 1.5℃目标约束下的中国电力行业碳达峰后减排规划提供数据支撑与参考依据。

# 第九章

# 1.5℃约束下中国电力行业碳达峰后情景研究结论与展望

## 第一节 研究结论

IPCC 1.5℃特别报告指出，人类活动导致的全球变暖已经在工业化前水平的基础上升高了 1℃，人类必须在 21 世纪中叶之前将全球温度升高控制在 1.5℃以内，才能将各种极端天气和自然灾害对人类的影响降到最低。因此，全球各国亟须在各个行业和领域采取快速且深远的低碳转型变革策略。电力行业不仅是中国碳排放量最大的行业，其碳排放水平在全球碳排放总量中的占比也远高于其他国家的其他行业。鉴于此，以碳排放达峰为分水岭，研究中国电力行业中长期碳减排情景，能为碳排放达峰后至净零排放前的减排路径提供参考依据。本书通过构建全球 GTAP-E 动态递归模型评估了中国电力行业碳达峰后趋势技术减排情景和经济减排情景产生的综合效应。基于以上各章节内容的分析，本书得出的主要结论包括以下几个方面。

## 一 宏观经济方面的结论

根据宏观经济的效应结果,可以得出:在技术减排情景约束下,由于受到投资增长的显著刺激,中国 GDP 及部门产出均呈现出较为显著的增长趋势。其他大部分国家的宏观经济发展情况则与中国的表现截然相反。这种变动的趋势随着中国煤电比重的下降表现得愈加显著,当中国煤电占总发电量的比重于 2050 年下降为 5% 时,对各国宏观经济发展的作用程度最大。在经济减排情景制约下,各国宏观经济虽然表现得各具差异,但总体上看,中国在全行业实行碳定价机制对各国的经济影响程度相对技术减排较弱,而单一拐点平台期型峰值后趋势情景导致的经济影响较为显著。

## 二 贸易水平方面的结论

根据贸易水平的效应结果,可以得出:技术减排情景会导致中国进口量增加、出口量减少;经济减排情景则会导致 2040 年之前出口量增加,2040—2050 年出口量减少,进口变动趋势相反。除中国外,其他各国则在不同阶段表现得各不相同。总体上看,经济减排情景对贸易的影响程度弱于技术减排情景。

## 三 用能水平方面的结论

根据重点行业用能水平的效应结果,可以得出:无论是技术减排情景还是经济减排情景,中国交通运输与服务业、建筑业、电力行业的用电水平均会下降,其他国家由于受自身经济体制的影响,不同行业用能需求各具差异。从中长期发展阶段观察,具备单一拐点平台期型峰值后趋势情景和多拐点倒"U"波动型峰值后趋势情景对重点行业用能需求的冲击程度较弱。

## 四 碳排放水平方面的结论

根据碳排放水平的效应结果,可以得出:中国碳排放量的下降幅度受煤电比例于2050年达到5%的技术减排情景的冲击最为显著，以西班牙、巴西、法国、伊朗为代表的国家的碳排放量变动趋势与中国类似。经济减排情景导致的各国碳排放量变动趋势表现出阶段性特征，并且各阶段受影响的程度均不超过一个百分点。

### 五　居民生活水平方面的结论

根据居民生活水平的效应结果，可以得出：技术减排情景对中国居民消费和福利的影响均为正向，以德国和伊朗为代表的国家的居民生活水平也会得以提高，但提高的程度不如中国显著。经济减排情景在2045年之前会对中国居民福利提高产生抑制作用，2045年之后则产生促进作用，对其他国家居民生活水平的影响程度极小。

### 六　中长期发展结论

综合考虑上述各项指标效应的变动情况，可以得出：虽然中国以较强力度压减煤电比例的技术减排模式相比于在全行业实行碳定价的模式产生的减排效果显著，但是会导致其他国家的经济发展和贸易水平以及能源消费水平受到较大的影响，特别是比中国经济发展缓慢的发展中国家，受到的经济冲击更为严峻。反之，虽然中国在全行业实行碳定价机制对全球各国的影响较平缓，但是其达到的减排效果也完全满足全球升温目标的约束条件。因此，本书认为，极端的煤电下降方式纵然能以最快的速度和最显著的减排效果实现温控目标，但不利于全球可持续发展目标的实现，而碳定价机制导致的减排在短期内虽达不到立竿见影的效果，但从中长期来看，更符合全球经济—能源—环境协调统一发展的内在要求。

## 第二节　展望

虽然本书至此已取得一定的研究成果，但基于研究对象的局限性，未来有关本领域的研究还有待进一步加强和深入细化。

## 一 研究范围展望

基于中国视角，本书对于碳达峰后趋势的研究仅局限于中国电力行业，并未涉及其他行业。因此，对于中国碳排放量及其他重点排放部门碳达峰后趋势的研究将是未来仍待继续深入细化分析的内容。例如，交通运输与服务业、建筑业等随着中国城镇化进程的加快将产生更多的碳排放，近年来中国对于这两个行业的减排政策也相继出台，对其减排效果也愈加重视，故探究这两个行业碳达峰后趋势无疑具有现实价值和重要意义。

## 二 研究视角展望

基于国际视角，尽管中国是全球碳排放量最大的国家，其减排程度对全球减排的贡献度最高，但是由于中国已经具备较强的减排理念和较为积极的减排政策体系，并始终在减排的道路上努力实践，所以其对世界减排做出的贡献势必会逐渐加强。但与中国不同的是，一些经济发展相对落后、低碳节能政策不健全、碳排放量又相对较高的国家并未实施严格的减排方案，因此，分析类似这些国家的碳排放达峰及峰值后趋势，对于全球变暖控制目标的实现也具有极为重要的研究价值和意义。

# 第十章

# 1.5℃约束下中国电力行业碳减排政策建议

## 第一节 基于技术减排层面的政策建议

根据第七章仿真结果,可再生能源发电比例越高,煤炭发电比例越低,越有益于实现减排。根据第五章预测的电源结构至 2050 年前的演变趋势,为助力全球升温 1.5℃目标的实现,中国电源结构需要进行较大幅度的优化调整,而这种调整主要通过技术进步的方式实现,因此,本书主要从技术进步的层面提出有利于中国电源结构优化调整进而实现达峰后继续减排的政策建议。

### 一 提升能源效率

在提升能源效率的技术层面,本书建议"超超临界"发电技术继续在中国广泛应用。该技术可以有效地降低发电煤耗水平,现阶段已将发电所需的标准煤控制在每度电 270 克之内,因此,应大力鼓励专业技术研发团队继续探索钻研更高效率的清洁燃煤发电技术,推广使用新型煤气化、煤基多联产、煤制烯烃等技术,将发电和供电的标准煤耗进一步控制在更小的水平上。无论如何提高燃煤效率，只要燃煤就一定会产生碳排放，从逆向思维的角度考虑，如果放弃燃煤就会实现零碳排放，但中国现存的燃煤机组已成为现实，鉴于此，本书建议，在充分借鉴英国耦合生物质燃烧改造项目经验的基础上，加快推动实现生物质颗粒直接耦合燃烧的发电技术，将原有的燃煤彻底摆脱，转变为燃烧生物质，最大限度地控制温室气体及污染物排放，实现净零排放。

### 二　提高火力发电技术

在火力发电技术层面，以高效汽轮机及其配套附属设备、自主可控的智能发电控制系统、先进的环保设备等为标志的高效灵活二次再热发电技术这一高精尖火力发电技术近年来在国家能源集团的研发下成功启动。以达到清洁、低碳、高效、灵活的火力发电技术水平为宗旨，本书建议，应在高效运转锅炉和汽轮机、科学的系统设计及灵活可控的系统优化、清洁环保的控制温室气体和污染物排放等关键技术上继续发力攻克。

### 三　发展可再生能源发电技术

在可再生能源发电技术层面，中国的水力发电技术一直处于世界先进水平，但太阳能光伏发电技术、太阳能热发电技术、风力发电技术、核能发电技术等新型发电技术尚处于摸索阶段。在太阳能发电技术方面，现阶段中国已具备一批投运或在建的光热电站、光伏电站，目前应用较为广泛的槽式太阳能光热发电技术和塔式太阳能光热发电技术已经在国际上达到较为先进的水平，碟式太阳能光热发电技术还需进一步攻克。在风力发电技术方面，中国风电装机容量并不低，但由于长期以来的弃风限电问题未能得到妥善的解决，大规模风力资源出现闲置的现象。因此，本书建议，未来应从风电机组单机容量大型化研制技术、关键原材料及零部件制造技术、海上风电技术、海上风电支撑平台技术、大规模风电并网技术、风电场功率预测预报技术、风电接入和远距离输电技术等方面提高风电技术水平。在核能发电技术方面，近年来，中国在核岛安装、百万千瓦级核电模块控制、核电装备制造等关键技术领域取得了突破，应继续推进核电技术的研发与应用。

## 第二节　基于经济减排层面的政策建议

通过上述包含各国各项指标变动情况的综合效应分析结果可知，在中国各行业实行碳定价机制的减排手段可以实现本书第五章预期的经济减排情景下的峰值后趋势排放轨迹。仅从模型仿真结果的角度分析，若实现三种不同形式的经济减排情景预期的效果，碳定价在不同阶段的数值也不尽相同。从理论上讲，为保证研究分析的全面性和合理性，本书需要将所有理论上可能出现的碳达峰后趋势情景全部盘点、归类、总结，但从现实层面考虑，并不是所有的碳达峰后趋势情景均会出现，例如，德国、法国等欧洲发达国家碳排放达峰后的实践经验也表明，在碳排放达峰后立即在此后始终保持持续下降的变动趋势的这种情况出现的概率较小。因此，本书认为，单一拐点平台期型峰值后趋势情景以及多拐点倒"U"波动型峰值后趋势情景在中国电力行业碳排放达峰后出现的可能性较大。

本书将中国所有行业都纳入了碳排放交易市场，并对每个行业的碳排放都实施了定价机制，但从现阶段中国碳交易市场的发展情况分析，这种形式的碳定价机制还尚未开展。因此，本节将重点从完善碳交易市场制度和碳定价机制、优化企业碳配额分配管理制度的视角提出减排的政策建议。

### 一　完善碳交易市场制度

在中国统一碳交易市场建设方面，2017 年国家发改委公布了《全国碳排放权交易市场建设方案》，按照该方案的规划安排，以电力行业为先行示范的覆盖全中国的统一碳市场正式启动。基于七个碳交易试点（北京、天津、上海、重庆、湖北、广东、深圳）的建设经验逐步发展全国规模的碳市场，就其承担的减排目标的艰巨性和交易系统的复杂性而言，现阶段中国碳交易市场的各项体制和政策尚处于不断摸索阶段，特别是在不同行业主体的纳入和交易规则的制定方面，还未形成系统完善的政策体系。基于此，本书认为，一方面，为将更多的行业企业纳入统一的碳交易市场，应制定科学有效的行业准入标准制度，对行业企业准入条件和审批权限规则进行针对性设置，鼓励金融机构、环境交易平台、政府相关部门三者之间的密切合作，尝试建立一个统一高效专业的交易平台，尽快将需要纳入交易体系的碳排放大型企业全部盘点到位；另一方面，之所以现阶段全国碳市场仅纳入了电力行业，除了电力行业碳排放量占比高于其他行业这个客观事实，最重要的原因是电力行业的数据基础较健全，排放相关数据公开透明，有益于交易的顺利开展。

## 二 优化企业碳配额分配管理制度

在企业对碳交易市场的贡献度方面，各地相关政府部门应以立法的形式要求企业公开提供与排放相关的必要数据、配额数量以及配额交易方案情况，以保障参与碳交易的其他企业可以获得并掌握该企业的真实、充足、可靠的交易信息，进而确保各个企业高效率地参与碳市场交易，所有基础企业的信息公开透明是将碳市场规模扩大到全行业范围的关键环节。交通运输与服务业、建筑业、重化工业等能源密集型行业的减排压力较大，因此，本书建议先从这些行业着手，逐步对各地区涵盖的企业进行数据盘查与摸底。此外，配额分配的数量和原则如何做到公平、科学、合理，是一直以来备受争议的问题。本书建议，应根据不同行业的特征，灵活采用历史强度下降法和行业技术基准线法相结合的方式，以初期免费分配为主逐渐发展到增加拍卖的比例，并积极推进碳交易现货市场向期货市场的过渡。

### 三 完善碳定价机制

在碳定价机制完善方面，本书的碳定价结果表明，稳定的碳定价机制是保证经济、能源、碳排放等各项指标平稳运行的基础。因此，本书建议，在中国碳交易市场现阶段还不成熟，甚至还有绝大部分企业尚未纳入交易体系的背景下，为给传统的高耗能企业留足进行技术改造和转型升级的时间，也为先将碳交易市场的活力提高，在现阶段应采取相对稳定的低水平基准碳价。以本书仿真结果为例，碳定价在2026年之后都未超过25美元，故现阶段建议基准碳价维持在10美元之内。

# 参考文献

程路、邢璐，2016，《2030年碳排放达到峰值对电力发展的要求及影响分析》，《中国电力》第1期。

陈丽君、吴红梅、范玲等，2017，《浙江省碳排放峰值判断及其对策研究》，《中国能源》第4期。

陈长英，2019，《基于改进的灰色—马尔可夫链模型的广西物流需求预测研究》，《西部交通科技》第10期。

陈宏、马学俊，2019，《中美贸易摩擦的经济影响分析——基于GTAP模型》，《扬州大学学报》（人文社会科学版）第6期。

陈景东、赵沛，2021，《碳交易试点政策与电力行业碳减排》，《中国电力》第12期。

陈怡、田川、曹颖、刘强、郑晓奇，2020，《中国电力行业碳排放达峰及减排潜力分析》，《气候变化研究进展》第5期。

曹明福、刘洋，2018，《"一带一路"倡议下中俄蒙区域经济合作研究——基于GTAP模型的实证分析》，《财经理论研究》第6期。

曹艺严、陈济、刘秉祺、Adair Turner、朱思捷，2021，《电力增长零碳化（2020—2030）：中国实现碳中和的必经之路》，落基山研究所。

崔修祯、徐少东、高晗博、王军霞、蔡博峰，2020，《城市大气污染物排放路径对于碳达峰的借鉴》，《环境工程》第11期。

蔡博峰、曹丽斌、雷宇等，2021，《中国碳中和目标下的二氧化碳排放路径》，《中国人口·资源与环境》第1期。

段宏波、汪寿阳，2019，《中国的挑战：全球温控目标从2℃到1.5℃的战略调整》，《管理世界》第10期。

董棒棒、李莉、唐洪松等，2019，《环境规制、FDI与能源消费碳排放峰值预测——以西北五省为例》，《干旱区地理》第3期。

杜俊慧、张克勇、张雪姣，2018，《山西省碳排放影响因素分解及峰值预测》，《中北大学学报》（自然科学版）第3期。

丁甜甜、李玮，2019，《经济增长与减排视角下电力行业碳峰值预测》，《科技管理研究》第18期。

范登龙、黄毅祥、蒲勇健等，2017，《重庆市化石能源消耗的$CO_2$排放及其峰值测算研究》，《西南大学学报》（自然科学版）第6期。

付喆、颜建晔、孙艳梅等，2019，《基于绿色索罗模型的中国碳排放峰值预测》，《华中师范大学学报》（人文社会科学版）第5期。

方国斌、李萍，2020，《基于马尔可夫链的国内废水排放量预测》，《牡丹江师范学院学报》（自然科学版）第1期。

傅京燕、徐淑华、代玉婷，2016，《广东省火电行业碳排放与峰值预测》，《中国能源》第11期。

冯永晟、周亚敏，2021，《"双碳"目标下的碳市场与电力市场建设》，《财经智库》第4期。

郭茹、吕爽、曹晓静等，2020，《基于ZSG-DEA模型的中国六大行业碳减排分配效率研究》，《生态经济》第1期。

郭婷，2019，《LCC理论下发电机组碳排放核算方法应用》，《财会通讯》第32期。

郭晴、陈伟光，2019，《基于动态CGE模型的中美贸易摩擦经济效应分析》，《世界经济研究》第8期。

顾佰和、谭显春、穆泽坤等，2015，《中国电力行业CO2减排潜力及其贡献因素》，《生态学报》第19期。

郝志新、李侠祥、郑景云，2020，《国家自主减排贡献与实现2℃温控目标的差异性分析》，《科学通报》第10期。

胡方芳、陈前利，2019，《新疆碳排放峰值预测》，《区域治理》第 42 期。

黄超，2019，《碳减排政策对清洁发电技术投资决策的影响》，《阅江学刊》第 4 期。

黄薇、黄晨宏、李树青，2020，《中国碳市场发展及电力行业参与策略分析》，《能源与环境》第 1 期。

黄先海、余骁，2018，《"一带一路"建设如何提升中国全球价值链分工地位？——基于 GTAP 模型的实证检验》，《社会科学战线》第 7 期。

侯建朝、史丹，2014，《中国电力行业碳排放变化的驱动因素研究》，《中国工业经济》第 6 期。

项目综合报告编写组，2020，《〈中国长期低碳发展战略与转型路径研究〉综合报告》，《中国人口·资源与环境》第 11 期。

何崇恺、顾阿伦，2015，《碳成本传递原理、影响因素及对中国碳市场的启示——以电力部门为例》，《气候变化研究进展》第 3 期。

何姣、叶泽，2019，《电力行业碳成本传导的基本原理及均衡模型》，《生态经济》第 9 期。

姜曼、杨司玥、刘定宜、鲍玉昆，2020，《中国各省可再生能源电力消纳量对碳排放的影响》，《电网与清洁能源》第 7 期。

孔锋，2019，《1.5℃温控目标下气候工程对中国极端高温强度影响的空间差异研究》，《长江流域资源与环境》第 10 期。

孔锋，2019，《1.5℃温控目标下地球工程对全球陆地气候的潜在影响及区域差异》，《水利水电技术》第 8 期。

刘铠诚、何桂雄、王珺瑶等，2018，《电力行业实现 2030 年碳减排目标的路径选择及经济效益分析》，《节能技术》第 3 期。

李新创、李冰，2019，《全球温控目标下中国钢铁工业低碳转型路径》，《钢铁》第 8 期。

李家龙，2019，《生产性服务业集聚对碳排放影响的实证研究》，《河池学院学报》第 2 期。

李志学、李乐颖、陈健，2019，《产业结构、碳权市场与技术创新对各省区碳减排效率的影响》，《科技管理研究》第 16 期。

李亚春，2019，《碳排放权交易市场对电力行业发展的影响》，《财经界》（学术版）第 20 期。

李善同、何建武，2010，《中国可计算一般均衡模型及其应用》，北京经济科学出版社。

李志俊、原鹏飞，2018，《产业供给侧结构性改革的影响及效果研究——基于产业结构变动的视角》，《经济经纬》第 2 期。

李嘉琦，2019，《基于 CGE 模型的碳排放与市场化减排机制设计》，《煤炭经济研究》第 8 期。

李晓瑜、姚西龙，2019，《基于动态 CGE 模型的陕西省煤炭去产能战略的影响评价研究》，《煤炭工程》第 4 期。

李梦然，2020，《GTAP 模型下中美贸易摩擦经济影响的实证分析》，《皖西学院学报》第 1 期。

李启庚、冯艳婷、余明阳，2020，《环境规制对工业节能减排的影响研究——基于系统动力学仿真》，《华东经济管理》第 5 期。

李兴、刘自敏、杨丹、王道平，2022，《电力市场效率评估与碳市场价格设计——基于电碳市场关联视角下的传导率估计》，《中国工业经济》第 1 期。

芦颖、李旭东、杨正业，2018，《贵州省能源碳排放现状及峰值预测》，《环境科学与技术》第 11 期。

栾飞、吴书强、丁科珉等，2018，《西安市碳排放峰值预测与对策研究》，《经贸实践》第 17 期。

刘惠、蔡博峰、张立等，2021，《中国电力行业 CO2 减排技术及成本研究》，《环境工程》第 10 期。

刘俊伶、夏侯沁蕊、王克等，2019，《中国工业部门中长期低碳发展路径研究》，《中国软科学》第 11 期。

鲁传一、陈文颖，2021，《中国提前碳达峰情景及其宏观经济影响》，《环境经济研究》第 1 期。

雷会妨、马远，2018，《基于 GTAP 模型的"一带一路"沿线国家能源贸易畅通分析》，《价格月刊》第 5 期。

马翠梅、葛全胜，2014，《中国省域电力部门 $CO_2$ 排放计算方法研究》，《气候变化研究进展》第 5 期。

马丽、张博，2019，《中国省际电力流动空间格局及其演变特征》，《自然资源学报》第 2 期。

马忠玉、冶伟峰、蔡松锋等，2019，《基于 SICGE 模型的中国碳市场与电力市场协调发展研究》，《宏观经济研究》第 5 期。

年艳，2019，《基于 CGE 模型的城镇化对农村经济增长的影响分析》，《西南师范大学学报》第 11 期。

聂龑、张国兴，2020，《基于社会—技术系统理论的中国电力系统演化路径分析》，《中国人口·资源与环境》第 11 期。

潘险险、余梦泽、隋宇等，2020，《计及多关联因素的电力行业碳排放权分配方案》，《电力系统自动化》第 1 期。

潘栋、李楠、李锋、冯奎双、彭璐璐、王震，2021，《基于能源碳排放预测的中国东部地区达峰策略制定》，《环境科学学报》第 3 期。

潘伟、熊建武，2018，《电力消耗、经济增长与 $CO_2$ 排放量的实证分析——基于中国面板据》，《中国管理科学》第 3 期。

邱凯、唐翀，2019，《昆明城市交通碳排放达峰前瞻性思考》，《建筑与文化》第 11 期。

钱浩祺、吴力波、任飞州，2019，《从"鞭打快牛"到效率驱动：中国区域间碳排放权分配机制研究》，《经济研究》第 3 期。

孙振清、刘保留、李欢欢，2019，《1.5℃温控目标下我国避免碳陷阱、促进碳脱钩实践与展望》，《青海社会科学》第 6 期。

师华定、齐永青、梁海超等，2010，《电力行业温室气体排放核算方法体系研究》，《气候变化研究进展》第 1 期。

苏燊燊、赵锦洋、胡建信，2015，《中国电力行业 1990—2050 年温室气体排放研究》，《气候变化研究进展》第 5 期。

舒印彪、张丽英、张运洲等，2021，《我国电力碳达峰、碳中和路径研究》，《中国工程科学》第 6 期。

谭灵芝、孙奎立，2019，《基于 DSGE 模型的我国三类碳减排政策效果分析》，《企业经济》第 10 期。

田中华、杨泽亮、蔡睿贤，2015，《电力行业对地区节能和碳排放强度下降目标贡献分析》，《中国电力》第 3 期。

田泽、张宏阳、纽文婕，2021，《长江经济带碳排放峰值预测与减排策略》，《资源与产业》第 1 期。

汤铃、张亮、余乐安，2019，《基于动态 CGE 模型的碳交易政策减排成本影响研究》，《系统科学与数学》第 1 期。

唐书传、刘云志、肖条军，2020，《考虑社会责任的供应链定价与碳减排决策》，《中国管理科学》第 4 期。

佟新华、周红岩、陈武等，2020，《工业化不同发展阶段碳排放影响因素驱动效应测度》，《中国人口·资源与环境》第 5 期。

王健夫，2019，《武汉市 $CO_2$ 排放峰值目标下工业部门减排路径研究》，博士学位论文，华中科技大学。

席细平、晏恒、王贺礼等，2019，《南昌市 CO2 排放特征与峰值预测研究》，《能源研究与管理》第 1 期。

王霞、张丽君、秦耀辰等，2020，《中国高碳制造业碳排放时空演变及其驱动因素》，《资源科学》第 2 期。

王勇、王颖，2019，《中国实现碳减排双控目标的可行性及最优路径——能源结构优化的视角》，《中国环境科学》第 10 期。

王常凯、谢宏佐，2015，《中国电力碳排放动态特征及影响因素研究》，《中国人口·资源与环境》第 4 期。

王常凯、崔维军，2015，《结构、强度、规模与电力碳排放——基于 LMDI 分解方法的研究》，《科技管理研究》第 6 期。

王杰，2019，《中国高耗能行业碳排放脱钩关系及影响因素研究》，《甘肃科学学报》第 4 期。

王煌、邵婧儿，2018，《"一带一路"建设下中国 OFDI 的贸易效应研究——基于 GTAP 模型的分析》，《国际经贸探索》第 2 期。

王亮、黄德林，2019，《"一带一路"视域下环喜马拉雅经济合作带贸易自由化问题研究——基于 GTAP 模型的分析》，《学术探索》第 6 期。

王原雪、张晓磊、张二震，2020，《"一带一路"倡议的泛区域脱贫效应——基于 GTAP 的模拟分析》，《财经研究》第 3 期。

王深、吕连宏、张保留等，2021，《基于多目标模型的中国低成本碳达峰、碳中和路径》，《环境科学研究》第 9 期。

王丽娟、张剑、王雪松等，2022，《中国电力行业二氧化碳排放达峰路径研究》，《环境科学研究》第 2 期。

王一、吴洁璇、王浩浩等，2020，《碳排放权市场与中长期电力市场交互作用影响分析》，《电力系统及其自动化学报》第 10 期。

王灿、孙若水、张九天，2021，《中国实现碳中和的支撑技术与路径》，《中国经济学人》第 5 期。

汪鹏、许鸿伟、任松彦等，2021，《基于 CGE 模型的粤港澳大湾区电力低碳转型路径评估》，《中国人口·资源与环境》第 10 期。

武晓利，2017，《环保技术、节能减排政策对生态环境质量的动态效应及传导机制研究——基于三部门 DSGE 模型的数值分析》，《中国管理科学》第 12 期。

徐夏楠、王莹，2018，《河南省工业领域碳排放峰值研究》，《当代经济》第 19 期。

肖志敏、杨军，2019，《中美大豆贸易摩擦的经济影响及其启示——基于 GTAP 模型测算》，《农业经济与管理》第 3 期。

闫海、孟琦，2019，《全球航空碳减排的法制发展及其对我国的启示》，《南京航空航天大学学报》（社会科学版）第 4 期。

於冉、黄贤金，2019，《碳排放峰值控制下的建设用地扩展规模研究》，《中国人口·资源与环境》第 7 期。

杨瑞成、陈奕璇、左爱玲，2018，《关税壁垒对"中蒙俄"三国宏观经济的冲击效应研究——基于 GTAP 的模拟分析》，《财经理论研究》第 6 期。

杨冕、卢昕、段宏波，2018，《中国高耗能行业碳排放因素分解与达峰路径研究》，《系统工程理论与实践》第 10 期。

喻小宝、郑丹丹，2020，《动力学视角下电力行业碳减排反馈机制研究》，《上海电力大学学报》第 6 期。

云小鹏，2019，《基于 CGE 模型的能源与环境财税政策协同影响效应研究》，《经济问题》第 7 期。

赵冬蕾、刘伊生，2019，《基于系统动力学的中国建筑业碳排放预测研究》，《河南科学》第 12 期。

曾军、姚庆国、李跃等，2019，《新旧动能转换背景下煤炭产业碳减排路径仿真研究——以山东省为例》，《数学的实践与认识》第 23 期。

张宁、贺姝峒、王军锋等，2018，《碳交易背景下天津市电力行业碳排放强度与基准线》，《环境科学研究》第 1 期。

周申蓓、钱晨，2019，《我国电力行业碳排放责任核算及碳排放权分配研究》，《资源与产业》第 5 期。

朱磊、梁壮、谢俊等，2019，《全国统一碳市场对电力行业减排的影响分析》，《环境经济研究》第 2 期。

周悦、曾华锋，2020，《碳信息披露水平及其影响因素研究——基于电力行业上市企业》，《中国林业经济》第 1 期。

赵亚涛、南新元、王伟德，2019，《基于 LMDI-SD 方法的火电行业碳排放峰值预测》，《计算机仿真》第 10 期。

中国电力企业联合会，2008—2018 年，电力工业基本数据统计信息，https：//fw.cec.org.cn/mall/#/index。

张梦雨、王强，2020，《全球电力消费空间格局演化及组成要素分析》，《福建师范大学学报》（自然科学版）第 2 期。

张欣，2010，《可计算一般均衡模型的基本原理与编程》，上海人民出版社。

赵梦雪、冯相昭、杜晓林等，2018，《基于 CGE 模型的硫税政策环境经济效益分析》，《环境与可持续发展》第 5 期。

张为付、张晓磊、王原雪，2019，《中美贸易摩擦对中国林木产品贸易的影响——基于 GTAP 模型的模拟分析》，《林业经济》第 7 期。

张运洲、张宁、代红才等，2021，《中国电力系统低碳发展分析模型构建与转型路径比较》，《中国电力》第 3 期。

周政宁、史新鹭，2019，《贸易摩擦对中美两国的影响：基于动态 GTAP 模型的分析》，《国际经贸探索》第 2 期。

郑玉雨、李晓亮、段显明、葛察忠，2020，《我国电力行业环境经济政策的现状与展望》，《生态经济》第 10 期。

张希良、张达、余润心，2021，《中国特色全国碳市场设计理论与实践》，《管理世界》第 8 期。

庄贵阳、窦晓铭、魏鸣昕，2022，《碳达峰碳中和的学理阐释与路径分析》，《兰州大学学报》第 1 期。

张希良、黄晓丹、张达等，2022，《碳中和目标下的能源经济转型路径与政策研究》，《管理世界》第 1 期。

Aslan, A., Destek, M. A., Okumus, I., 2018, "Sectoral Carbon Emissions and Economic Growth in the US: Further Evidence from Rolling Window Estimation Method", *Journal of Cleaner Production*, 200.

Arrow, K. J., Debreu, G., 1954, "Existence of an Equilibrium for a Competitive Economy", *Journal of the Econometric Society*, 3.

Burniaux, J. -M., Truong, T. P., 2002, "GTAP-E: An Energy-Environmental Version of the GTAP Model", *GTAP Technical Papers*, 18.

Benjamin, E. O., Hall, D., Sauer, J., et al., 2022, "Are Carbon Pricing Policies on a Path to Failure in Resource-Dependent Economies? A Willingness-to-Pay Case Study of Canada", *Energy Policy*, 162.

Chatri, F., Yahoo, M., Othman, J., 2018, "The Economic Effects of Renewable Energy Expansion in the Electricity Sector: A CGE

Analysis for Malaysia", *Renewable and Sustainable Energy Reviews*, 95.

Choi, Y., Liu, Y., LEE, H., 2017, "The Economy Impacts of Korean ETS with an Emphasis on Sectoral Coverage Based on a CGE Approach", *Energy Policy*, 109.

Crippa, M., Guizzardi, D., Muntean, M., Schaaf, E., Solazzo, E., Monforti-Ferrario, F., Olivier, J. G. J., Vignati, E., 2020, "Fossil $CO_2$ Emissions of All World Countries—2020 Report", Publications Office of the European Union, Luxembourg.

Crippa, M., Guizzardi, D., Solazzo, E., Muntean, M., Schaaf, E., Monforti-Ferrario, F., Banja, M., Olivier, J. G. J., Grassi, G., Rossi, S., Vignati, E., 2021, "GHG Emissions of All World Countries—2021 Report", Publications Office of the European Union, Luxembourg.

Dietz, S., Venmans, F., 2019, "Cumulative Carbon Emissions and Economic Policy: In Search of General Principles", *Journal of Environmental Economics and Management*, 96.

De Oliveira-De Jesus, P. M., 2019, "Effect of Generation Capacity Factors on Carbon Emission Intensity of Electricity of Latin America & the Caribbean, a Temporal IDA-LMDI Analysis", *Renewable and Sustainable Energy Reviews*, 101.

Dixon, P. B., Rimmer, M. T., Waschik, R. G., 2018, "Evaluating the Effects of Local Content Measures in a CGE Model: Eliminating the US Buy America (N) Programs", *Economic Modelling*, 68.

De Luna-Valdez, L. A., Villaseñor-Salmerón, C. I., Cordoba, E., et al., 2019, "Functional Analysis of the Chloroplast Grpe (CGE) Proteins from Arabidopsis Thaliana", *Plant Physiology and Biochemistry*, 139.

Duarte, R., Sánchez-Chóliz, J., Sarasa, C., 2018, "Consumer-Side Actions in a Low-Carbon Economy: A Dynamic CGE Analysis for

Spain", *Energy Policy*, 118.

Zafirakis, D., Chalvatzis, Konstantinos J., Baiocchi, G., 2015, "Embodied $CO_2$ Emissions and Cross-Border Electricity Trade in Europe: Rebalancing Burden Sharing with Energy Storage", *Applied Energy*, 143.

EDGAR, 2019, "Fossil Fuel Carbon Emissions", 1990–2017, https://edgar.jrc.ec.europa.eu/.

Forbes, K. F., Zampelli, E. M., 2019, "Wind Energy, the Price of Carbon Allowances, and $CO_2$ Emissions: Evidence from Ireland", *Energy Policy*, 133.

Freire-González, J., 2018, "Environmental Taxation and the Double Dividend Hypothesis in CGE Modelling Literature: A Critical Review", *Journal of Policy Modeling*, 1.

Fujimori, S., Krey, V., Van Vuuren, D., et al., 2021, "A Framework for National Scenarios with Varying Emission Reductions", *Nature Climate Change*, 6.

Fortes, P., Simoes, S. G., Amorim, F., et al., 2022, "How Sensitive Is a Carbon-Neutral Power Sector to Climate Change? The Interplay between Hydro, Solar and Wind for Portugal", *Energy*, 239.

Fu, Y., Huang, G., Xie, Y., et al., 2020, "Planning Electric Power System under Carbon-Price Mechanism Considering Multiple Uncertainties—A Case Study of Tianjin", *Journal of Environmental Management*, 269.

Fleschutz, M., Bohlayer, M., Braun, M., et al., 2021, "The Effect of Price-Based Demand Response on Carbon Emissions in European Electricity Markets: The Importance of Adequate Carbon Prices", *Applied Energy*, 295.

Ghazali, A., Ali, G., 2019, "Investigation of Key Contributors of $CO_2$ Emissions in Extended STIRPAT Model for Newly Industrialized

Countries: A Dynamic Common Correlated Estimator (DCCE) Approach", *Energy Reports*, 5.

Gu, S., Fu, B., Thriveni, T., et al., 2019, "Coupled LMDI and System Dynamics Model for Estimating Urban $CO_2$ Emission Mitigation Potential in Shanghai, China", *Journal of Cleaner Production*, 240.

Gu, G., Wang, Z., 2018, "China's Carbon Emissions Abatement under Industrial Restructuring by Investment Restriction", *Structural Change and Economic Dynamics*, 47.

Gryparis, E., Papadopoulos, P., Leligou, H. C., Psomopoulos, C. S., 2020, "Electricity Demand and Carbon Emission in Power Generation under High Penetration of Electric Vehicles. A European Union Perspective", *Energy Reports*, 6.

He, Q., Zhou, G., Lü, X., et al., 2019, "Climatic Suitability and Spatial Distribution for Summer Maize Cultivation in China at 1.5 and 2.0℃ Global Warming", *Science Bulletin*, 10.

Huang, H., Roland-Holst, D., Wang, C., et al., 2020, "China's Income Gap and Inequality under Clean Energy Transformation: A CGE Model Assessment", *Journal of Cleaner Production*, 251.

Haseeb, M., Haouas, I., Nasih, M., et al., 2020, "Asymmetric Impact of Textile and Clothing Manufacturing on Carbon-Dioxide Emissions: Evidence from Top Asian Economies", *Energy*, 196.

Lee, H., Romero, J., et. al., 2023, "IPCC, 2023: Climate Change 2023: Synthesis Report. Contribution of Working Groups Ⅰ, Ⅱ and Ⅲ to the Sixth Assessment Report of the Intergovernmental Panel on Climate Change", IPCC, Geneva, Switzerland.

Huovila, A., Siikavirta, H., Rozado, C. A., et al., 2022, "Carbon-Neutral Cities: Critical Review of Theory and Practice", *Journal of Cleaner Production*, 341.

Holz, F., Scherwath, T., Del Granado, P. C., et al., 2021,

"A 2050 Perspective on the Role for Carbon Capture and Storage in the European Power System and Industry Sector", *Energy Economics*, 104.

Haxhimusa, A., Liebensteiner, M., 2021, "Effects of Electricity Demand Reductions under a Carbon Pricing Regime on Emissions: Lessons from COVID-19", *Energy Policy*, 156.

IPCC, 2018, *Global Warming of* 1.5℃.

IEA, 2019, "Online Data of Carbon Emissions", 1990-2017, https://www.iea.org/data-and-statistics/data-sets.

IEA, 2021, "The Role of Low-Carbon Fuels in the Clean Energy Transitions of the Power Sector", Paris.

Jenkins, J. D., Luke, M., Thernstrom, S., 2018, "Getting to Zero Carbon Emissions in the Electric Power Sector", *Joule*, 12.

Joeri, R., Daniel, H., Volker, K., et al., 2019, "A New Scenario Logic for the Paris Agreement Long-Term Temperature Goal", *Nature*, 7774.

Kang, P., Song, G., Chen, D., et al., 2020, "Characterizing the Generation and Spatial Patterns of Carbon Emissions from Urban Express Delivery Service in China", *Environmental Impact Assessment Review*, 80.

Khosroshahi, M. K., Sayadi, M., 2020, "Tracking the Sources of Rebound Effect Resulting from the Efficiency Improvement in Petrol, Diesel, Natural Gas and Electricity Consumption: A CGE Analysis for Iran", *Energy*, 197.

Karttunen, K., Ahtikoski, A., Kujala, S., et al., 2018, "Regional Socio-Economic Impacts of Intensive Forest Management, a CGE Approach", *Biomass and Bioenergy*, 118.

Khastar, M., Aslani, A., Nejati, M., et al., 2020, "Evaluation of the Carbon Tax Effects on the Structure of Finnish Industries: A Computable General Equilibrium Analysis", *Sustainable Energy Technolo-*

gies and Assessments, 37.

Kim, P., Bae, H., 2022, "Do Firms Respond Differently to the Carbon Pricing by Industrial Sector? How and Why? A Comparison between Manufacturing and Electricity Generation Sectors Using Firm-Level Panel Data in Korea", Energy Policy, 162.

Langarita, R., Duarte, R., Hewings, G., et al., 2019, "Testing European Goals for the Spanish Electricity System Using a Disaggregated CGE Model", Energy, 179.

Liu, Y., Tang, L., Qiu, X., et al., 2020, "Impacts of 1.5 and 2.0℃ Global Warming on Rice Production across China", Agricultural and Forest Meteorology, 284.

Lawal, S., Lennard, C., Hewitson, B., 2019, "Response of Southern African Vegetation to Climate Change at 1.5 and 2.0 Global Warming above the Pre-Industrial Level", Climate Services, 16.

Li, B., Han, S., Wang, Y., et al., 2020, "Feasibility Assessment of the Carbon Emissions Peak in China's Construction Industry: Factor Decomposition and Peak Forecast", Science of the Total Environment, 706.

Li, W., Wang, W., Gao, H., et al., 2020, "Evaluation of Regional Metafrontier Total Factor Carbon Emission Performance in China's Construction Industry: Analysis Based on Modified Non-Radial Directional Distance Function", Journal of Cleaner Production, 256.

Li, J., Cheng, Z., 2020, "Study on Total-Factor Carbon Emission Efficiency of China's Manufacturing Industry When Considering Technology Heterogeneity", Journal of Cleaner Production, 260.

Liu, L.-Y., Zheng, B.-H., Bedra, K. B., 2018, "Quantitative Analysis of Carbon Emissions for New Town Planning Based on the System Dynamics Approach", Sustainable Cities and Society, 42.

Liu, S., Tian, X., Xiong, Y., et al., 2020, "Challenges towards Carbon Dioxide Emissions Peak Under In‑Depth Socioeconomic Transition in China: Insights from Shanghai", *Journal of Cleaner Production*, 247.

Lee, D.‑H., 2020, "Efficiency and Economic Benefit of Dark‑Fermentative Biohydrogen Production in Asian Circular Economies: Evaluation Using Soft‑Link Methodology with Data Envelopment Analysis (DEA) and Computable General Equilibrium Model (CGE)", *International Journal of Hydrogen Energy*, 6.

Li, X., Yao, X., Guo, Z., et al., 2020, "Employing the CGE Model to Analyze the Impact of Carbon Tax Revenue Recycling Schemes on Employment in Coal Resource‑Based Areas: Evidence from Shanxi", *Science of the Total Environment*, 720.

Li, Q., Scollay, R., Gilbert, J., 2017, "Analyzing the Effects of the Regional Comprehensive Economic Partnership on FDI in a CGE Framework with Firm Heterogeneity", *Economic Modelling*, 67.

Liu, J.‑Y., Lin, S.‑M., Xia, Y., et al., 2015, "A Financial CGE Model Analysis: Oil Price Shocks and Monetary Policy Responses in China", *Economic Modelling*, 51.

Li, N., Zhang, X., Shi, M., et al., 2019, "Does China's Air Pollution Abatement Policy Matter? An Assessment of the Beijing‑Tianjin‑Hebei Region Based on a Multi‑Regional CGE Model", *Energy Policy*, 127.

Li, Y., Su, B., 2017, "The Impacts of Carbon Pricing on Coastal Megacities: A CGE Analysis of Singapore", *Journal of Cleaner Production*, 165.

Liu, T., Pan, S., Hou, H., et al., 2020, "Analyzing the Environmental and Economic Impact of Industrial Transfer Based on an Improved CGE Model: Taking the Beijing‑Tianjin‑Hebei Region as an Example", *Environmental Impact Assessment Review*, 83.

Luderer, G., Madeddu, S., Merfort, L., et al., 2022, "Impact of Declining Renewable Energy Costs on Electrification in Low-Emission Scenarios", *Nature Energy*, 1.

Leroutier, M., 2022, "Carbon Pricing and Power Sector Decarbonization: Evidence from the UK", *Journal of Environmental Economics and Management*, 111.

Moro, A., Lonza, L., 2018, "Electricity Carbon Intensity in European Member States: Impacts on GHG Emissions of Electric Vehicles", *Transportation Research Part D: Transport and Environment*, 64.

Mason, K., Duggan, J., Howley, E., 2018, "Forecasting Energy Demand, Wind Generation and Carbon Dioxide Emissions in Ireland Using Evolutionary Neural Networks", *Energy*, 155.

Markowska-Kaczmar, U., Marcinkowski, T., 2020, "Markov Network Versus Recurrent Neural Network in Forming Herd Behavior Based on Sight and Simple Sound Communication", *Applied Soft Computing*, 90.

Marrasso, E., Roselli, C., Sasso, M., 2019, "Electric Efficiency Indicators and Carbon Dioxide Emission Factors for Power Generation by Fossil and Renewable Energy Sources on Hourly Basis", *Energy Conversion and Management*, 196.

Melgar-Dominguez, O. D., Pourakbari-Kasmaei, M., Lehtonen, M., et al., 2020, "An Economic-Environmental Asset Planning in Electric Distribution Networks Considering Carbon Emission Trading and Demand Response", *Electric Power Systems Research*, 181.

Ma, X., Wang, Y., Wang, C., 2017, "Low-Carbon Development of China's thermal Power Industry Based on an International Comparison: Review, Analysis and Forecast", *Renewable and Sustainable Energy Reviews*, 80.

Meng, S., Siriwardana, M., Mcneill, J., et al., 2018, "The

Impact of an ETS on the Australian Energy Sector: An Integrated CGE and Electricity Modelling Approach", *Energy Economics*, 69.

Cossutta, M., Dominic C. Y. Foo, Raymond R. Tan, 2021, "Carbon Emission Pinch Analysis (CEPA) for Planning the Decarbonization of the UK Power Sector", *Sustainable Production and Consumption*, 25.

Hasan, M. A., Frame, D. J., Chapman, R., Archie, K. M., 2021, "Costs and Emissions: Comparing Electric and Petrol-Powered Cars in New Zealand", *Transportation Research Part D: Transport and Environment*, 90.

Muoz, I., Schmidt, J. H., 2016, "Methane Oxidation, Biogenic Carbon, and the IPCC's Emission Metrics. Proposal for a Consistent Greenhouse-Gas Accounting", *The International Journal of Life Cycle Assessment*, 8.

Pehl, M., Arvesen, A., Humpenöder, F., et al., 2017, "Understanding Future Emissions from Low-Carbon Power Systems by Integration of Life-Cycle Assessment and Integrated Energy Modelling", *Nature Energy*, 12.

Nong, D., 2020, "Development of the Electricity-Environmental Policy CGE Model (GTAP-E-Powers): A Case of the Carbon Tax in South Africa", *Energy Policy*, 140.

Nong, D., Nguyen, T. H., Wang, C., et al., 2020, "The Environmental and Economic Impact of the Emissions Trading Scheme (ETS) in Vietnam", *Energy Policy*, 140.

Nong, D., Siriwardana, M., 2018, "Potential Impacts of the Emissions Reduction Fund on the Australian Economy", *Energy Economics*, 74.

Olivier, J. G. J., Peters, J. A. H. W., 2019, *Trends in Global $CO_2$ and Total Greenhouse Gas Emissions*, PBL Netherlands Environmental Assessment Agency, 2019 Report.

Sesso, P. P., Amancio-Vieira, S. F., Zapparoli, I. D., et al., 2020, "Structural Decomposition of Variations of Carbon Dioxide Emissions for the United States, the European Union and BRIC", *Journal of Cleaner Production*, 252.

Pan, X., Uddin, M. K., Saima, U., et al., 2019, "Regime Switching Effect of Financial Development on Energy Intensity: Evidence from Markov - Switching Vector Error Correction Model", *Energy Policy*, 135.

Papadopoulos, C. T., Li, J., O'Kelly, M. E. J., 2019, "A Classification and Review of Timed Markov Models of Manufacturing Systems", *Computers & Industrial Engineering*, 128.

Plötz, P., Gnann, T., Jochem, P., et al., 2019, "Impact of Electric Trucks Powered by Overhead Lines on the European Electricity System and $CO_2$ Emissions", *Energy Policy*, 130.

Pradhan, B. K., Ghosh, J., 2019, "Climate Policy vs. Agricultural Productivity Shocks in a Dynamic Computable General Equilibrium (CGE) Modeling Framework: The Case of a Developing Economy", *Economic Modelling*, 77.

Ponjan, P., Thirawat, N., 2016, "Impacts of Thailand's Tourism Tax Cut: A CGE Analysis", *Annals of Tourism Research*, 61.

Phimmavong, S., Keenan, R. J., 2020, "Forest Plantation Development, Poverty, and Inequality in Laos: A Dynamic CGE Microsimulation Analysis", *Forest Policy and Economics*, 111.

Pradhan, B. K., Ghosh, J., 2022, "A Computable General Equilibrium (CGE) Assessment of Technological Progress and Carbon Pricing in India's Green Energy Transition Via Furthering Its Renewable Capacity", *Energy Economics*, 106.

Qiao, W., Lu, H., Zhou, G., et al., 2020, "A Hybrid Algorithm for Carbon Dioxide Emissions Forecasting Based on Improved Lion

Swarm Optimizer", *Journal of Cleaner Production*, 244.

Qu, S., Liang, S., Xu, M., 2017, "$CO_2$ Emissions Embodied in Interprovincial Electricity Transmissions in China", *Environmental Science & Technology*, 18.

Raihan, S., Osmani, S. R., Khalily, M. A. B., 2017, "The Macro Impact of Microfinance in Bangladesh: A CGE Analysis", *Economic Modelling*, 62.

Long, R., Li, J., Chen, H., et al., 2018, "Embodied Carbon Dioxide Flow in International Trade: A Comparative Analysis Based on China and Japan", *Journal of Environmental Management*, 209.

Radpour, S., Gemechu, E., Ahiduzzaman, M., et al., 2021, "Developing a Framework to Assess the Long-Term Adoption of Renewable Energy Technologies in the Electric Power Sector: The Effects of Carbon Price and Economic Incentives", *Renewable and Sustainable Energy Reviews*, 152.

Ruhnau, O., Bucksteeg, M., Ritter, D., et al., 2022, "Why Electricity Market Models Yield Different Results: Carbon Pricing in a Model-Comparison Experiment", *Renewable and Sustainable Energy Reviews*, 153.

Sawadogo, W., Abiodun, B. J., Okogbue, E. C., 2020, "Impacts of Global Warming on Photovoltaic Power Generation over West Africa", *Renewable Energy*, 151.

Sferra, F., Krapp, M., Roming, N., et al., 2019, "Towards Optimal 1.5° and 2℃ Emission Pathways for Individual Countries: A Finland Case Study", *Energy Policy*, 133.

De Bikuña, K. S., Garcia, R., Dias, A. C., et al., 2020, "Global Warming Implications from Increased Forest Biomass Utilization for Bioenergy in a Supply-Constrained Context", *Journal of Environmental Management*, 263.

Solaymani, S., 2019, "$CO_2$ Emissions Patterns in 7 Top Carbon Emitter Economies: The Case of Transport Sector", *Energy*, 168.

Su, K., Lee, C.-M., 2020, "When Will China Achieve Its Carbon Emission Peak? A Scenario Analysis Based on Optimal Control and the STIRPAT Model", *Ecological Indicators*, 112.

Qu, S., Wang, H., Liang, S., et al., 2017, "A Quasi-Input-Output Model to Improve the Estimation of Emission Factors for Purchased Electricity from Interconnected Grids", *Applied Energy*, 200.

Shan, Y., Guan, D., Zheng, H., et al., 2018, "China $CO_2$ Emission Accounts 1997-2015", *Scientific Data*, 5.

Tang, M., Wang, S., Dai, C., et al., 2020, "Exploring $CO_2$ Mitigation Pathway of Local Industries Using a Regional-Based System Dynamics Model", *International Journal of Information Management*, 52.

Tang, B., Li, R., Yu, B., et al., 2018, "How to Peak Carbon Emissions in China's Power Sector: A Regional Perspective", *Energy Policy*, 120.

Tan, L., Wu, X., Xu, Z., et al., 2019, "Comprehensive Economic Loss Assessment of Disaster Based on CGE Model and IO Model—A Case Study on Beijing '7. 21 Rainstorm' ", *International Journal of Disaster Risk Reduction*, 39.

Van Der Ploeg, F., Rezai, A., 2017, "Cumulative Emissions, Unburnable Fossil Fuel, and the Optimal Carbon Tax", *Technological Forecasting and Social Change*, 116.

Van Ruijven, B.J., O'Neill, B.C., Chateau, J., 2015, "Methods for Including Income Distribution in Global CGE Models for Long-Term Climate Change Research", *Energy Economics*, 51.

Wang, Q., Wang, S., 2019, "A Comparison of Decomposition the Decoupling Carbon Emissions from Economic Growth in Transport Sector of Selected Provinces in Eastern, Central and Western China", *Journal of Cleaner Production, 229.

Wang, X.-X., He, A.-Z., Zhao, J., 2020, "Regional Disparity and Dynamic Evolution of Carbon Emission Reduction Maturity in China's Service Industry", Journal of Cleaner Production, 244.

Wang, C., Wang, F., Zhang, X., et al., 2017, "Examining the Driving Factors of Energy Related Carbon Emissions Using the Extended STIRPAT Model Based on IPAT Identity in Xinjiang", Renewable and Sustainable Energy Reviews, 67.

Wu, L., Liu, C., Ma, X., et al., 2019, "Global Carbon Reduction and Economic Growth under Autonomous Economies", Journal of Cleaner Production, 224.

Wang, B. J., Zhao, J. L., Wei, Y. X., 2019, "Carbon Emission Quota Allocating on Coal and Electric Power Enterprises under Carbon Trading Pilot in China: Mathematical Formulation and Solution Technique", Journal of Cleaner Production, 239.

Walras, L., 2013, "Elements of Pure Economics", Routledge.

Weng, Y., Chang, S., Cai, W., et al., 2019, "Exploring the Impacts of Biofuel Expansion on Land Use Change and Food Security Based on a Land Explicit CGE Model: A Case Study of China", Applied Energy, 236.

Wei, Wendong, Zhang, Pengfei, Yao, Mingtao, et al., 2020, "Multi-Scope Electricity-Related Carbon Emissions Accounting: A Case Study of Shanghai", Journal of Cleaner Production, 252.

Yin, L., Liu, G., Zhou, J., et al., 2017, "A Calculation Method for $CO_2$ Emission in Utility Boilers Based on BP Neural Network and Carbon Balance", Energy Procedia, 105.

Yin, J. N., Huang, G. H., Xie, Y. L., An, Y. K., 2021, "Carbon-Subsidized Inter-Regional Electric Power System Planning under Cost-Risk Tradeoff and Uncertainty: A Case Study of Inner Mongolia,

China", *Renewable and Sustainable Energy Reviews*, 135.

Xia, C., Chen, B., 2020, "Urban Land-Carbon Nexus Based on Ecological Network Analysis", *Applied Energy*, 276.

Yang, J., Zhang, W., Zhao, D., et al., 2022, "What Can China Learn from the UK's Transition to a Low-Carbon Power Sector? A Multi-Level Perspective", *Resources, Conservation and Recycling*, 179.

Zhang, L., Li, Z., Jia, X., et al., 2020, "Targeting Carbon Emissions Mitigation in the Transport Sector—A Case Study in Urumqi, China", *Journal of Cleaner Production*, 259.

Zhang, Y., Yan, D., Hu, S., et al., 2019, "Modelling of Energy Consumption and Carbon Emission from the Building Construction Sector in China, a Process-Based LCA Approach", *Energy Policy*, 134.

Zhang, S., Zhao, T., 2019, "Identifying Major Influencing Factors of $CO_2$ Emissions in China: Regional Disparities Analysis Based on STIRPAT Model from 1996 to 2015", *Atmospheric Environment*, 207.

Zhou, N., Price, L., Yande, D., et al., 2019, "A Roadmap for China to Peak Carbon Dioxide Emissions and Achieve a 20% Share of Non-Fossil Fuels in Primary Energy by 2030", *Applied Energy*, 239.

Zhu, X., Zeng, A., Zhong, M., et al., 2019, "Multiple Impacts of Environmental Regulation on the Steel Industry in China: A Recursive Dynamic Steel Industry Chain CGE Analysis", *Journal of Cleaner Production*, 210.

Zhang, X., Liu, Y., Liu, Y., et al., 2019, "Impacts of Climate Change on Self-Sufficiency of Rice in China: A CGE-Model-Based Evidence with Alternative Regional Feedback Mechanisms", *Journal of Cleaner Production*, 230.

Zhang, X., Cui, X., Li, B., et al., 2022, "Immediate Actions on Coal Phaseout Enable a Just Low-Carbon Transition in China's Power Sector", *Applied Energy*, 308.

Zhang, K., Yao, Y. F., Liang, Q. M., et al., 2021, "How Should China Prioritize the Deregulation of Electricity Prices in the Context of Carbon Pricing? A Computable General Equilibrium Analysis", *Energy Economics*, 96.

Zhang, T., Ma, Y., Li, A., 2021, "Scenario Analysis and Assessment of China's Nuclear Power Policy Based on the Paris Agreement: A Dynamic CGE Model", *Energy*, 228.

# 索 引

**B**

部门产出 26, 110, 238

**C**

出口效应 155, 206

**D**

电力生产弹性系数 52-54

电力消费弹性系数 52, 54

电力行业 1, 18-26, 28-32, 35, 37, 38, 45, 46, 49-52, 54-56, 68-77, 79, 82, 83, 85-87, 89, 93, 94, 101, 103, 105-111, 116, 123, 131-133, 135, 137-139, 141, 144, 147-149, 151, 154, 157, 159, 161, 163, 166, 171, 173, 175, 177, 179, 181, 182, 184-186, 198, 199, 216, 234, 235, 237, 238, 240, 241, 243, 244

电网投资 46-49

电源结构 20, 25, 26, 28-33, 35, 55, 68, 73, 75, 76, 79, 81, 82, 85-87, 89, 93-102, 107, 109, 110, 132, 135, 157, 159, 161, 173, 182, 241

电源投资 46-49

**F**

发电装机容量 21, 37, 41-45, 54

**G**

工业增加值 37, 38, 45, 46, 54

**H**

宏观经济 24, 26, 115, 116, 119, 126, 127, 135, 137,

138, 182, 185, 202, 234, 238

后趋势情景　26, 28-31, 85, 105-109, 111, 132, 133, 238, 243

## J

技术减排　22, 28-30, 83, 85, 86, 89, 101, 102, 107-109, 135, 137-144, 147, 148, 151, 156, 158, 160, 162, 163, 165-167, 169-171, 173, 177, 179, 181, 182, 184, 234, 235, 237-239, 241

进口效应　153, 204

经济减排　28-30, 32, 83, 85, 103, 105, 107-109, 128, 135, 184-190, 192-195, 197-203, 205, 207-214, 216, 219, 220, 222, 223, 228, 229, 231, 234, 235, 237-239, 243

居民福利　110, 116, 126, 179, 181-183, 231-233, 239

## K

可计算一般均衡　24, 28-30, 32, 33, 110, 111, 115, 117, 123

## M

马尔可夫链　28, 29, 32, 33, 85, 86, 89-94, 96, 101, 109, 110

贸易水平　238, 239

煤炭消费　56, 116, 132, 156-158, 207-209

## N

能源结构　22, 30, 59, 111, 116, 123, 128

能源效率　241

## Q

全球变暖　6, 8, 10, 15, 19, 32, 110, 237, 240

全社会用电量　37, 38, 40, 54

## S

社会核算矩阵　115, 117, 120, 127

石油消费　158-160, 208-210, 212

## T

碳达峰　12, 14-17, 22-26,

32，83，85，86，107，108，110，111，135，137，184，185，235，237，240，243

碳价 116，126，132，186，187，245

碳排放 4，7，11-16，19-26，28-33，35，55-73，75，77，79，81-83，85，93，103-110，116，123，128-130，132，133，135，137，163-179，182，184-186，213-229，234，237-240，242-245

碳配额 243，244

碳预算 11，70，85，104，105

碳中和 11，13-17，22-26

天然气消费 160-162，211-213

## X

线路损失率 49，51

## Z

自主贡献文件 18